相模大山御師の「行動文化」と身分

飯田隆夫　著

佛教大学研究叢書

法藏館

相模大山御師の「行動文化」と身分 ―― 目次

相模大山御師の「行動文化」と身分

序章　相模御師の「行動文化」と身分

近世以来、関東地方の山岳霊場には参詣講が多数組織されていた。民俗分布調査によると、東京・神奈川・千葉・埼玉・茨城・群馬・栃木の一都六県では、冨士講・大山講・三峰講が全地域で見られ、榛名講は一都五県、武州御嶽講・古峯ケ原講は一都四県、男体山講・加波山講・宝登山講・両神講は二県に見られる[1]。一都六県の霊場以外では、出羽三山講・戸隠講・伊勢講・秋葉講・善光寺講・諏訪講・道了講・金毘羅講・塩釜講・身延講・浅間講などがある。

宮本袈裟雄は、近世の関東山岳寺院の特徴について、次のようにまとめている。箱根山（別当金剛院）・走湯山（般若院）・大山（大山寺）・高尾山（薬王院）・鹿野山（神野寺）・清澄山（清澄寺）・筑波山（知足院）などの真言宗系寺院、日光山（輪王寺）・妙義山（東叡山元光寺兼帯）・榛名山（巌殿寺）などの天台宗系寺院、三峯山（観音院）・八菅山（光勝寺）などの本山派聖護院末の修験、武州御嶽山・秩父武甲山に見られる神官と、天台・真言両宗寺院を中心とした修験・神官が山岳支配したと分類した。これらの寺院のうち①日光山・筑波山に代表される山岳寺院が江戸幕府の篤い庇護を受け講集団の成立が希薄な霊場であったのに対し、②民衆の間に信仰を積極的に広めた山岳霊場として、榛名山・妙義山・三峰山・武州御嶽山・大山などの山岳霊場では御師が発達し、彼らの布教活動によって信仰圏の拡大や講社の結成を促した点で、①と対照的であるとした。(2)

榛名山巌殿寺は明和年代（一七六四～一七七二）に御師家数七五戸(3)が確認され、鎮火・五穀豊穣の榛名講を、赤城神社は社家の御師活動により三夜沢講(4)を、妙義神社は別当石塔寺の社家が太々神楽奉納などの妙義講を組織していた。(5)上毛三山の霊場は、雷除け・雨乞い信仰の対象の半面、草津、伊香保の湯治場により群馬県内外の参詣者が群集した。(6)

三峯山大権現は、別当観音院のもと、真言宗・聖護院直末・天台宗本山派修験の三宗兼帯で運営され、寺僧・修験者によって猪・鹿除けの眷属信仰を普及させ、天保五年（一八三四）には三峰山上開帳では七五の三峰講を記録している。(7)武州御嶽神社は、蔵王権現を祀り神主・社僧・御師三者の体制で、蔵王権現の眷属神「山犬」による邪鬼・火難除けのご利益があるとする眷属信仰が発展した。(8)

大山は、山中に治病・除難・降伏に益する本尊不動明王の大山寺を、山頂に授福・除災・雨乞いにご利益のある石尊権現を祀り、天明六年（一七八六）門前町に約一三三家の御師が集住する山岳霊場である。

筆者は、参詣講の発達や御師活動が盛んであった大山信仰の研究に取り組んできた。大山信仰に関する研究は、一九七〇～八〇年代の圭室文雄編『大山信仰』(9)のような先駆的研究がすでにあり、その後も原淳一郎『近世寺社参詣の研究』などの貴重な研究が蓄積されてきた。(10)こうした研究成果に依拠しつつ、本論は、大山信仰の隆盛の背景にあった寺僧と御師の関係性に着目し、近世から明治初頭の時期を対象に、御師の行動と御師身分の二つの視点から論考をまとめる。

第一節　本書における視点

(1) 御師の「行動文化」

西山松之助は、「行動文化」に関して、遊芸・物見遊山（縁日・祭礼・見世物・開帳など）、芝居・吉原への遊び、寺社参詣への旅（富士・御嶽・大山・江ノ島・伊勢・熊野・西国三十三所・四国八十八カ所・北陸二十四巡拝）、または温泉湯治（金沢八景・玉川八景・江戸近郊八景・隅田川八景・箱根）など、きわめて広い生活領域にわたっており、花見の群衆行動（菊人形・上野・墨堤・飛鳥山・品川御殿山・小金井堤）などを含めて化政期の江戸町人の最も著しい行動と説明し、その代表例として、鶴屋南北『東海道四谷怪談』、北斎『富嶽三十六景』、十返舎一九『東海道中膝栗毛』、斎藤月岑『東都歳時記』などを提示した[11]。

西山は、行動文化に関して次の二つの規定を加えた。

この行動文化の究極的目標は自らの解放にある。この解放とは、「現実を遮断する変身の論理によって別世界を組織し、身分階層を逆転させる」自己解放と「文化的行動の群衆の中に埋没して差別そのものの現実的存在を消すことによって人間本来の自己に回帰するという」自己解放である。前者は、茶の湯・生け花・音曲・俳諧・狂歌など、日本独特の集団的文化として展開した遊芸文化の諸領域に成立し、後者は、遊芸以外の広汎な文化領域に進展したものである[12]。

この西山の行動文化論に対し、原淳一郎は、行動文化論は斎藤月岑一人の行動にイメージを重ねたもので、町名主斎藤月岑の日記に依拠して構想され、随筆や名所記の類から「老若男女を問わず参詣群集す」とか「都下の貴賤を問わず参詣夥し」といった言葉を引用して、江戸町人社会を均質なものとして議論を進め、上層町民である斎藤（名主）の史料を用いて全ての江戸町民社会全体に適用し、参詣現象を捉えたことを批判した。その上で原は、中下層民の参詣行動に注目し、寺社参詣における自己解放について、信仰性の保持による無意識的な「身体的自己解放」と、行楽性による意識的な「精神的自己解放」が併存し、時期や階層によって異なるとした(13)。

西山の行動文化論で階層性が等閑視されている点に同じ見解を抱く岩淵令治は、観光か信仰かという問題は、非日常の参詣と日常的な信仰の検討が必要としている(14)。

西山松之助の行動文化論に対する原の批判は至当であるが、西山の「身分階層を逆転させる」自己解放という視点は、幕末期における重要なキーワードの一つを提示している。西山は、道中記・歳時記を素材として江戸町民社会全体を対象とした行動文化論を展開したが、道中記・歳時記の対象となった参詣寺社・山岳霊場の形成者である修験者・僧侶・御師に対する視点はない。

山岳霊場の形成・発展には、①霊場を開発した修行僧・修験者、②霊場の効験を説く由緒・縁起、③霊場へ参詣者を勧誘する御師の存在が不可欠である。また、多くの参詣対象となった江戸市中の参詣寺社は、寺社縁起や江戸出開帳によって促進された。近世関東の山岳霊場へ参詣を促した要因は、御師による諸行動が重要な役割を果たしたことに着目し、西山の行動文化に対置して本論を展開する。

(2) 大山御師の身分と変化

旧来の身分的地位もしくは身分序列化の士農工商に対する見直しの研究によって、朝尾直弘編『身分と格式(15)』や久留島浩他四名編『身分を問い直す(16)』などの論集が相次いで刊行された。これら身分論のうち高埜利彦は、富士浅間神社に属する須走御師や川口御師を対象に、神職と百姓における身分の確立や身分の移動を取り上げ、新しい身分論を展開した[17]。

大山御師の出自は、百姓・職人・商人の他、修験者・山伏などである。御師身分は、延宝期（一六七三～一六八一）以降、大山寺別当が制定した幾つかの山法によって規定され、安政期（一八五四～一八六〇）以降は神祇伯白川家と平田家（気吹舎）への入門者続出に及び、別当八大坊支配を揺るがした。とりわけ、平田家入門御師の中の、白川家関東執役の古川躬行と春日社倭舞伝習者の冨田光美との交流に発展し、その後、廃仏毀釈へ向かった。本論は、近年活発になった身分的周縁論に留意し、御師の行動と身分的特徴について取り上げる。

第二節　相模大山信仰の主な研究史

相模大山信仰に関する研究は、歴史学、地理学、民俗学、交通史、幕末維新史などの各分野から多数の研究成果があるが、主要な先行研究をテーマ別に掲げる。

(1)　大山信仰と修験

沼野嘉彦は、大山信仰と修験道との関係を「大山崇拝と修験道」で概括的に紹介した[18]。

浅香幸雄は、「江戸初期（慶長十年）の山内の粛清の折、大山付近の修験が、これまで本山・当山の両派に分かれていたのを当山派に統一して大山を拠点とした（本山修験は北隣の日向を拠点とした）」と指摘したが[19]、『新編相模風土記稿』には、本山派修験と記載されている[20]。これまでの研究には、その存在を確認できる直接的な資料は見当たらない。

『役行者本記』をもとに鈴木正崇は、走湯・箱根・雨降・日向・八菅・日金、富士山は、役行者が抖擻した修験の山々であり、修験集落八菅山（厚木市）を基点に、江戸と大山は矢倉沢往還で、江戸と江の島は東海道で、江戸と高尾山は甲州街道で、高尾山と江の島は鎌倉街道でというように、本山派・当山派修験の存在を空間的領域の観点で捉えた(21)。城川隆生は、修験集落の愛川町清瀧寺の『今大山縁起』をもとに実際に山岳を辿り、大山寺を中心とする回峰行場を明らかにした(22)。

(2) 相模大山寺縁起と不動霊験記

相模大山縁起に関する研究は、小島瓔禮『相模大山縁起』上・下と佐伯英理子「大山寺縁起絵巻小考」に代表される。小島瓔禮の研究で明らかにされた研究は、主に次の内容である。

真名本については、大山縁起に関する諸本の所在を確認し、『新編相模風土記稿』縁起の引用文、内閣文庫所蔵「大山縁起」、『続群書類従』巻八〇四の三種のテキストを比較し、内閣文庫所蔵本が最も祖本の形をとどめた縁起とした。仮名本については通称高瀬本・大津本・盛林本・内閣文庫本などを取り上げ、これらのうち高瀬本がもっとも確かな由緒本とした。

小島は、真名本・仮名本の相違について、真名本は神話的起源譚に始まり、地勢を文学的に語り、霊山起源伝説の紀伝的記述に対し、仮名本は物語的・観念的・単一的構想で、一代記で貫かれたとしている。縁起の成立時期は鎌倉時代に近い頃とし(23)、作者は半俗半僧で有力な地位を占めた修験者と指摘した。

これに対し佐伯英里子は、仮名本を中心にテキスト比較や絵巻を美術史の観点から、平塚市博物館所蔵本が美術史的にも歴史的にも優れた写本と分析した[24]。

真名本・仮名本以後、寛政四年（一七九二）、大山寺供僧寺の養智院僧心蔵によって十五巻の『大山不動霊験記』が刊行され、この霊験内容を圭室文雄が詳細に検討した[25]。

(3) 大山講と師檀関係

①大山講の分布

浅香幸雄は、門前町である登山集落の基礎は、夏山はじめ参詣者からの収入が比較的高かったこと、大山山下の相模平野は土質や水利上の劣質不安定地域により祈雨・止雨の神仏徳なる大山への帰依が特に高かったことにあると、先導師村山坊の史料から「大山信仰登山集落形成の基盤」で明らかにした[26]。大山講の基礎的研究の代表である。

有賀密夫は、阿夫利神社が所蔵する近世期の大山御師檀家帳を明治一〇年（一八七七）当時の『開導記』の検討から、大山寺・御師の檀家圏は一二か国に及び、檀家総数は九〇万九七四三と算出した[27]。檀家圏・檀家の所在の解明の嚆矢となる研究である。この有賀の研究に対し、田中宣一は、『開導記』の講員戸数の記述には不明な点が多く、明治一四年（一八八一）内務省地理局の『郡区町村一覧』と『開導記』とを照合して「大山講数郡別一覧」を書き上げ、資料の精度を上げる研究をした[28]。田中は、この他、大山御師村山八太夫の天保二年（一八三一）『御祭礼中諸収納控帳』・天保八年（一八三七）『下総国檀家帳』をもとに、江戸末期における檀廻の仕方・初穂の集め方、夏山への参詣率などを解明した[29]。

これらの研究の外に、講集団の研究、講の成立を歴史民俗的に捉えた桜井徳太郎[30]や、参詣講を社会経済史的側面から捉えた新城常三[31]の研究があり、大山講に言及している。

桜井は、参詣講を神道的信仰、仏教的信仰、キリスト教的信仰と大別し、神仏の区別は曖昧とするが、神社信仰による関東地方の参拝講・代参詣として、榛名講・赤城講・妙義講・三峯講・大山講を取り上げた。新城は、出羽三山・富士山・三峯山・大山などの山岳霊山を挙げ、登山者の宿泊のみでは生計は成り立ち難く、壇家廻りによる収益が重要な財源であることに言及した。

②御師形成と御師・檀家関係

大山御師の形成は、松岡俊が「相模大山御師の形成と展開[32]」と「相模大山御師の檀家集積過程の構造―村山八太夫直利と八大坊預置檀家を中心として―[33]」の二つの論考で、御師の形成過程と御師と檀家との仕組みを明らかにした。大山山麓西隣にある蓑毛村の大山御師については、秦野市の民俗調査[34]や西海賢二の「相州大山講と蓑毛御師」などで研究された[35]。御師と檀家の関係について原淳一郎は、御師の江戸檀廻に焦点を当て、先導師の村山坊が所蔵する天保一一年（一八四〇）「檀廻中手控」、弘化四年（一八四七）「江戸檀廻控」を用い、個人性が強い江戸では、御師と檀家の関係は檀家主導だったことを明らかにした[36]。

さらに御師と檀家の関係について、鈴木章生は、大山信仰を受容した地域構造に着目し、農村と都市江戸とによる信仰展開の方向と時間的展開の差を明らかにした[37]。本寺高野山と大山の坂本村との御師・檀家関係に関しては、圭室文雄が高野山高室院文書をもとに「近世の伊勢原地域における高野山信仰」を明らかにした[38]。

③大山講の種類と族生

大山講の種類には、本尊不動明王への直接的な御手長供講・不動尊御供講と、間接的なお花講・御神酒講・御太刀講はじめ職業集団、地域集団を冠した様々な大山講単位による参詣集団などがある。これら大山講の研究には、御神酒講は、北村敏の「大山詣りの「神酒枠」について[39]」、御太刀講は、吉岡清次の「大山信仰と納太刀[40]」の研究

の他、後発として、田中宣一による日本橋お花講や港区「芝御太刀講」、品川区「御神酒講」などの研究がある。(41)

⑷ 神仏分離と神祇伯白川家・国学平田家

相模大山における神仏分離の実際は、神と仏の習合や併存を単に分離したのではなく、本尊の不動明王を安置する大山寺及び関連諸堂を全て廃絶し、代わって阿夫利神社を擁立するドラスティックな変革が特徴である。鷲尾順敬は、この大山寺から阿夫利神社に転換した過程を大正末期に調査し、それを「相模大山阿夫利神社調査報告」としてまとめた。大山寺別当支配に対し、国学平田家の影響から御師が不満を蓄積し、権田直助を招いた過程を明らかにした初期的な神仏分離史料である。(42)

相模大山の神仏分離に関する実証的な研究は、松岡俊の論文に代表的される。松岡俊は、幕末の御師日記類から大山御師の白川家・国学平田家への入門過程を追い、大山御師門人による新政府軍への祈禱神璽献納、神祇隊結成、江戸城西ノ丸警護への参加、大山寺廃絶から阿夫利神社への転換、家格をめぐる禰宜身分の画策、明治三年（一八七〇）示談に至る一連の展開を解明した。(43)松岡は、大山の神仏分離は、強力な指導者を持つことなく行われた「下からの神仏分離の一例」と捉えた。これに対し、手中正は、「内部のちからではなく政府・地方官の権力という外部圧力によってもたらされた」との見解を示す。(44)

相模国内への神祇伯白川家の影響力拡大は、土岐昌訓の「白川・吉田の神職支配―近世に於ける武蔵・相模の両国を中心に―」(45)、大山御師の白川家・平田家入門と両家に関与した白川家関東執役古川躬行の関係は、遠藤潤の論考「気吹舎と白川家」で解明された。(46)

(5) 明治維新以後の研究

鈴木道郎は村山坊の史料をもとに先導師の経営状態を分析した。明治維新後は、檀家に依存した経営が不可能になり、地主経営、質屋経営を始め、旅館・荒物・履物・茶など雑貨商的経営へ転換した実態を検討した。[47]明治中期の大山先導師の経済的側面について丹羽邦男は、「戸数割等級表」「営業台帳」や先導師内海浦治の収入実態を検討し、檀家活動、権田直助が導入した「太々御神楽」、土産売りなどの収入では少数の上級職を除き、大多数の先導師は窮乏していたことを明らかにした。[48]

なお、相模大山に関する通史的な史料は、伊勢原市教育委員会編集『伊勢原市史』資料編　続大山（一九九四年）、同　別編社寺（一九九九年）、同　通史編　近世（二〇一〇年）などが基本史料である。この他、内海弁次『相州大山』[49]や川島敏郎の『相州大山信仰の底流』[50]などが通史的に捉えた。

註

（1）天野武編『都道府県別日本の民俗分布地図集成』関東地方の民俗地図一・二、東洋書林、一九九九年。
（2）宮本袈裟雄「近世期関東の山岳信仰」（山岳宗教史研究叢書八『日光山と関東の修験道』所収、一五～一七頁、名著出版、一九七九年）。
（3）三浦永吉『関東周辺の信仰登山集落』二九頁、私家版一九七〇年。勝守すみ子「榛名御師について」『上毛史学』三、一九三五年。
（4）丸山知良『日光山と関東の修験道』一七八～一七九頁、一九七九年。
（5）池田秀夫「妙義山の信仰」前掲註（2）書、二二二頁。
（6）「上毛三山とその信仰」「湯治と参詣の国」『図説　群馬県の歴史』一九六～二〇二頁、河出書房新社、一九八九年。

(7)『埼玉県史』通史第四　近世二、八九九～九〇六頁、一九八三年。

(8)斎藤典男『武州御嶽山史の研究』九一～一〇六頁、隣人社、一九七〇年。西海賢二『武州御嶽山信仰』七五～一一六頁、岩田書院、二〇〇八年。

(9)民衆宗教史叢書第二二巻、雄山閣出版、一九九二年。

(10)思文閣出版、二〇一六年。

(11)西山松之助『江戸町人の研究』第一巻、吉川弘文館、一九七二年、三三～三六頁。「江戸町人総論」岩波講座『日本歴史』近世五「江戸文化と地方文化」。

(12)西山松之助『江戸町人の研究』第四巻、吉川弘文館、一九七二年、四六一～四六二頁。

(13)原淳一郎「行動文化論の再検討」『近世の旅と藩―米沢藩領の宗教的環境―』二四五～二四六頁、小さ子社、二〇二一年。

(14)岩淵令治「江戸住大商人の信仰と「行動文化」論―「御仏勅」の実践から―」『国立歴史民俗博物館研究報告』第二二二集、二〇二〇年。

(15)『日本の近世　七』、中央公論社、一九九二年。

(16)『シリーズ近世の身分的周縁　六』、吉川弘文館、二〇〇〇年。

(17)甲州史料調査会編高埜利彦監修『富士山御師の歴史的研究』山川出版社、二〇〇九年。

(18)沼野嘉彦「大山崇拝と修験道」『相模文化』四所収、一九六五年。

(19)浅香幸雄「大山信仰登山集落の基盤」『地理学研究報告』六所収、一九六七年。

(20)『新編相模風土記稿』巻五一村里部大住郡巻一〇、雄山閣、一九九八年。

(21)鈴木正崇「空間構成論―修験集落八菅山を中心として―」『民族学研究』四三―三所収、一九七八年。

(22)城川隆生「地方霊山の入峰空間と寺社縁起―丹沢と大山寺修験―」『山岳修験』三九所収、二〇〇七年。

(23)『神奈川県語物資料―相模大山縁起―』上・下、神奈川県教育庁指導部文化財保護課、一九七〇年。
(24)佐伯英里子「大山寺縁起絵巻小考」『平塚市文化財調査報告書』三一所収、一九九六年。
(25)圭室文雄「『大山不動霊験記』に見る大山信仰」『郷土神奈川』一八所収、一九八六年。
(26)浅香幸雄「大山信仰登山集落形成の基盤」(『東京教育大学地理学研究報告』一一所収、一九六七年)。
(27)有賀密夫「大山門前町の研究―門前町の形成と御師の活動と檀家圏―」『地理研究』一四所収、一九七一年。
(28)田中宣一「明治初期における大山講の分布」成城大学文芸学部研究室『成城文芸』八三所収、一九八七年。
(29)田中宣一「相州大山講の御師と檀家―江戸末期の檀廻と夏山登拝をめぐって―」成城大学『日本常民文化紀要』八―二所収、一九八二年。
(30)桜井徳太郎「参詣講・代参講」『講集団の研究』第二篇第一章第四節所収、吉川弘文館、一九八八年。同「関東地方の講」『歴史民俗学の構想』第一章第三節所収、吉川弘文館、一九八九年。
(31)新城常三「相模大山」『新稿　社寺参詣の社会経済史的研究』第七章第七節所収、塙書房、二〇〇七年。
(32)松岡俊「相模大山御師の形成と展開」伊勢原市教育委員会編『伊勢原の歴史』七所収、一九九二年。
(33)松岡俊「相模大山御師の檀家集積過程の構造―村山八太夫直利と八大坊預置檀家を中心として―」(『伊勢原の歴史』一一所収、一九九六年)。
(34)秦野市「秦野市民俗調査報告」三『漂泊と定住御師の村』所収、一九八四年。
(35)西海賢二「相州大山講と蓑毛御師」『立正史学』五七所収、一九八五年。
(36)原淳一郎「近世寺社における御師の役割―大山御師の檀廻を通じて―」三田史学会『史学』七三―一所収、二〇〇四年。
(37)鈴木章生「相模大山信仰の成立と展開―民衆参詣の動向と信仰圏―」『秦野市史研究』六所収、一九八六年。
(38)圭室文雄「近世の伊勢原地域における高野山信仰」『伊勢原の歴史』八所収、一九九三年。
(39)北村敏「大山詣りの「神酒枠」について」たましん地域文化財団、一九九二年。

(40)海上町史編集委員会『海上町史研究』一六、一九八一年。
(41)相模民俗会『民俗』一〜四、一九九七年。
(42)『明治維新神仏史料』三所収、名著出版、一九八三年。
(43)松岡俊「幕末明治初期における相模大山御師の思想と行動―神仏分離を中心として―」(『伊勢原の歴史』五所収、一九九〇年)。
(44)手中正「大山の神仏分離」地方史研究協議会編『都市・近郊の信仰と遊山・観光』所収、雄山閣、一九九九年。
(45)土岐昌訓「白川・吉田の神職支配―近世に於ける武蔵・相模の両国を中心に―」『國學院雜誌』八〇所収、一九七九年。
(46)遠藤潤「気吹舎と白川家」(『平田国学と近世社会』ぺりかん社、二〇〇八年)。
(47)鈴木道郎「明治初期における相模大山御師の経済生活」日本地理学会『地理学評論』三九―一〇所収、一九六六年。
(48)丹羽邦男「先導師の町―明治前期の大山町―」伊勢原市史編集委員会『伊勢原の歴史』三所収、一九八八年。
(49)内海弁次『相州大山』かなしん出版、一九九六年。
(50)川島敏郎『相州大山信仰の底流』山川出版社、二〇一六年。

第一編　御師の「行動文化」

第一章　相模国大山寺真名本縁起と仮名本縁起の相関

はじめに

相模国大住郡の古義真言宗寺院の大山寺は、不動明王を本尊とし御神酒講をはじめとする数多くの大山講が結成され、文化・文政期に最盛期に達した(1)。この大山信仰は、山中の不動明王や山頂の石尊権現のご利益が流布され、この二所聖地へ多くの参詣者が群集した。この大山講の発展には門前町に集住した大山御師の檀那場への盛んな働きかけが何よりも大きい。

相模大山信仰の中で、大山講の地域的分布や規模に関しては、有賀密夫「大山門前町の研究(2)」、田中宣一「相模大山講の御師と檀家(3)」、鈴木章生「相模大山信仰の成立と展開(4)」などの研究に詳しいが、大山寺縁起については、西垣晴次の要約的紹介にとどまっていた(5)。

近世の相模国大山寺は良弁の開山縁起があり、その真名本と仮名本の写本が現在、多数伝わる。真名本縁起の写本は、国立公文書館本（通称「内閣文庫本(6)」）、平塚市博物館本（通称「高瀬本(7)」）、伊勢原市大山内海景弓家本、[8]町田市勝楽寺本（通称「盛林本」[9]）などがあり、仮名本では、平塚市博物館本、内海景弓家本、藤沢市郷土資料館本、金沢文庫本、伊勢原市教育委員会本（通称「大津本」）、大山寺本、手中家本の七種などが所蔵されている。[10]

これら大山寺縁起には以下のような先行研究がある。

①石野瑛は、大山寺所蔵仮名本『大山寺縁起』の翻刻並びに大山寺縁起古本の所在を昭和一一年（一九三六）に、『考古集録』で取り上げた。[11]

②闢靖は、昭和一五年（一九四〇）、平塚市博物館所蔵の真名本・仮名本大山寺縁起二部三軸の入手経路と両縁起の翻刻を「『大山寺縁起』古写本の発見に就いて」において発表し、[12]ⓐ仮名本縁起の本文は変体仮名が相当多い、ⓑ真名本縁起は送仮名や朱の返点が付され、本文は『吾妻鑑』式の漢文、ⓒ願行上人の事項の不記載から文永（一二六四～一二七五）以前の作成と推定、などの点を明らかにした。

③石野・闢の研究を受け、小島瓔禮は、国立公文書館蔵真名本『大山縁起』を翻刻し、『新編相模風土記稿』、『続群書類従』所収の大山寺縁起との対校を行い、三書の異同を明らかにした。併せて、高瀬本（平塚市博物館所蔵）、大津本（伊勢原市立教育委員会蔵）、盛林本（町田市勝楽寺蔵）、内閣文庫本（国立公文書館蔵）を対象に大山寺縁起絵巻の書誌的紹介を行った。[13]小島の研究を受け、佐伯英里子は、平塚市博物館所蔵『大山寺縁起絵巻』の翻刻を行い、大山寺縁起絵巻諸本の詞書および絵巻画風の美術史的比較により大山寺縁起の新たな視点を明らかにした。[14]

これら石野・闢・小島・佐伯らの研究は先駆的な成果である。しかし、内海景弓家の真名本・仮名本は知られていたものの、[15]真名本縁起類本との比較検討は等閑視されてきた。本論は、この内海家所蔵の真名本大山寺縁起を主体に、他の真名本縁起及び仮名本諸縁起と比較検討し、真名本大山寺縁起祖本と仮名本縁起との相互関係を明らかにすることを目的とする。最初に真名本縁起の内容をみてゆく。

第一節　真名本大山寺縁起の梗概と祖本

真名本大山寺縁起には多くの年代が記述されるが、その梗概は次のようである。

①冒頭文に大山寺山号（阿部利山・大福山など）と開山年の天平勝宝七年（七五五）が記される。
②良弁は相模国鎌倉郡由井郷の人。両親は染屋太郎時忠夫妻で霊夢により子（良弁）を授かるが、その子を金色鷲にさらわれる。
③良弁、天平一七年（七四五）東大寺を、同一九年（七四七）石山寺を造立する。
④時忠夫妻、さらわれた我が子を探し諸国をめぐる。
⑤産着「慶雲二年（七〇五）四月一五日」により、良弁が時忠夫妻の親子と判明する。
⑥良弁、大山に登り山中で不動明王木造像を彫刻すると、中堂や閼伽井瀧が現出する。
⑦良弁、大山寺のことを公家に奏上して天皇の勅命により大山が御願寺となる。
⑧良弁の偈により、二重瀧・石尊権現・不動明王の囲繞空間が現出する。
⑨父母遷化により、良弁、天平勝宝年間（七五〇～五六）阿夫利山頂に妙法華経一巻を納める。
⑩以後、天平宝字五年（七六一）光増、不動明王像造立。良弁、八〇歳で遷化。[16] 元慶三年（八七九）大地震にて僧房灰塵。元慶八年（八八四）、安然が大山寺を再建する。

鎌倉時代後期、京都の真言宗泉涌寺第六世に就いた憲静（願行）は、鎌倉の大楽寺や理智光寺を創建後、大山寺を再建し鉄製不動明王を鋳造したと伝えられるが[17]、真名本大山寺縁起には憲静の事蹟に関する記述は一切ない。しかし、憲静は弘安九年（一二八六）三月二八日、大山寺に舞楽曼荼羅供を行った記録[18]や、長井貞秀が徳治二年（一三〇七）三月二〇日、大山寺に参詣し、大山寺縁起一巻を借り受けたとする書状がある[19]。この舞楽曼荼羅供の法会や長井貞秀の書状により、真名本大山寺縁起の祖本は少なくとも弘安九年または徳治二年以前、すでに成立していたことは確かである。願行は良弁没後五世紀の僧侶であることから、現行大山寺縁起には憲静の事蹟はなく、祖本は、文永年間（一二六四〜一二七四）以前頃と推定される。

第二節　真名本大山寺縁起三種の比較

真名本大山寺縁起は、国立公文書館所蔵（以下Aと表記）、内海景弓家所蔵（Bと表記）、平塚市博物館所蔵（Cと表記）があり、本節ではこの三種のテキストの比較検討を行う。

(1)　真名本大山寺縁起の書誌・単位行

真名本A・B・C各縁起の冒頭文は［図1-1］〜［図1-3］の通りである。これら三縁起は、A国立公文書館本を最初に示し、A縁起の丁数に従ってB・C縁起を対比する。

●縁起の標題　標題は、A縁起「大山縁起」に対しB・C縁起は「大山寺縁起」である。

●縁起の経路　A縁起は、本文中に四種の印判がそれぞれ押されている。

［図1-1］の1丁表冒頭の上に①「秘閣図書之章」印、その下に②「内閣文庫」印、3丁冒頭に③「編修地誌備

［図１−１］　国立公文書館所蔵『大山縁起』（A）

２丁裏（６行）	２丁表（７行）	１丁裏（７行）	１丁表（５行）

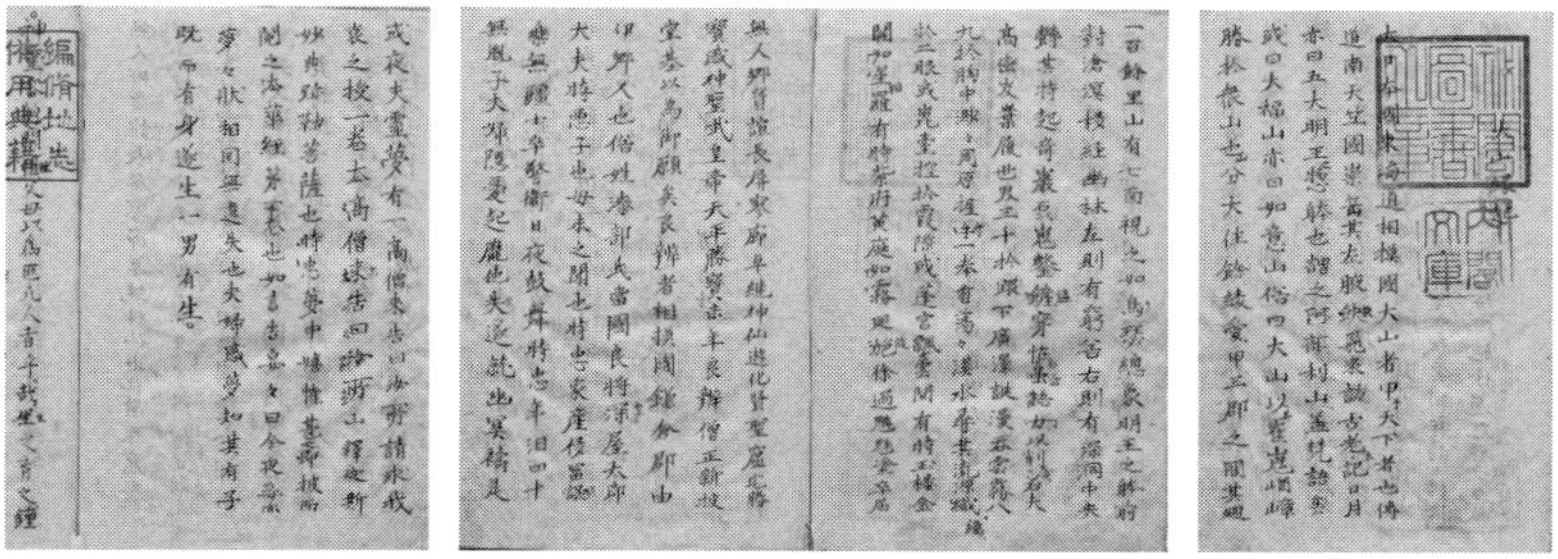

［図１−２］　内海景弓家所蔵『大山寺縁起』（B）

２紙（２紙全30行の内の最初の８行）	１紙（１紙全22行）

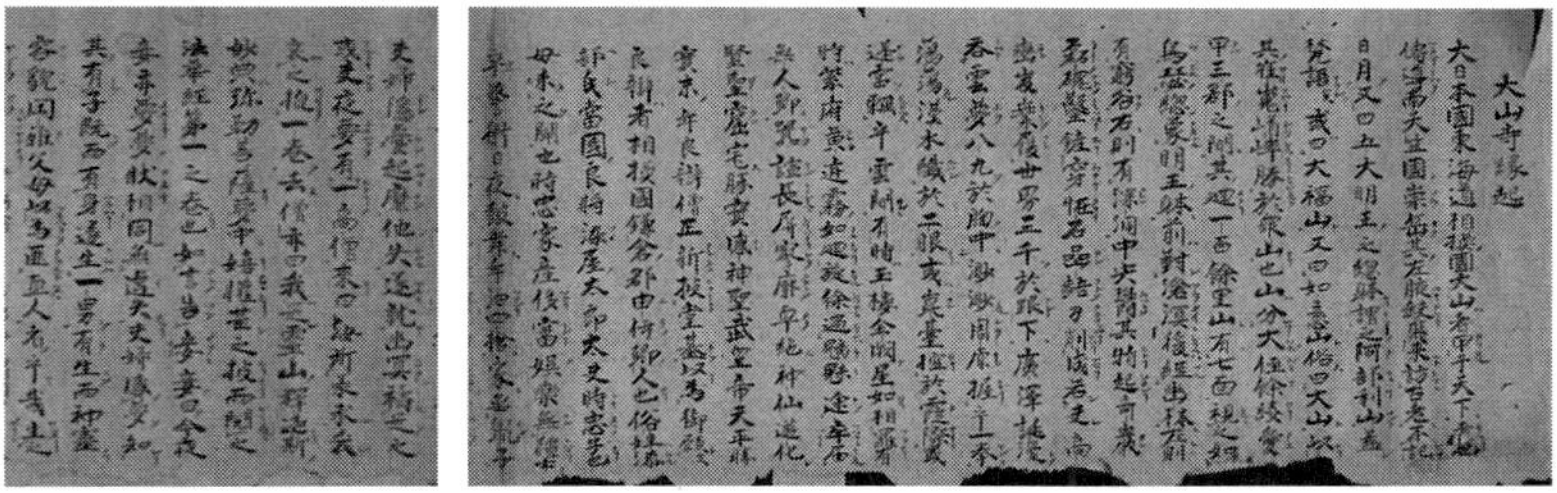

［図１−３］　平塚市博物館所蔵『大山寺縁起』（C）

２紙（１紙全17行の内の12行）	１紙（全15行）

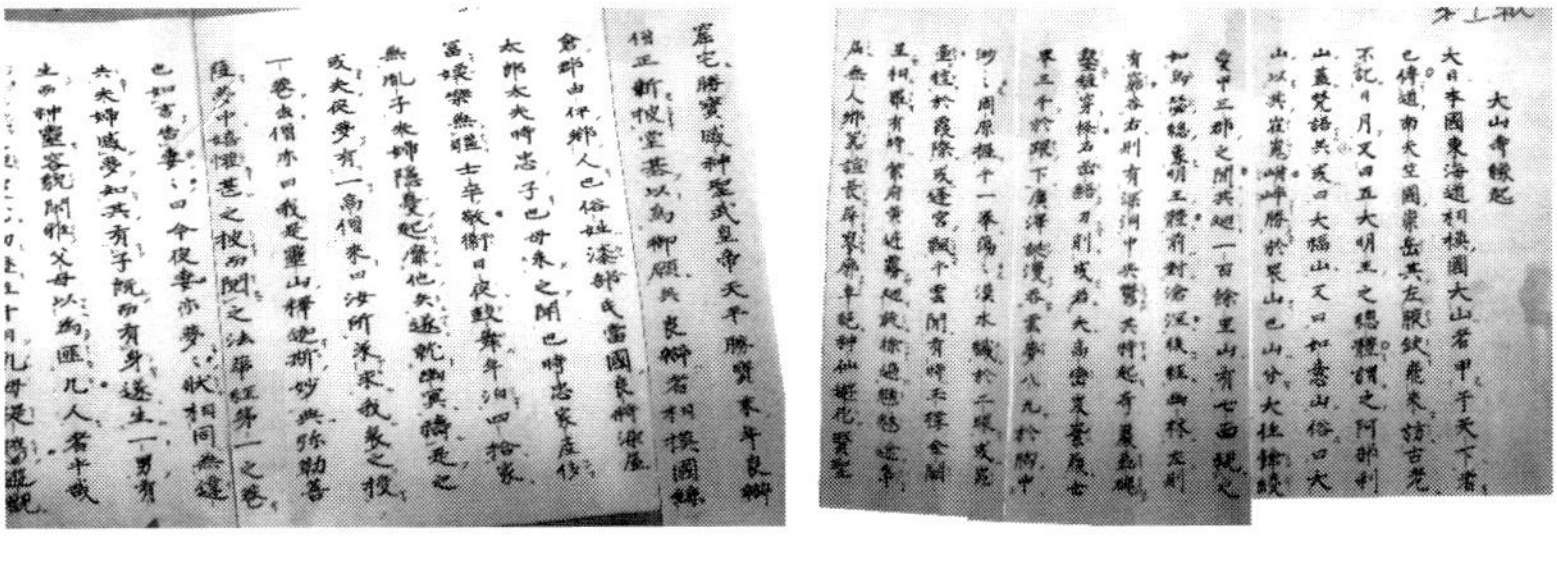

用典籍」印、［図1-1］の画像にはないが、A縁起の表紙裏に④「日本政府図書」印の四種類の印判が押されている。これら印判の押印時期については、国立公文書館の調べによると[20]、

①は、明治一二年（一八七九）一二月〜明治一九年（一八八六）二月まで使用。

②は、昭和八年（一九三三）以後使用。

③は、「編修地誌備用典籍」印は、昌平坂学問所内において文化七年（一八一〇）以後使用。

④は、内閣文庫において明治一九年二月〜昭和七年（一九三二）まで使用。

にそれぞれ使用された印判である。

B縁起は、旧大山御師で現「かげゆ旅館」の内海正志家で代々所蔵されてきた。

C縁起は、昭和一五年（一九四〇）当時、平塚市在住の高瀬慎吾から平塚市博物館に寄託されて、後に同館所蔵となった[21]。

●書誌　A・B・C縁起の頁当り行数等は［図1-1］〜［図1-3］の通りである。

A縁起は、1・2丁（1丁7行）表裏と3丁初行とが「〻」印で貼り継がれ、3丁以降は本文1丁当たり全て八行である。B縁起は、黒字で振り仮名と訓点が、C縁起は、赤字混じり黒字の振り仮名と訓点が施されていて、振り仮名・訓点は、CよりBが詳細である。

(2)　真名本大山寺A・B・C縁起冒頭文の比較

［表1-1］は、A縁起冒頭文の1・2丁表裏全文とB・C縁起の比較である。A縁起の丁数・行数に対応するB・Cの本文を中段、下段に対比した。B縁起の冒頭文29行を、［史料1］として［表1-1］の後に掲載する。

［表1-1］の比較から、各縁起の特徴は次のようである。

●A縁起の特徴

①1丁表3～4行に山号（阿部利山・大福山・如意山・大山）の記載があり、B・C縁起と共通する。

②2丁表2行に大山寺の開山年「聖武皇帝。天平勝寶未年」があり、B・C縁起と共通する。「辨」は、B・C縁起では「辯」である。

③地文に対する見消が1・2丁表裏及び3丁表1行に11か所ある。

④地文に対する挿入が5文ある。

●B縁起の特徴

①A縁起と同文は5行のみである。

②A縁起の見消11か所はB縁起と同字である。

③A縁起に対し、異字は3、類字は9字ある。

●C縁起の特徴

①A・B縁起と同文は5行のみである。

②B縁起と同文は16文である。

③A縁起と同文は5文で、A・B縁起と不一致文は2文ある。

［表1-1］真名本三縁起冒頭文の異同比較

丁数	表裏	行番号	A 内閣文庫大山縁起（【 】は見消、〈 〉は挿入）	補訂	B 内海景弓版大山縁起第一紙（二〇行）	A／B	C 平塚本大山縁起	A・B／C
1	表	1	大日本國東海道相模國大山者甲于天下者也、傳		Aと同文	同文	Aと同文	AB同文
1	表	2	道、南天竺國崇岳其左腋【飲→缺】飛来訪古老〈未〉記日月	見消・挿入	①傳導｜、…其左腋②缺｜飛来訪古老記｜	①類字②A→B	①傳道｜…②腋欽｜…③不記	①②と同字③Aと同字
1	表	3	亦｜日五大明王之惣躰也。謂之阿部利山、盖梵語矣。		日月、又｜日五大明王之總躰。謂之阿部利山、蓋｜	類字	①又…②總體…③蓋	①③Bと同字、②Aと同字
1	表	4	或曰大福山、亦曰如意山、俗曰大山以其崔嵬嶠嶂、		…又曰如意山俗曰大山其岜嵬峭峰、	類字	…又｜曰如意山…其岜嵬峭峰、	Bと同字
1	表	5	勝於衆山也。山分大住餘綾愛甲三郡之間。其廻		Aと同文	同文	Aと同文	AB同文
1	裏	1	一百餘里。山有七面。視之如烏瑟總象明王之躰。前		Aと同文	同文	Aと同文	AB同文
1	裏	2	對滄溟移經幽林。左則有窮谷。右則有深洞。中央		…對滄溟後｜經幽林。左則	類字	…對滄溟後｜經幽林。左則	Bと同字
1	裏	3	欝其特起。奇嚴亙嵬鏊【鏟→鏟】穿。恠〈石〉【虽→皛】齬。【力→刀】以削成。若夫	見消・挿入	…奇巖磊磈鏊①鏟｜穿。恠石皛齬。②刀削成。若夫高	①②A→B	…奇巖磊磈鏊鏟穿。恠石皛齬。刀削成。若夫高	Bと同字
1	裏	4	高巒岌嶪履世界三千於眼下。廣澤誕漫呑雲夢八		Aと同文	同文	Aと同文	AB同文
1	裏	5	九於胸中。渺々周原握乎一拳。蕩々漠水【尋其流源を削除】織	見消	…。渺渺周原…。蕩蕩漠水繊｜	踊り字	…。①渺々周原…。②蕩〃漠水③繊	①②Aと同字③Bと同字
1	裏	6	於二眼或崑臺控於霞際。或蓬宮飄〈乎〉雲間。有時玉摟金	挿入	於二眼或崑臺控於霞際。或蓬宮飄乎｜雲間…	類字	於二眼或崑臺控於霞際。或蓬宮飄乎｜雲間…	Bと同字

		7	闕如星〈相〉羅。有時紫府黄庭如霧廻【施↓旋】。徐過魑魅塗卒届	見消	闕如星相羅。有時紫府黄①逓霧如廻②旋。徐過魑魅途卒届	①異字②A↓B	闕如星相羅。有時紫府黄逓霧如廻旋。徐過魑魅途卒届	Bと同字
2	表	1	無人郷。買諠長屛。廖廓卓継。神仙遊化。賢聖窟宅。勝		無人郷。買諠長屛。廖廓卓絶。神仙遊化。	異字	無人郷。買諠長屛。廖廓卓絶。神仙遊化。	Bと同字
		2	寶感神聖武皇帝。天平勝寶未年、良辨僧正新披		…良辯僧正新披	類字	…良辯僧正新披	Bと同字
		3	堂基。以為御願矣。良辨者相模國鎌倉郡由		…良辯者相模國…	類字	…良辯者相模國…	Bと同字
		4	伊郷人也。俗姓漆部氏。當國良将【深↓染】屋太郎	見消	伊郷人也。俗姓漆部氏。當國良将染屋太郎	A↓B	伊郷人也。俗姓漆部氏。當國良将染屋太郎	Bと同字
		5	大夫時悪子也。母未之聞也。時忠家産侇富【誤↓娯】	見消	大夫時忠子也。母未之聞也。時忠家産侈富娯	A↓B	大夫時忠子也。母未之聞也。時忠家産侈富娯	Bと同字
		6	楽無彊。士卒警衛。日夜皷舞。〈時忠〉年泪四十	挿入	…。士卒警衛。日夜皷舞。年泊四拾	異字	…。士卒①敬衛。日夜皷舞。年②泊四拾	①AB共に異字、②Bと同字
		7	無胤子。夫婦隠憂。起靡他【矢↓失】。遂就幽冥禱是之	見消	家無胤子。…起靡他①失。…	①A↓B	家無胤子。…起靡他失。…	Bと同字
	裏	1	或夜夫霊夢有一高僧。来告曰。汝所請求我		或夫夜夢有一高僧来曰。汝所兼求我	類字	或夫夜夢有一高僧来曰。汝所兼求我	Bと同字
		2	哀之。授一巻caret。〈高僧〉【亦曰我是霊↓亦告曰汝所】山釋迦。斯	見消	哀之。授一巻去。僧①亦曰。我是霊山釋迦。斯	①A↓B	哀之。授一巻去。僧亦曰。我是霊山釋迦。斯	Bと同字
		3	妙典弥勒菩薩〈也〉。時忠夢中嬉懽甚之。〈即〉披而	挿入	妙典弥勒菩薩・夢中嬉懽甚之。披而		妙典弥勒菩薩・夢中嬉懽甚之。披而	Bと同字
		4	閲之法華経第一之巻也。如言告㝃。々曰今夜妾		閲之法華経第一之巻也。如言告妾。妾曰今夜妾	類字・踊字	閲之法華経第一之巻也。如言告①妻。〃曰今夜妻	AB両方異字
		5	夢々状相同無違失也。夫婦感夢知其有子。		亦夢夢状相同無違失。夫婦感夢知其有子。	踊り字	亦①夢〃状相同無違失。夫婦感夢知其有子。	①Aと同字
		6	既而有身。遂生一男有生而。		Aと同文	同文	Aと同文	AB同文
3	表	1	神聖容貌閑【推↓雅】。父母以為匪几人者乎哉【里↓生】之育之寵	見消	神聖容貌閑①雅。父母以為匪直人者乎哉②生之育之鍾	①②A↓B	神聖容貌閑雅。父母以為匪①几人者乎哉生之育之鍾	①Aと同字

[史料1]

大日本國東海道相模國《ノ》大山者《ハ》甲《カフ》于《タル》天下者也《モノナリ》。傳導《ツタヘテイワク》、南天竺國崇岳《ノソウカク》、其《ノ》左腋缺《ワキカケテ》飛来《ルト》。訪《トフニ》古老不記、日月《ヲ》、又曰五大明王之《ノ》總躰《ナリ》。謂《イフ》之阿部利山《ヲアフリサント》。蓋《シ》、梵語矣《ナラン》。或曰《ハ》大福山《ト》、又曰如意山《ト》、俗曰《ニハ》大山《ト》以《ナリ》其崔嵬峭崒《ノサイクワヒシウシツ》勝《タルソ》於衆山也。山分《ハ》大住餘綾愛《レリヲホズミヨロキアエ》甲《カハ》三郡之《ノ》間。其廻《ノメクリ》一百餘里。山有《ニ》七面。視《ミルニ》之如烏瑟《ウシユノ》總象《ヲカタトル》明王躰《ノニ》。前對《ハシ》滄溟《ソウメイニ》後經《シリヘハフル》幽林《ニ》。左則《ニ》有窮谷《コク》。右則《ニ》有深洞《ジン》。中央欝《ウツトヲ》其特《ヒトリ》起《ヲコレリ》。奇巖磊魂《ライクワトソノミヲ以テホリウカチ》鑿鏟穿。恠《クワイ》石嵒《カン》齬《コトソカタナヲ以チテケズリナセリ》。刀削成。若《シ》夫《レ》高巒《ラン》岌業《ギヤフ》履《フミ》世界三千於《ヲ》跟下《アシノニ》。廣澤誕漫《トソ》呑《ノムテ》雲夢《ボフ》八九於《ヲ》胸中《ノニ》。渺渺周原《タルシウ》握《ゲンニギリ》乎一拳《ケンニ》。蕩蕩《タル》漠水織《ホツレ》於二眼《タリ》。或崑臺《ハコン》控《ヒキ》於霞際《カサイ》。或蓬宮《ホウ》飄《ヲヒルガエス》乎雲間《カンニ》。有時《ハ》玉摟金闕《ヲ》星如《クニ》相羅《ツラナリ》。有時《ハ》紫府黄《ノ》違霧如《クニメクリメクルシズカニスクレハ》迴旋。徐過《チ》魑魅《ミトソ》途卒《オワリニ》。届《イタル》無人郷《ニ》。囂諠《ゲウケントコシヘニシリソケテ》長屏。廖廓《シウクワクトソタク》卓絶《ス》。神仙遊化《シ》。賢聖窟宅《セイクツス》。勝寶感《カン》神聖武皇帝。天平勝寶未年《ノ》、良辯僧正新《アラタニヒラキテ》披堂基《キヲ》。以為《テ》御願《ト》矣。

18 良辯者《ハ》相模國鎌倉郡《ノ》由《ユ》‐伊《イ》郷《ノ》人也《ナリ》。俗姓《ハ》漆《ウルシ》

19 部《ヘ》氏《シ》。當國《ノ》良将染屋《ソメヤ》太郎太夫時 忠《トキタ、ノ》子也《ナリ》。

20 母未《タ》㆓之聞《ヲ》㆒也。時忠家産侈《ヲゴリ》 富《トンテ》娯《ゴ》楽無《ナシ》㆑ 疆《キハマリ》。士《シ》

21 卒《ソツ》警衛。日夜鼓《ニ》舞《ス》。年 泊《ヲヨンテ》㆓四‐拾㆒家無㆓胤《イン》子㆒。

22 夫‐婦隠憂《インウツ》。起靡《サラニナシ》㆓他 失《ノチカヒ》㆒。遂就《ツヒニ》㆓幽《テ》 冥《ミヤウニ》㆒禱《イノル》㆑是之、

23 或 夫《アルトキヲトコ》夜 夢《ユメムラク》 有《リ》㆓ 一《ヒトリノ》 高‐僧㆒。来曰《テ》。汝所㆓兼求《ル》㆒我《レ》

24 哀《ム》㆑之。授《サツケテ》㆓一‐巻㆒去《ヌ》。僧亦曰。我是《ハレ》霊‐山《ノ》釋‐迦《ナリ》。斯《ノ》

25 妙典《ハ》弥勒菩薩《ナリ》。夢中嬉《ニキ》 懽《クワンスルイ》 甚《シ》之。披《ヒライテ》 而 閲《ケミスルニ》㆑ 之

26 法華経第‐一之巻也《ナリ》。如㆑言《コトノ》告《ツク》㆑妾《セフニ》。妾《ノ》曰《ク》今夜

27 妾亦 夢《ユメミテ》 夢状《ノカタチ》相同《シ》無㆓違《イ》失《スルニ》㆒。夫‐婦感《メ》㆑夢知《ヲシリ》㆓

28 其有《ノナシ》㆑子。既《ニソ》 而有㆑ 身《ハラムテ》。遂生《ニウム》㆓一‐男《ヲ》㆒有《ウ》‐生《ニソ》 而神靈《ナリ》

29 容貌《ヨウハウ》閑‐雅《ガ》。父‐母 以《ヲモヘラク》 為 匪《アラスト》㆓直人《タヽ》㆒者《ノ》乎哉 生《ソタテ》㆑之

(3) 真名本A縁起3~15丁とB・C縁起の比較

［表1-2］は、A縁起テキストの68項をB・C縁起と対比した。D縁起はA縁起冒頭文の欠如した『続群書類従』[22]（通称「楠本」翻刻）を対比させた。［表1-2］の比較から各々の特徴は次である。

A縁起テキスト68項中、B縁起の相違字は、異字19（28％）、類字24（40％）、踊り字9、辨と辯14、1字挿入4である。

C縁起の相違字は、B縁起と同字が35（54％）、A縁起と同字が20（28％）、A・Bと同字4、A・B・Cと同字が3、A・Bとの異字が4である。

D縁起の相違字は、A縁起と同字が25（37％）、B縁起と同字が5、A・C縁起と同字が13（18％）、B・C縁起と同字11（16％）、A・B・C縁起の異字が8である。

［表1-2］真名本四縁起3～15丁の異同比較

種別	丁	表裏	行数	A 内閣本縁起	B 内海本縁起	C 平塚本縁起	AB／C	ABC／D楠本本縁起
異字	3	裏	8	幬	博	博	Bと同	BCと同
	4	表	6	昆	毘	毗	ABの異字	Bと同
			7	本尊定繋	本尊足繋	本尊足繋	Bと同	BCと同
	5	裏	1	巍巍	嶷嶷	嶷嶷	Bと同	Aと同
			6	舗大地	為舗大地	欲舗大地	ABの異字	Aと同
			4	常規則　巨萬當土	常規　叵萬	常規　巨萬當土	Aと同	Aと同
	6	表	2	檢	揄	揄	Bと同	BCと同
			5	臺	臺	臺	Bと同	ABCと異字（壇）
	7	表	5	阿布句摩	阿宇句摩	阿布句摩	Aと同	Aと同
			6	久衛／枳故元	久覇／枳故部	①久衛②枳故元	Aと同	①②ともAと同
		裏	5	夭雪	夭雪	天雪	ABの異字	Aと同
	8	裏	7	近見八奉	近見八春	近見八春	Bと同	BCと同

	9	表	5	且	且	且	ABと同	ABCと同
	9	裏	2	不許	不忤	不忤	Bと同	Aと同
	9	裏	4	郷土	郷士	郷士	Bと同	Aと同
	9	裏	7	山頂刈払	山頂栞払	山頂栞払	Bと同	Aと同
	10	表	2	汝末知	汝未知	汝未知	Bと同	Bと同
	11	裏	8	却	脚	脚	Bと同	Aと同
	15	表	2	常念	當念	常念	Aと同	Aと同
類字（同意異字）	3	表	1	凢	直	凡	ABの異字	Cと同
	3	表	6	號	号	號	Aと同	ACと同
	3	表	8	眾（衆の本字）	衆	衆'	Bと同	BCと同
	3	裏	1	巣	窠々	巣	Aと同	ACと同
	3	裏	2	怪	恠（怪の俗字）	怪	Aと同	ACと同
	4	表	2	學	覺	學	Aと同	ACと同
	4	表	4	佛號／帰	佛号／歸	①佛号②歸	Bと同	Aと同
	4	裏	1	灮	光	光	Bと同	BCと同
	4	裏	4	叡	（古字）壡	叡	Aと同	ACと同
	5	表	3	帰	歸	歸	Bと同	BCと同
	5	表	4	勵	励	勵	Aと同	ACと同
	5	表	5	螫	刺	螫	Aと同	ACと同
	5	表	2	單	単	單	Aと同	ACと同

6	表	2	漁	魚	魚	Bと同	BCと同
7	裏	8	帰	歸	歸	Bと同	BCと同
8	裏	2	我子	吾子	吾子	Bと同	Aと同
9	裏	4	大守、郷土	太守、郷士	太守、郷士	Bと同	Aと同
	裏	6	兊／總	光／総	①光②總	①Bと同、②Aと同	Aと同
10	表	1	前有	前在	前在	Bと同	Aと同
	裏	6	三至	三到	三到	Bと同	Aと同
	裏	8	閼伽井	閼伽為	閼伽為	Bと同	Aと同
12	表	3	往昝	往昔	往昔	Bと同	Bと同
	裏	4	能	異体字の能	能	Aと同	ACと同
14	表	1	號	号	号	Bと同	Aと同
踊り字							
5	表	7	道濬道濬／時時	道濬々々／時々	①道濬道濬②時々	①Aと同、③Bと同	ACと同
6	表	2	皤々	皤々	皤々	ABと同	ABCと同
8	裏	6	病々→病宿	病宿	病宿	Bと同	ABと同
10	表	1	窟々、前有	窟々、前在	①窟窟、②前在	①ABと異、②Bと同	①Cと同、②Aと同
13	表	1	法々華経	法法華経	法々華経	Aと同	Bと同
	裏	2	時々	時時	時々	Aと同	ACと同
	裏	5	萬々	萬萬	萬萬	Bと同	Aと同
	裏	8	檀檀	檀々	檀檀	Aと同	ACと同

	14	裏	8	處々	處處	處々	Aと同	ACと同
辯と辨	5	裏	3・5・8	3行辨／5・8行辯	辯、8行目は同字	辯、8行目は同字	Bと同	ABCと異字（辨）
	6	表	2・7	辯・辯、補訂は辨	2字とも辯	2字とも辯	Bと同	ABCと異字（辨）
	6	裏	1～8	6字とも辯	6字とも辯	6字とも辯	ABと同	ABCと異字（辨）
	8	裏	2～6	4字とも辯	4字とも辯	4字とも辯	ABと同	ABCと異字（辨）
	9	表／裏	1・7／4・8	4字とも辯	4字とも辯	4字とも辯	ABと同	ABCと異字（辨）
	10	裏	3・4	2字とも辯	2字とも辯	2字とも辯	ABと同	ABCと異字（辨）
	11	表	4・5	2字とも辯	2字とも辯	2字とも辯	Bと同	ABCと異字（辨）
	11	裏	2	2行目辯、6・8行目辨	2行目辯、6・8行目上人	2行目辯、6・8行目上人	BCと同	BCと同
	12／13／14	表／裏／表・裏	1・2／5／4	本文の上人に「良辨」補訂	5字とも上人	5字とも上人	Bと同	BCと同
1字挿入	4	裏	3	清浄霊地	清浄之霊地	清浄之霊地	Bと同	Aと同
	5	表	4	金鷲／勵	金鷲乎／励	金鷲乎／励	Bと同	Aと同
	10	裏	7	霧集	霧如集	霧集	Aと同	Aと同
	10	表	2	汝末知	汝未知	汝未知	Bと同	Bと同

(4) 真名本A縁起3～15丁の訂正と加筆

［表1-3］は、真名本A縁起本文3～15丁に施された訂正（見消）・挿入（傍線部）の内容を一覧にしたものである。訂正は21字、1字挿入22、2字挿入22、3～5字挿入9、6字以上の挿入が4か所にある。この他に11丁裏6行目に兜率天四九の院名、15丁表5行目に書写者・施入者の「跋」が貼り込まれている。

［表1-3］　真名本A縁起3～15丁の訂正と加筆

訂正	丁	表裏	行数	内容
見消	3	表	1	推→雅、里→生
			2	攜→携
			3	北→此
			5	前→所、認→戀
			8	驚→警
		裏	3	客→害
			4	猿猴→猿狖
	4	表	7	土→士
	5	裏	4	萛→非
	6	表	1	跐→趾／歳→行
			2	丈→大、出→釣
		裏	3	扗→在
	7	裏	5	従→徒
	8	表	1	教→散
	9	表	4	龍王→明王
		裏	7	曾→曽根
	10	裏	7	守護此雲→守護紫雲
	12	裏	2	浪表茗見消、不生茗石 面
			6	之例、勤→動
			8	岩屋→見消、窟
	14	裏	5	不堪任地→不堪住地
1字挿入	3	裏	5	膚不敢
			7	成長為
	4	裏	3	此所者
	5	裏	1	勤殖之人物
1字挿入	6	表	5	八葉蓮華
		裏	4	流沙河無功
			7	加持今生
			8	大寺亦矣
	7	表	8	以薦為蔽見
	8	裏	1	汝子歎翁
	9	表	1	良辨僧正問
			3	禱神佛得
			4	明王説即
	13	表	2	常影向現此
			4	常遺逢人→常遺仙人逢
		表	5	大日嶽在→在を見消次 有／窟之→之を見消内
			6	不動岩屋→岩屋を見消 窟

1字挿入	13	裏	3	都也有振鈴
			5	相傳有別説上人
			6	當登峯
	14	表	4	為父母
			6	曰<本宮→扗を見消有
2字挿入	3	表	6	方聞見無
		裏	2	上人行年九
	4	表	6	七度雖営不成
		裏	1	経営不浅謂、金鷲行者
	5	表	6	出世時以金欲
		裏	7	神言良辨石側
			6	天皇當時流沙
	6	裏	8	教諭天皇建立
	7	表	1	得聴行方遂則
	8	裏	6	此屋→病宿
	9	表	5	齢闌老毛及筋
			6	矣良辨上人
			8	是也良辨上人

2字挿入	11	裏	2	眼前亦曰良辯
			1	對良辨上人
			3	受良辨上人
	12	表	7	自在良辨上人、不滅之瀧
			5	上人→良辨
	13	表	3	列眞→眞の傍注イ仙
		裏	4	寶中良辨上人
			6	諸人怨望、離叛此節僧侶
	14	裏	1	上人良辨、
3字挿入	4	裏	6	継金鷲童其
	9	裏	7	霧集競亦→霧集競登彼山
	13	裏	3	今聞岩窟亦有
4字挿入	6	表	6	僧を消して→良辨前生
	10	表	3	明王座釆。良辨受此訓
	14	裏	1	而上當山遷化也不知
5字挿入	6	表	8	作簿如意輪観音金容
	10	裏	6	此木漸半伐之時自飛

5字挿入	12	裏	5	或失〈常遇人是聳〉を「在人語傳古」（「常遇」・「是」見消）
6字以上挿入	11	裏	8	却亦酒掃止時尓如
	5	表	7	所以為寺を消し「天皇於此地建立大伽藍、右所奉治鋳安置盧舎那如来像。金鷲行者守護之。因茲道濬 怨心之念慮不絶於此寺于今」
	6	裏	6	師也<「渡」を消し至彼岸の間に「一紙半銭。不及功銭。無難渡流沙」
	11	裏	3	化身也▲山下→規慕（＝纂）之模置此中（四十九院）を挿入

第二節の真名本大山寺縁起三書の比較から、次のことが明らかになる。

①A縁起の冒頭文は、大山寺の山号・大山寺開山の記述と11か所の訂正および挿入が5文あり、冒頭文1・2丁と3丁~15丁とが3丁冒頭文の「°」印で貼り継がれる。3~15丁の地文には文字訂正21字、1~5字の文字挿入53か所及び文章挿入2文が施され、兜率天四九院が貼り込まれた冊子である。

②B縁起の冒頭文は、A縁起に対し、A縁起と同文が5文、A縁起の訂正11字は一致し、3丁~15丁の地文は異字19字（28％）、類字24字（40％）などの相違があり、「良弁」の表記ではB縁起が「辨」で一貫しているが、A縁起は「辯」と「辨」が混在する。

③C縁起の冒頭文は、A・B縁起と同文が5文、B縁起と同文が16文、A縁起と同文が5文で、3丁~15丁の地文は、B縁起と同字が37（54％）、A縁起と同字が21（28％）、A・Bと同字4、A・B・Cと同字が3、の相違がある。

④D縁起のA・B・Cに対する相違字は、A縁起と同字が25（37％）、B縁起と同字が5、A・C縁起と同字が13（18％）、B・C縁起と同字が11（16％）、A・B・C縁起の異字が8である。

以上から、A縁起はD縁起に近似し、B縁起はC縁起に近い。

ここまで、テキストについて比較してきたが、次に各縁起の奥書について比較する。

(5) 真名本縁起A・B・Cの奥書

●A縁起の奥書

内閣本縁起は本文末尾の「音釋後序」と15丁表貼込の「跋云」がある。「音釋後序」の内容が次である。

[史料2]

一日、山上氏忠直一軸之書與二一巻之紙一来而謂レ予曰、此是相州大山之縁記也、我欲以二斯紙一寄二進於大聖明一王、吾子其書寫以與レ我也、予固辭不レ許、遂肯焉、退閲二之文字一譌誤不レ少矣、因採二平日所聞及字書一、所訓而改正者一百九十餘字、別為二一巻一以贈レ焉、（中略）若人就二此中一尚正二其遺失一。實是余幸也而已。

楠不傳方明謹書二寫之一者也

奥書の内容は、山上氏忠直が大聖明王に寄進するため大山相州の縁起一軸と一巻の紙を用意して楠不傳が書写を頼まれた。その縁起は誤りが多く、最初は固辞したが一九〇余字を訂正して縁起を書写したという。楠不傳は、織豊～江戸時代前期の武士・兵法家。大饗正虎の子。楠正虎の子。天正年間（一五七三～一五九二）熊野の武将堀内氏に仕えて、竹坊を継いだ。後に江戸に出て由井正雪（一六〇五～一六五一）らに楠流軍学を教授したとされる。[23]

ここから、冒頭文を除くA縁起の作成時期は、慶長期前後といえよう。

内閣本縁起15丁表の附箋の「跋云」の内容が次である。

[史料3]

相州大山之縁起一軸　慶長中離失。東學院享胤痛惜無極。竟得之。総之佐倉忠勝寫奉納。

寛永丁丑冬月。　武江医生亀庵瑞府誌。

藤原姓小野石見守忠勝

江戸の医師の亀庵が写し下総佐倉の忠勝が奉納した大山縁起を痛惜していた享胤が大山縁起一軸を寛永一四年（一六三七）冬に得たと、読める。

亀庵は、慶安三年（一六五〇）九月、徳川家光の典医であったことが『大猷院殿御実紀』に記されている。[24] 小野忠勝は、下総佐倉の小野派一刀流の剣術師である。(25) 東學院享胤は後出する仮名本大山寺縁起絵巻の奥書の中で祐賢坊乗真とともに署名する人物である。

A縁起は、大山寺第三世賢隆の代の縁起であるが、本縁起の作成者名は記されていない。仮名本大山寺縁起が収録される国立公文書館所蔵の『相州大山寺縁起幷明王太郎来由書』は、五六丁の簿冊で、うち一～二三丁が「仮名本大山寺縁起」本文で、二四～二六丁に「当山寺務賢隆書」と記されている。末尾に「寛永一九年一二月下旬」の署名があることから、A縁起の書写者は、賢隆自身か同寺僧のいずれかと推測される。

●B縁起の奥書

本縁起の本文末尾に以下のように記されている。

[史料4]

大山寺縁起

持主秀円坊

正保貳年弥生吉　　日中之皆録

奥書は、秀円坊の所持する大山寺縁起を正保二年（一六四五）弥生吉に書写したと伝えるが、誰が書写したのかは不詳である。秀円坊は、相州八菅山光勝寺に所属する四六修験の一坊である。(26) 後北条氏の庇護下にあった大山寺修験僧と八菅山修験との交流はあり、その関係から内海家のB縁起が所蔵されたと考えられる。内海家の初代は、内海藤原宗真（善祥坊）で、慶安五年（一六五二）逝去の旧御師であるが、本縁起の書写者が宗真によるかは不詳である。

●C縁起の奥書

本縁起の本文末尾には、次の記載がある。

［史料5］

旹延寶五年丁巳五月中旬染筆了　法印賢増

本縁起について昭和一五年（一九三〇）八月二四日、關靖が大山寺を訪れた際、大山寺にC縁起と同じ装綴、用紙、筆跡の存在を確認して、その奥書と端裏に以下の記載があるとしている。(27)

［史料6］

奥書

大山寺縁起

延寶五年五月廿八日

端裏

右大山寺〔抹消〕坊萬代相傳之本也

旹延寶五年丁巳五月廿八日〔抹消〕沙門法印賢増求之

關は、［史料5］「染筆了　法印賢増」と［史料6］「賢増求之」との違いについて、賢増の当時、縁起が二種存在していたとする。

A・B・C縁起の写本を時期順に整理すると、慶長期（一五九六～一六一五）前後に大山寺山号と良弁開山年が欠落した楠不傳（［表1-2］D縁起）の縁起に、寛永一四年（一六三七）小野忠勝が補訂したA縁起が最初にあり、その七年後、訓点が施されたB縁起が、さらに三一年後、法印賢増のC縁起が作成されたことになる。

A・B・C縁起のほかに東京都町田市の勝楽寺に、真名本縁起一軸（［図1-4］）が所蔵されている。

［図１－４］　真名本勝楽寺『大山寺縁起』（E）

冒頭文12行（墨色一色）

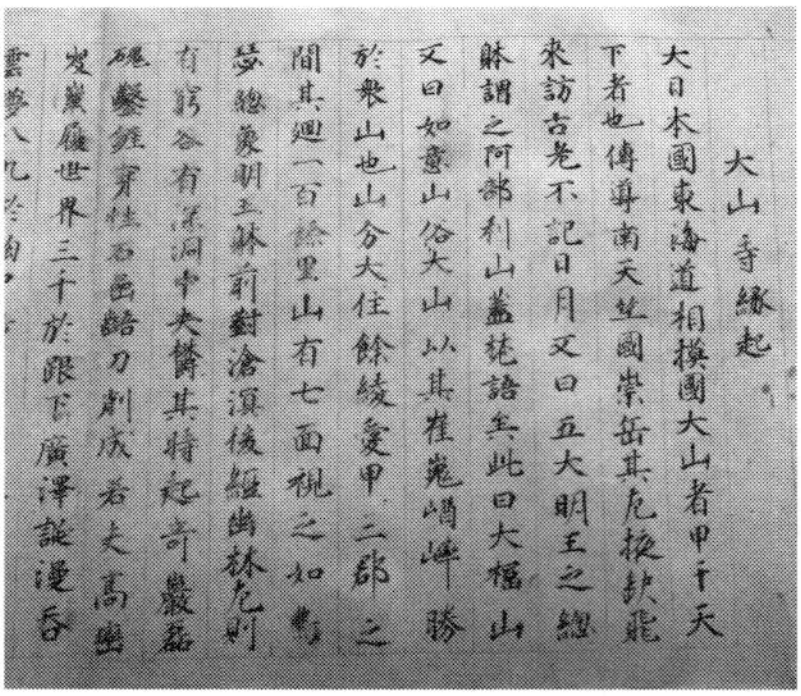

第10紙12行「山形金文字」本文

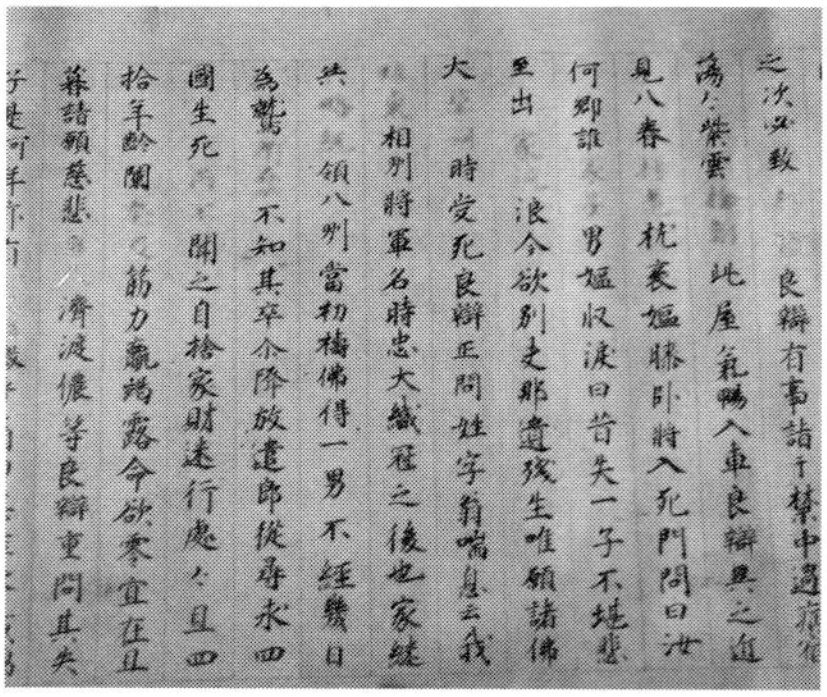

第16・17紙異体書本文（墨色一色）

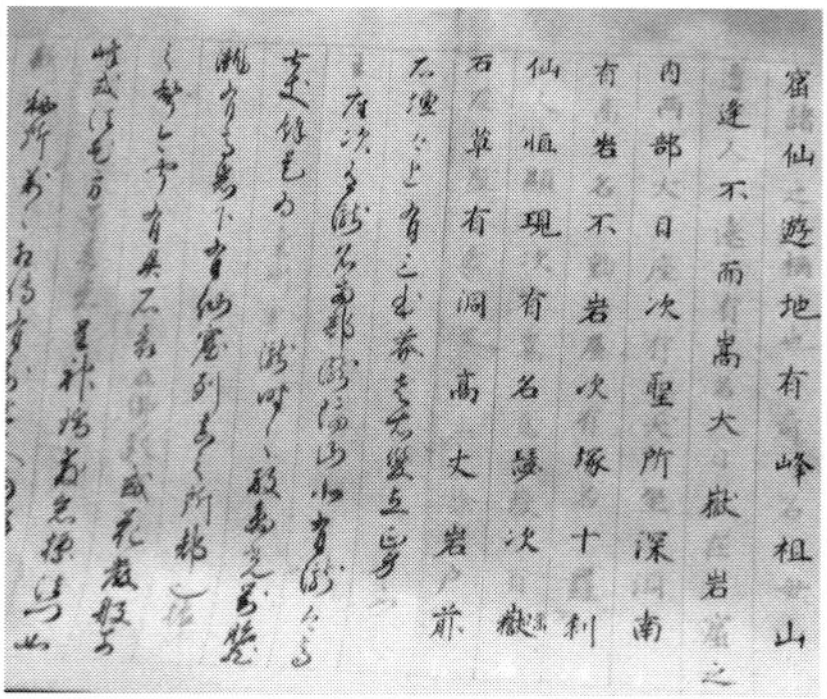

本文の特徴は次の三点である。

①本縁起は、墨色文字と山形金文字（［図1-4］中段の第10紙白く見える部分）との混交文となっている。(28)

②［図1-4］下段本文は全体的に楷書体で、ところどころ草書体（第16・17紙）の本文もある。

③本縁起は、大山寺が廃絶された明治維新後、勝楽寺に移された。書写年は不明である。

第三節　仮名本大山寺縁起の諸本

真名本大山寺縁起は、大山の山号や開山年を記すほかに紀伝的に描かれたが、仮名本縁起は、良弁の誕生、慶雲二年（七〇五）四月一五日以外に年代表記はなく、良弁父母の子探しや大山不動明王に関する物語的描写と、物語に沿った図柄が特色である。縁起の梗概は次のようである。

【上巻】

①相模国司太郎時忠は四〇歳で子がなく、観音像に子授けを祈願した（段一）。

②夢に老僧が法華経を持って現れ一男を授かったが、子を鷲に攫われてしまった（段二〜四）。

③楠の巣中に金鷲が抱える稚児を発見し、覚明が不動明王に祈ると猿が現れ、金鷲童子と命名した（段五・六）。

④金鷲童子は、後に東大寺別当となり華厳宗の濫觴となった（段七〜九）。

⑤さらわれた子を探すため時忠夫妻は諸国をめぐり、坂東の境で歌を詠んだ（段十・十一）。

【下巻】

⑥時忠夫妻は、淀の渡守から東大寺別当良弁の噂を聞く（段一・二）。

⑦良弁親子が出会い、慶雲二年（七〇五）四月一五日と記された産着と黒子から親子と判明した（段三・四）。

⑧親子は天皇に謁見し、時忠は相模国司となり、相模国由井郷に帰郷した（段五・六）。

⑨山頂から相模三国へ発光するので良弁が登山し、山頂で石像不動明王を発掘した（段七・八）。

⑩良弁は、斧を一振し三度礼拝し不動明王を彫像した（段九・十）。

⑪巌窟の池より大蛇が出現して兜率天を偈し、谷の滝を出現させた（段十一・十二）。

⑫大山へ祈禱をしたところ災難は去り、国土安穏の霊場空間となった（段十三）。

大山寺真名本縁起の年代表記は八か所登場するのに対し、大山寺仮名本縁起は、慶雲二年の一か所のみで、真名本は紀伝的、仮名本は物語的という相違がある。

⑴　仮名本大山寺縁起諸本の詞書比較

［表1-4］は、A平塚市博物館縁起の詞書を最上段に示し、B〜J縁起の詞書を比較した表である。10種仮名本縁起の形態は、巻子がA・C・E・F・G・H・I縁起の7種、簿冊B・D縁起、Jが謄写本である。

［詞書の特徴］

①A縁起上巻1段のみ「如房」、D〜I縁起は「女房」、B・C・J表記なし。A縁起上巻2・10段「女房」に対し、D〜I縁起の2段だけが同じ表記で、10段は全て表記なしである。

②A縁起上巻2段「奥隈川」に対し、B〜J縁起はまちまちの記述である。

③A縁起下巻5段の「良弁重而申す〜おほせくだされり」文は、B・E縁起にはなく、以外の縁起は全て同じ記述である。

④A縁起下巻「本宮山」は、G・I縁起が同じ、B・J縁起が「雨降山」となっている。

⑤A縁起下巻9段「乳（または血）出させ給ひ」と同じ表現は、C・D・F・G・H・I縁起に出、B・J縁起は「御身に霊験あり」と、他と異なる。

⑥A縁起下巻11段「僧正七日行」に対し同様の行日は、C・D・F・H縁起、17日行は、B・G・I・J縁起に分かれる。

⑦A・C縁起下巻11段「霊蛇大王」に対し、F・H・I縁起は「荒神」、G・J縁起は「当山守護」の表記である。B〜J縁起の詞書の差異は、A縁起の書写過程で生じたものと考える。

なお、A縁起に対し、C・E・F・G・H縁起は詞書の錯簡があるが、内容は佐伯英里子の指摘に譲る。(29)

［奥書の特徴］

①大山寺開山年

良弁が天平勝宝七年（七五五）に大山を開基した年月日は、仮名本大山寺A・C・H縁起に記載がないが、B・D・E（ともに本文末）・F（上下巻末）・G（上巻末）・I（端裏）・J（本文末）の仮名本6縁起には銘記されている。しかし、第二節［表1-1］・［史料1］で触れた真名本大山寺A・B・C・D縁起は「聖武皇帝天平勝宝未年良辨僧正新披堂基」と記述する。真名本大山寺縁起は、「天平勝宝未年」と開山年にとどまるが、仮名本大山寺B縁起は「天平勝宝七己未歳五月廿八日」と月日まで記す。他の仮名本大山寺D・E・F・G・I・J縁起は、「当山開山年　天平勝宝七己未歳五月廿八日」と「当山開山年」を追記している。このことは、三世賢隆が、寛永一四年（一六三七）の真名本大山寺A縁起をもとに寛永一九年（一六四二）の仮名本大山寺B縁起を作成し、D（元禄七年書写）・E（元禄一二年書写）縁起やF・G・I（書写年不詳）縁起に「当山開山年日」が反映されたと考えられる。

②詞書筆者

［表1-4］の詞書筆者は、A縁起：祐賢坊乗真、B縁起：賢隆（大山寺三世）、C縁起：岩崎玄周（序文は斎藤一器子）、E・H縁起：橘盛林、G縁起：平岡伊織頼恒、I縁起：手中明王太郎である。

③施入先

［表1-4］の施入先は、A縁起：大源坊・東學院、C縁起：宝蔵坊玄浄代、D縁起：神崎清誉、E縁起：繁盛坊、G縁起：法眼祐泉坊である。

仮名本A縁起の奥書には、祐賢坊乗真・大源坊・東學院が三者連名となっている。このA縁起から東學院・大源坊は、享禄五年（一七三二）当時の人物と思われがちであるが、闕は筆跡からこの二人は後筆との指摘をした(30)。寛永一四年の真名本A縁起の附箋に「東學院享胤痛惜無極」と記されることや、真名本A縁起と仮名本A縁起とは百

［表1-4］　仮名本大山寺縁起諸本の詞書比較

名称	本文詞書 上巻（段）1	上巻 2	上巻 2	上巻 11	下巻（段）5	下巻 8	下巻 9	下巻 11	下巻 11	奥書 開山年月	奥書 書写年	奥書 詞書筆者	奥書 施入先	所蔵
A大山寺縁起（絵巻）	如房	女房	法花経	奥熊川	「良弁重而申たまハく～おほせくだされり」	本宮山	御身より乳出させ給ひ	僧正七日行	震蛇大王	なし	享禄五年	祐賢坊乗真	大源坊・東學院	平塚市博物館
B相州大山寺縁起并明王太郎由来	なし	なし	法華経	大隈川	なし	雨降山	御身に霊験ありければ	良辨一七日行	当山守護	天平勝宝七己未歳五月廿八日	寛永一九年	賢隆（大山寺3世）		国立公文書館
C大山寺縁起（絵巻）	なし	なし	法華経	奥隈川	Aと同一	今の本宮	御身より血たらせ	僧正七日行	当山守護の霊蛇大王	なし	貞享元年	本文：岩崎玄周／序文：斎藤一器子	宝蔵坊玄浄代	伊勢原市教育委員会
D大山寺縁起	女房	女房	法花経	阿ふくま川（上6段）	Aと同一	今金堂の前へ	御身より血たらせ	良辨七日行	大蛇現じて、我は是の山の主	Bと同一	元禄七年		神崎清誉	金沢文庫
E大山寺縁起（絵巻）	女房	女房	法華経	あふく満川	なし	なし	なし	なし	我は此山の主たりし	Bと同一	元禄一二年	橘盛林	大山寺繁盛坊一代	藤沢市教育委員会
F大山寺縁起（絵巻）	女房	女房	法花経	あふく満川	Aと同一	なし	御身より血たらせ	良辨七日行	荒神	Bと同一	不詳			内海かげゆ

名称	本文詞書									奥書				所蔵
	上巻（段）				下巻（段）					開山年月	書写年	詞書筆者	施入先	
	1	2	2	11	5	8	9	11	11					
A大山寺縁起（絵巻）	如房	女房	法花経	奥熊川	「良弁重而申たまハく～おほせくだされり」	本宮山	御身より乳出させ給ひ	僧正七日行	震蛇大王	なし	享禄五年	祐賢坊乗真	大源坊・東學院	平塚市博物館
G大山寺縁起（絵巻）	女房	女房	法花経	大隈河	Aと同一	本宮山	御身より血たらせ	良辨一七日行	此の山を守護	Bと同一	不詳	平岡伊織頼恒	法眼祐泉坊	勝楽寺
H大山寺縁起（絵巻）	女房	女房	法華経	あふ隅川	Aと同一	なし	御身より血たらせ	良辨七日行	此の山の荒神	なし	不詳	橘盛林		大山寺
I大山寺縁起（絵巻）	女房	女房	法花経	あふく満川	Aと同一	本宮山	御身より血たらせ	良辨一七日行	荒神	Bと同一	不詳	手中明王太郎		手中正家
J大山寺縁起	なし	なし	法華経	大隈川	Aと同一	雨降山	御身に霊験ありけれ	良弁一七日行	当山守護	Bと同一	大正一〇年			東京大学史料編纂所

註　表中奥書の「詞書筆者」「施入先」は、佐伯英里子『大山寺縁起小考』表1に準じた。

年余の年代差があることから、東學院・大源坊は後筆によるとの指摘が妥当と考えられる。また、佐伯英里子が「大山寺縁起絵巻小考」の表1「諸本の現状」仮名本A縁起奥書の三名連記を詞書筆者と施入先とに分けて表示したのは、この反映と思われる。

享保三年(一七一八)七月初版「諸師職護摩取次寺印鑑写」に照らすと、仮名本縁起のA東學院(印鑑では「坊」)、C宝蔵坊は吉川領太夫、D神崎清誉、E繁盛坊、G祐泉坊(大山寺候人・御師兼帯)は、いずれも御師である。元禄年間から享保初期にかけて仮名本縁起の流布に伴い大山御師の発生があった(第八章第一・二節参照)。

祈願者が大山寺へ諸祈願のため縁起を奉納する際、この取次を行ったのが御師であるが、縁起の流布は、御師による檀家への働きかけが盛んになったことの反映である。

(2) 仮名本大山寺縁起絵巻の図柄比較

大山寺縁起絵巻は[表1-4]の平塚市博物館縁起絵巻(A)の他に大津本(C)、藤沢本(E)、内海本(F)、勝楽寺本(G)、大山寺本(H)、手中本(I)の六種がある。

仮名本大山寺縁起絵巻の図柄は、佐伯英里子が「大山寺縁起絵巻小考」で詳細な分析を行っているので本稿では割愛するが、仮名本縁起絵巻六種の図柄を比較すると二つの特徴が見出される。

1点は、平塚本縁起絵巻下巻「兜率天浄土四九院出現」([図1-5])は、兜率天浄土で不動明王に祈る良弁を主体に描かれているのに対し、内海本縁起絵巻([図1-6])は兜率天浄土を大山山容に重ねて描写している。

2点は、平塚本縁起絵巻「伽藍の完成」([図1-7])は、中央建物の背後にある三重仏塔の周りに良弁及び眷属神が神酒を汲む様子が描かれているのに対し、内海本縁起絵巻([図1-8])は、正面中央の不動堂を中心に、仁王門、楼門、鐘楼、相殿及び三重仏塔など完成した伽藍全体の様子が伝わる描写である。平塚本縁起と同類の図柄の縁起は、藤沢本・大津本・大山寺本・手中本縁起で、内海本縁起と同類は勝楽寺本縁起である。

第一節で言及したが、大山寺は寛永一六年（一六三九）に造営資金一万両が下賜され[31]、これにより寛永一八年（一六四一）、山内に、不動堂・本宮を中心に一二の堂舎と仁王門・楼門が建ち、清僧支配の結界口に前不動が完成している[32]。

A縁起の奥書は享禄五年（一五三二）で、兜率天の出現が漠然とし、伽藍は部分的な描写である。このA縁起に対し、F縁起の兜率天の出現や伽藍配置はより具体的な描写である。これは、A縁起が享禄五年当時の描写であるのに対し、F縁起とG縁起は、寛永一八年（一六四一）の伽藍造営を反映して描かれたと考えられる。

第二節・第三節の大山寺縁起の写本作成年代をまとめると［図1-9］のようになる。

この［図1-9］と同時期の大山寺別当の動きを照合すると次のようである。

三世賢隆（寛永一〇年六月〜承応三年八月一四日没。在任二一年）

寛永一六年、幕府より造営資金一万両下賜。同一八年一一月、大山寺伽藍完成。同二〇年、春日局、手長御供金銀を奉納[33]

四世隆慶（承応三年〜貞享四年一月二日没。在任三四年）

寛文三年（一六六三）、この以降、御師の間で檀家の売買が活発化。大山寺別当八大坊と同所寺領之山伏・御師との争論が発生[34]、寛文五年（一六六五）八月、佐藤蔵人が内海次郎右衛門に都築郡・橘樹郡（横浜市・川崎市）檀家四八七軒を金二二両で売却[35]、延宝二年（一六七四）三月、御師による檀家奪取を禁ずる大山寺山法を下令[36]。

［図１－５］　平塚本縁起絵巻下巻「兜率天浄土四九院出現」

［図１－６］　内海本縁起絵巻「兜率天浄土四九院出現」

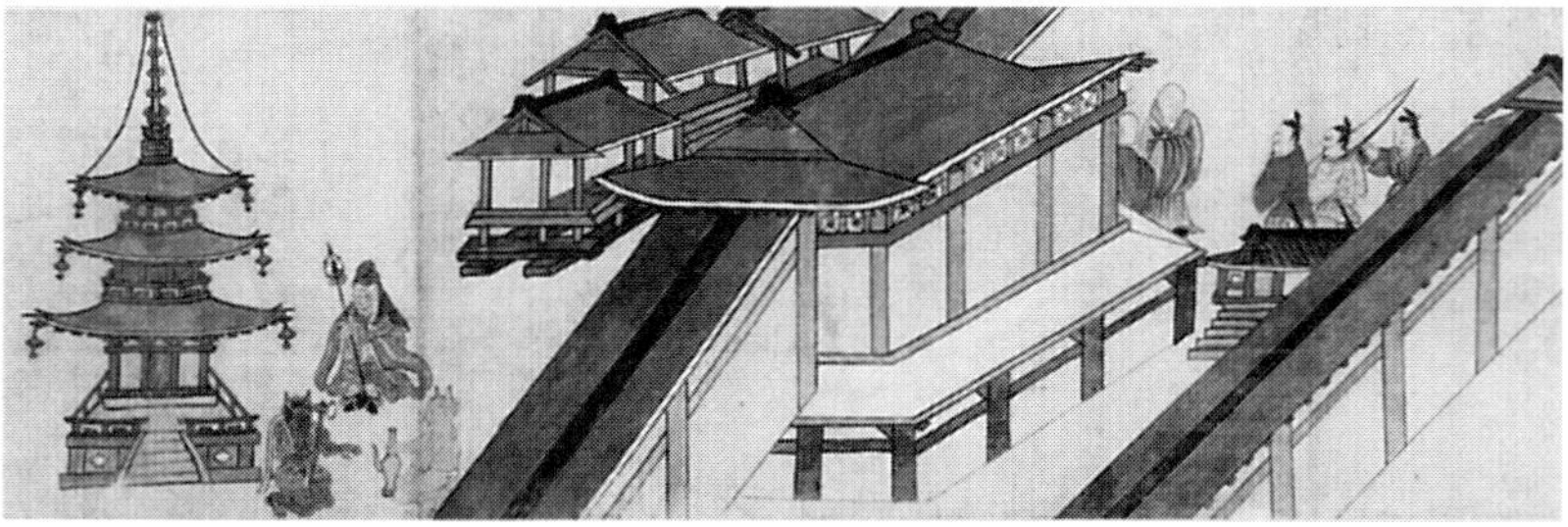

［図１－７］　平塚本縁起絵巻下巻「伽藍の完成」

［図１－８］　内海本縁起絵巻「伽藍の完成」

享禄５年（1532）仮名本『大山寺縁起絵巻』（Ａ）

寛永14年（1637）真名本『大山縁起』（Ａ）

寛永19年（1642）仮名本『相州大山寺縁起』（Ｂ）

正保２年（1645）真名本『大山寺縁起』（Ｂ）

延宝５年（1677）真名本『大山寺縁起』（Ｃ）

貞享元年（1684）仮名本『大山寺縁起』（Ｃ）

元禄７年（1694）仮名本『大山寺縁起』（Ｄ）

元禄12年（1699）仮名本『大山寺縁起』（Ｅ）

？年仮名本『大山寺縁起』（Ｆ）

？年真名本『大山寺縁起』（Ｄ）

？年仮名本『大山寺縁起』（Ｇ）

？年仮名本『大山寺縁起』（Ｈ）

？年仮名本『大山寺縁起』（Ｉ）

註　実線の角丸枠は作成年代が特定される大山寺縁起、破線の角丸枠は年代不明の大山寺縁起。

［図１－９］　大山寺縁起写本作成年代

五代空弁（貞享四年二月～元禄一三年五月二日没。在任一三年）

元禄一五年（一七〇二）二月、八月、大山寺山法の追加条目を下令。

寛永一四年（一六三七）、冒頭文を貼り継いだ真名本A縁起が作成され、その八年後に八菅修験秀円坊の真名本B縁起が、それから三三年後に真名本C縁起が書写された。大山寺完成後、三世賢隆は、寛永一九年（一六四二）に仮名本B縁起を作成した。同じ頃、享禄五年の仮名本A縁起絵巻が大源坊・東學院によって大山寺に寄進され、四三年後の貞享元年（一六八四）仮名本C縁起が、以後、元禄七年（一六九四）仮名本D縁起、元禄一二年（一六九九）仮名本E縁起が仮名本A縁起をもとに相次いで書写された。さらに仮名本縁起は、元禄年間に年代不詳のF・G・H・I諸縁起が流布したと推定される。

大山寺の開山年は、真名本A・B・C縁起の冒頭部に明記され、仮名本縁起は、A・C・H縁起を除く、D・E・F・G・I・J縁起が、真名本の開山年と仮名本B縁起の開山年月日を反映した。この開山年月日の記述から、真名本縁起と仮名本諸縁起は相関の関係にある。

真名本の書写は、B縁起の内海家当代、仮名本の書写は、C縁起の宝蔵坊、F縁起の内海家当代、I縁起の小川監物などの大山御師が行い、仮名本縁起の施入は、A縁起を東學院、D縁起を神崎清誉、E縁起を繁盛坊らの御師が行い、延宝五年～元禄元年の一〇年余の間に御師が縁起の施入や書写をし、大山寺縁起を流布したと考えられる。大山寺縁起が流布した時期、檀那場における御師の檀家獲得や檀家売買が活発化し、その後、御師の行動を規制する山法が相次いで制定された。

おわりに

相模国真名本大山寺縁起は、国立公文書館所蔵の内閣文庫本縁起が定本とされ、仮名本縁起は、平塚市博物館所蔵の高瀬本が年代的に最も古く、佐伯英里子の検討で「高画質絵巻」と紹介されていた。本稿は、先行研究から等閑視されていた縁起祖本に近い内海景弓家所蔵の真名本大山寺縁起を素材に、真名本・仮名本大山寺縁起の比較検討を行った。その結果、次の点を明らかにした。

1　大山寺真名本の内閣文庫本縁起は、テキストに見消32字、挿入文字66字の他、文章の加筆修正が施されているのに対し、内海本縁起の本文は、地文の訂正はなく、さらに振り仮名と訓点が付され、読者への配慮が施されたテキストである。両縁起の年代差は僅かである。

延宝五年（一六七七）の平塚市博物館所蔵真名本縁起は、内海本縁起と同類である。制作年代不詳の勝楽寺真名本縁起のテキストは内海本と同類であるが、地文に金文字が施され装飾的な相違がある。

2　仮名本大山寺縁起一〇種のうち、真名本縁起に記載される大山寺開山の天平勝宝七年が反映された縁起は七種あり、仮名本縁起は、真名本縁起の後に作成されたと考えられる。仮名本縁起絵巻六種の画像比較から、兜率天浄土の出現図と伽藍完成図が描かれているのは、寛永一八年（一六四一）の大山寺造営を反映したと思われる内海本縁起と勝楽寺本縁起だけで、他の縁起絵巻と相違する。

3　大山寺真名本縁起、仮名本縁起を古い年代順に整理すると、寛永一四年（一六三七）の真名本内閣文庫本が初発で、享禄五年（一五三二）の仮名本高瀬本縁起は、闕論考の指摘から、施入者東學院・大源坊による後筆の可能性が高く、享禄五年仮名本縁起は、大山寺の伽藍完成後の流布と措定される。
5　寛永一四年〜元禄年間、良弁開山と不動明王のご利益を描く紀伝的な真名本大山寺縁起と、物語的な仮名本大山寺縁起が相次いで作成され、同時期、御師によって縁起の施入や書写が行われた。併行して檀那場に対する御師の働きかけが活発化した。

註

（1）文化・文政期の大山講は、秦野市『江戸の参詣講―桃灯と講中札にみる霊場信仰―』一九九五年に収録される。角川書店『日本国語大辞典』では御神酒の説明に相模大山御神酒講が例示される。
（2）立正地理学会『地域研究』一四、一九七一年。
（3）成城大学大学院文学研究科『日本常民文化紀要』八―二、一九八二年。
（4）秦野市編さん委員会『秦野市史研究』六、一九八六年。
（5）西垣晴次「大山の縁起」神奈川県文化資料館『郷土神奈川』一三「大山とその信仰」所収、一九八三年。
（6）国立公文書館所蔵、請求記号一四三―〇〇八二、簿冊『大山縁起』。
（7）神奈川県平塚市博物館所蔵、巻子一巻『大山寺縁起』。
（8）同県伊勢原市大山内海かげゆ旅館所蔵、巻子一巻『大山寺縁起』。
（9）東京都町田市勝楽寺所蔵、巻子一巻『大山寺縁起』。真名本大山寺縁起の活字本は、『大日本仏教全書』第一二〇冊寺誌叢書四「大山縁起」（一九二一年）と塙保己一『続群書類従』第二七輯下「大山寺縁起（初闕）」（国書刊行会、一九一一年）に収録されている。
（10）「工匠手中明王太郎史料」二九二四―2、神奈川県公文書館所蔵。
（11）『武相叢書』第三集（神奈川県立図書館所蔵）。本書では、仮名本『大山寺縁起　上』の翻刻である。これとは別に大山寺山主千葉興全『大山寺縁起』一～二六頁（大山寺、一九八四年）に収録されている。

(12) 『神奈川文化』六・七・八、一九四〇年。

(13) 神奈川県教育庁文化財保護課編『神奈川県語り物資料』、一九七九年。

(14) 佐伯英理子「大山寺縁起絵巻小考」『平塚市文化財調査報告書』第三一集、一九九六年。

(15) 神奈川県厚木市郷土資料館が二〇一二年に開催した第一五回特別展示図録『あつぎ　縁起書の世界』に内海正志所蔵の真名本大山寺縁起、大山寺縁起絵巻の原文と川島敏郎による翻刻・解説が紹介されているが、類本との検討はなされていない。

(16) 『本朝高僧伝』は宝亀四年（七七三）閏一一月一六日遷化と記載。

(17) 「京兆泉涌寺沙門憲静傳」「静自雕刻不動明王像。安置相州大山寺。威験甚著」『本朝高僧伝』巻六一（『大日本仏教全書』第一〇三所収）や『尊卑文脈』三（『増補国史大系』五九　吉川弘文館）、「清和源氏　木田　憲禪《願行上人》―静〔相州大山之開基《永仁三四一入滅》也〕」、『伊勢原市史　資料編　古代・中世』六五四頁（一九九一年）などによる。

(18) （舞楽曼荼羅供私記、大山）「右作法者、弘安九年三月二八日被供養相模国大山寺私記也、今作法依御流式、真言院憲静（願行）上人相談（中原）光氏等日記（以下略）」（「金沢文庫文書」＃八六「聖教奥書」）『伊勢原市史』資料編古代・中世、一〇四頁、一九九一年。

(19) 前掲註（18）書「（前略）大山御参詣候し之條、殊悦入候、彼御縁起一巻借進之候」（「金沢文庫文書」＃八七文書「長井貞秀書状」）所収、一〇五頁。

(20) 国立公文書館蔵『内閣文庫蔵書印譜　改訂増補版』、一九八一年による。

(21) 前掲註（12）書の闕による。

(22) 塙保己一編纂『続群書類従』第二七輯下釈家部　翻刻、一九三二年。

(23) 『大日本人名辞典』、是沢恭「名目録」『群書解題』第八巻による。

(24) 『大猷院殿御実紀』巻七八、慶安三年（一六五〇）九月一七日条に「医員は清水亀庵　室、河島周庵茂継、服部

了伯順定、伊達本覚景継次、笠原養琢宗印」とある。また半井成近・久志本常孝「徳川幕府における医師の身分と職制について」『東京慈恵会医科大学雑誌』八九、一九七四年にある。

(25)『本朝武芸小伝』巻五、五八頁、国書刊行会、一九一五年。小野次郎右衛門忠明嫡子忠常の押幼名「忠勝」と記す。別資料では千野原靖方『一刀流皆伝史』九四頁、崙書房出版、二〇〇七年による。

(26)「相州八菅山書上」国立公文書館（請求記号一九二―〇一八九）、別名「相州八菅山光勝寺坊中惣代書上写本四六丁中の二五丁オ」に記載。

(27)「「大山寺縁起」古写本の発見について」上『神奈川文化』六、二～五頁、国会図書館蔵、一九四〇年。

(28)［図1-4］中段の薄色部分の金文字は、「1行皆叱呵、2行佛傳、3行曰人、4行起請、5行搚韜、6行朽考、7行家子、8行家流、9行悲同、10行略統、11行所奪、12行両不、13行菴及、14行上人、15行可獲、16行天王」である。他所の金文字部は良弁、天皇など重要語もあるが、一語ずつ書き分けられた箇所もあり、装飾的に金文字が使用されている。

(29)前掲註（14）佐伯論考による。

(30)前掲註（12）書、八による。

(31)『徳川実紀』三編　寛永一六年四月七日条『国史大系』、吉川弘文館、一九三〇年。

(32)大山寺堂舎の桁行・梁行は、本宮（三間一尺×四間一尺）、相殿①明王・石尊・鹿島（五間×五間）、殿②山王・熊野（四間二尺×三間五尺）、本地堂（五間四尺四方）、鐘楼堂（五間×四間）、楼門（七間五尺×六間）、不動堂（一二間二尺一寸×七間四尺六寸）、前不動（四間五尺×四間五尺）である。寛永一八年一一月一日「大山大工棟梁手中家資料目録」一六、神奈川県立公文書館所蔵／同資料目録一三。

(33)『新編相模風土記稿』第三巻、雄山閣、二〇〇二年。

(34)佐藤良次所蔵「寛文三年五月別当八大坊と山伏・御師争論につき申渡覚」『伊勢原市史』資料編　続大山、六六頁、一九九四年による。争論内容については不明であるが、本文内容は「双方令糾明処、山伏御師申立段、為指儀

無之候ニ、対地頭大勢結徒党候罪科就難遁候、山伏教蔵・同駒形・同大重・同大宝・同福本幷御師吉兵衛・長右衛門・七郎右衛門・八郎右衛門・八兵衛・儀右衛門・大学、此拾二人令籠舎候事、従先年山伏於度々対八大坊及公事候間、此度八大坊寺領之内山伏共令追放候事、藤之坊・篠之坊・繁昌坊、此三人者今度徒党之列ニ相加候間、如本立修験道可罷有、但、向後惣領壱人ニ相譲修験道不可立別家事」（以下略）と、多数の山伏・御師が登場する。

（35）内海正志所蔵「寛文五年八月　檀家永代売渡証文」前掲註（34）同書、一八二頁。

（36）大藤直兄所蔵「師職之者其就数年之強訴遂吟味申付覚」では山法の内容は全一〇条に及び、第一条は「他人之檀那を奪取、自分之楽となす条重科不浅候之間、往古ゟ其誡厳重也自今以後猶以禁止置事」とする条文である。前掲註（34）同書、二四頁。

第二章　相模大山木太刀奉納の起源——初代市川団十郎の元禄六年自記を介して——

はじめに

千葉県旭市岩井の龍福寺には、溝原村高木忠助による宝暦一三年（一七六三）六月奉納の全長３９６cmの木太刀(1)が、また埼玉県川越市松前自治会には松郷町講中による寛政六年（一七九四）六月奉納の全長４４１cmの木太刀が(2)、それぞれ保存されている。また、隅田川で水垢離し、木太刀を担ぎ大山参詣をする様子が享保一七年（一七三二）に地誌『江戸砂子』の「石尊参垢離取」に描かれ(3)、これらの奉納木太刀は、近世～近代を通じて大山参詣を特徴づける習俗である。

木太刀奉納の起源に関して沼野嘉彦は「源頼朝が天下の安穏と武運の長久を祈願して始まった神事で、その後の武士はもちろん、一般庶民も招福除災の願望によりこれを行った」としている(4)。沼野の起源説は、建久三年（一一九二）八月九日、北条政子の出産前後に相模国二七社寺に神馬・守剣が奉納されたという『吾妻鏡』の記述に基づいている。この説は、吉岡清司「大山信仰と納太刀(5)」や萩谷良太「常陸地方のオタチ行事―その歴史的民俗的考察―(6)」及び近江礼子「茨城県における大山石尊信仰の諸相」などにも踏襲されている(7)。

沼野の起源説は、五七〇年以前の資料を引き、庶民が武運長久を祈願したとする説はいささか飛躍といわざるを得ない。

加賀佳子は「元祖市川團十郎自記」[8]の中で、沼野の起源説を踏襲した吉岡清司の論考を引用し「大山不動は、庶民の信仰も厚く、招福限（減カ）災祈願に木太刀を納める風習があった」と、この習俗流行の前提に立つ。しかし、沼野や吉岡の論考は、宝暦一三年当時の海上町（現旭市）龍福寺の木太刀奉納の実態解明に急で、この習俗の起源に言及してはいない。

筆者は、大山参詣における木太刀奉納の起源説に疑問を抱き、初代市川団十郎（以下本稿では引用箇所以外は「団十郎」と表記する）が元禄三年（一六九〇）の「願文」で大山不動明王へ木太刀奉納を誓約した点に注目し、木太刀奉納の起源の検討を試みる。

第一節　市川団十郎が誓約した大山不動明王

昭和九年（一九三四）、伊原青々園は『團十郎の芝居』のなかで「元祖團十郎の懺悔録」を紹介した。[9]この『團十郎の芝居』のもとになった青々園の写本「元祖市川團十郎自記」が近年、早稲田大学演劇博物館に所蔵されていることが判明し、加賀佳子・武井ゼミナールが「元祖市川團十郎自記」として全文を翻刻した。[10]この「自記」は、元禄六年（一六九三）四月八日自記と元禄九年（一六九六）四月八日自記の二種からなる。書誌、願文の成立、団十郎の願文、団十郎の宗旨などに関する解題が加賀によってなされた。

元禄六年「自記」序文で、団十郎は、「給金二五〇両を得るほどの当世芸家随一の役者と言われ、実方、荒事は自然と身についたが、これは忝くも神よりの方便であり、これらは皆信心によっている。一つは父母の長命、一つは妻子・一家の安全を願い、午（元禄庚午年）三月八日より申（壬申年）の三月八日まで三宝荒神へ一紙の願書を以て元禄三年三月八日に発願した」と、神仏に対する願文の趣意を述べている。[11] 誓約先は上野両大師、日月・明星・二十八宿・三光諸天、愛染明王に続けて、大山不動明王に対し団十郎は、次のように誓約した。

［史料1］

不動明王幷に二童子、右三年が中信心おこたらず。月の廿八日には猶礼拝深く、別而三年か間、月に一ふりつ、捧ル所の木太刀、歳に一度の以代参、則大山大小不動明王へ是を奉納事

願文の二童子は、不動明王の脇侍の矜羯羅童子・制吒迦童子を指し、二八日は、不動明王の縁日に当たる。大山「大小」は、後代の木太刀銘文に度々みられる不動明王の尊称大山大聖の誤記と思われる。

この願文から、団十郎は、元禄三年（一六九〇）三月八日から元禄五年（一六九二）三月八日までの間、毎月一振りの木太刀を、自宅にあると思われる不動明王・二童子へ捧げ、年に一度は、大山不動明王に対し「代参」によって木太刀奉納を誓約したとされる。

次節では、元禄三年前後における団十郎の上演歴と参詣地大山の動向とを対比させて、大山参詣における木太刀奉納の起源の検討を試みる。

第二節　元禄三年以前の団十郎の上演歴と参詣地大山

(1)　元禄三年以前の団十郎の上演歴

団十郎は、延宝元年（一六七三）中村座『四天王稚立』で初舞台に立ち、これが「荒事狂言の初め」とする定説が流布されていたが、[12] 大久保忠国によりこの説は退けられ、[13] 諏訪春雄や加賀佳子らの研究から、[14] 団十郎の初期作は次のように改められた。

貞享元年（一六八四）二五歳　市村座「日蓮大聖人記」（鵜飼役）
貞享二年（一六八五）二六歳　市村座「金平六条通」（坂田役）。荒事の初演。
元禄元年（一六八八）三月～五月末、二九歳　山村座「古今東西兵曽我十番続」（曽我五郎役）初演。

団十郎は、貞享二年「金平六条通」で初めて荒事を手がけて大人気をとり、元禄初めに芸家一流の列に加わったとされる。[15]

寛文期（一六六一～一六七二）の古浄瑠璃は、丹波少掾（和泉太夫）の金平物作品により、大暴れする痛快娯楽劇で評判を博したが、貞享期（一六八四～一六八七）には二代目和泉太夫の時代に移った。一代目の舞振は二代目和泉太夫にも継承され、「人形の損ずるも厭はず、打割討潰しつつ語る」と初代を超える激しい芸であった。[16] 劇場街である堺町・葺屋町の街並みを示す『牟芸古雅志』[17] では和泉太夫座と市村座とは隣接していた。

『市川團十郎の代々』（国会図書館蔵）によれば、団十郎は、神田和泉町に生まれ、幼少期演劇を好み、自宅に隣接する中村座や市村座を見物し俳優を志したとされ、堺町・葺屋町は馴染みの場所であった。

寛文二年（一六六二）六月二三日以降、丹波少掾父子は松平大和守の御前で人形操りを共演しており、高田藩榊原家文書によると父子は、延宝五年（一六七七）四月八日「天下泰平銘剣鑑」、同一二月二一日「仏法魔法神通競」、延宝七年（一六七九）六月一九日「不動明王利剣巻」[18]などで共演した記録がある。二代目和泉太夫と同世代の団十郎は、古浄瑠璃の演目に日常的に接する環境にあり、古浄瑠璃に登場する利剣譚など、神霊事から影響を受けていた。このようなことが大山不動明王に対し木太刀奉納に繋がった動機と考えられる。

(2) 元禄三年以前の参詣地大山

「代参」は、「遠隔地の神社や寺院を信仰する人々が講集団を結成し、毎年定期的に代表者が参詣する方法」で、霊場側の指導者として「各霊場には御師・先達（近代であれば先導師など）が存在していた」と民俗学辞典により定義される。[19]団十郎は元禄三年（一六九〇）の願文で「代参」に触れているが、霊場へ参詣者を集める御師の存在に留意し検討してみる。

徳川家康が江戸に入府した以後から元禄三年に至る大山は、概略以下のように推移した。

慶長一四年（一六〇九）八月、徳川家康が大山寺一世実雄に下した「大山寺掟」[20]により、前不動より上の霊場は清僧が支配する結界地とされ、妻帯僧・山伏・在家は結界地から下山させられた。同時期の「関東古儀真言宗法度」により、大山寺は、仏法興隆・学問修業の寺院と規定された。[21]ただし、山中中腹の不動明王への参詣は、午前七時～午後四時までは認められた。[22]

寛永二年（一六二五）六月、二世実栄は死去し、以後寛永九年（一六三二）まで七年間、大山寺別当不在であった。

寛永一〇年（一六三三）、箱根金剛王院から賢隆が大山寺別当三世に就き、寛永一六年（一六三九）四月、幕府より造営資金一万両が下賜された。[23] 寛永一八年（一六四一）八月には、本尊不動明王を祀る不動堂以下諸堂舎が造営された[24]ことで、三世賢隆の代、大山寺は幕府の祈禱寺院となり、賢隆及び供僧十一坊の支配下にあった。[25]不動堂以下諸堂舎の造営を契機に、寛永一四年（一六三七）真名本「大山寺縁起」[26]が、寛永一九年（一六四二）仮名本「大山寺縁起」[27]が作成された。

その後、承応三年（一六五四）三世賢隆は死去したために、隆慶が四世後継者となった。

万治四年（一六六一）正月、東海道から大山参詣に向かう辻堂四ツ谷（田村通大山道）に、「辻堂講中」江戸見世持石工二八名により大山華表門が、浅草蔵前猿屋町常陸屋権兵衛・同天王町祇園吉兵衛により大山道標石・不動堂が、同時に建立された。[28] これらの建造物には、御師矢野清大夫名と刻まれ、御師の関与がうかがえる。この辻堂四ツ谷から大山へ向かう参詣道を高野修は「御花講道」としている。[29]

「お花講」の存在を示すものとして、御師継承者の内海景弓家に元禄元年（一六八八）銘の登山用弁当櫃が保存されている。[30] ただし、この櫃以上にこの参詣講の内容に関しては不明である。

寛文五年（一六六五）八月や延宝三年（一六七五）一一月に、御師の間で檀那場における檀家の売買が行われており、[31] 四世隆慶は、御師の檀那場における活動を統制するために延宝二年（一六七四）三月、次の山法を定めた。

［史料2］[32]

一　他人之檀那を奪取、自分之楽となす条重科不浅候之間、往古ゟ其誡厳重也、自今以後猶以禁止置事

一　道者参詣之砌一憩信宿之競望有之時者、其仁御師有之哉否随分詮議いたし、御師無之仁ニ埒明候者宿可仕儻各別御師有之道者ニ宿借シ候族者、為過料道者壱人ニ付金子壱両宛其道者之御師処へ宿主并五人組致持参可相渡、素麺蕎麦切等之店屋物商売茂右同前たる間、渥分御師之致穿鑿御師無之ニ落着之上家内へ請し入へし

（中略）　延宝二甲寅年三月日

［史料2］の御師は、慶長一四年（一六〇九）八月の「大山寺掟」により下山させられた人々が対象者で、山法の上でこの人々を「御師」と規定した初見である。山法の一項は、他人旦那場の奪取を厳禁する規定で、このような行為は以前から取り締まられていたようである。二項は、参詣者が宿泊を希望した場合、参詣者の持場御師の有無を充分詮議することを義務づけた。万一御師持ちの参詣者を宿泊させた場合、その宿主と、宿主の五人組は、罰金として宿泊者一人一両ずつをその持場御師に納めることと規定している。この規定は、止宿のみならず蕎麦・土産物などの商物にも波及する定めである。この史料は、檀那場で参詣者を募る活動が行われる一方、霊場では宿泊や飲食など商売が行われ、大山参詣が活発化していたことを意味する。

本節(1)で示したように、江戸芝居町で団十郎は二代目和泉太夫らが演じていた神霊事に接し、自身も「金平六条通」「兵曽我十番続」を上演していたことから、不動明王の霊験や利剣に特別な思いを抱いていたことは確かである。そのことから団十郎は、大山不動明王へ木太刀奉納を誓約したと考えられる。

本節(2)から、寛永一八年（一六四一）の不動堂以下諸堂舎の造営や大山寺縁起の流布により大山参詣が広く人々に知られるようになった。一方では、辻堂四ツ谷の鳥居・道標石の建立や「お花講」のような参詣講が存在し、他方、山法で取り締まられるほど檀那場や参詣地における御師の行動が展開していた。この二つのことが、団十郎が「代参」により木太刀奉納の誓約をした背景と考える。

次節では、元禄三年以降、団十郎が上演した内容と、参詣地大山における御師と参詣講とについて対比させてみる。

第三節　元禄三年以降の団十郎上演歴と参詣地大山

(1) 元禄三年以降の団十郎の上演歴

団十郎は、「金平六条通」「古今東西兵曽我十番続」などの芸により元禄三年（一六九〇）当時、給金二五〇両を得るほどの役者に登りつめた。元禄五年（一六九二）以降五年間の団十郎の上演歴は、「願文」によると次の通りである（丸かっこの数字は加賀の解題の丁数を引用）。

元禄六年　森田座「元服五郎」（六年願文11オ）
元禄七年　四月十四日より山村座「兵根元曽我」五番続曽我五郎役（九年願文24）
　同年　十一月一日～十二月二十日　山村座顔見世「金平花段破」（六年願文23ウ）
元禄九年　正月二十七日より山村座「不破名古や初冠」伴左衛門役（九年願文26オ）
元禄九年　八月中旬頃より山村座「古今の兄弟名残の勇刀曽我十番切」（九年願文27オ）

この時期に、金平物語、曽我物語を多く手掛けているが、これらの作品の筋書きや演出などは未詳である。それに対し『元禄歌舞伎傑作集』[33]には本文全文と挿絵が収録され、作品の詳細が把握できる。その中の元禄一〇年（一六九七）上演の「参会名護屋」と「兵根元曽我」の二作品を通し、太刀がどのように演出されたかを次に見てみる。

●イ　元禄一〇年正月上演　中村座「参会名護屋」。

本作は、足利義政の子春王の叔父正親町太宰之丞が主家を横領しようとしたお家騒動で、各段の内容は次の通りである。

第一番　正親町太宰之丞館の場。雲掃の太刀が盗まれる。
第二番　北野天満宮境内。太宰之丞（山中平九郎）が名剣雷を掛けるため、奉納された大福帳を外そうとすると、「暫く〳〵」と不破伴左衛門（団十郎）が大福帳の「つらね」をする。切に雲掃の大太刀持参となる。[34]
第三番　島原廓の場面。名護屋山三郎（村山四郎次）と不破伴左衛門（団十郎）の「鞘当」「髪梳」「草履打」が登場。
第四番　北野天満宮近傍の場面。切に再度、雲掃の太刀。伴左衛門変じて鍾馗となり、降魔の利剣[35]を従え、太宰之丞の悪霊を退治する描写が以下である。

［史料3］

七頭の牛に、死して久しき太宰之丞竝に赤松仁木入道現れたり「あら珍しや。春王掃部神力のまことを以て考ふるに、太宰之丞にてましまさず。もと我は楠木が精魂。山三郎は大森彦七が障碍、雲掃ひの名剣を取らんと て来りたり」不思議や北方より、又伴左衛門現はる、。「まことは、我伴左衛門にあらず。仏法守護の鍾馗大臣、王土安全の為、假に人間に交はる。まことの姿見よ」とて、鍾馗の精霊現はれ給ふ。

［史料3］は、不破伴左衛門（団十郎）変ずる鍾馗が、名剣雲掃を取りに来た正親町太宰之丞（山中平九郎）を懲らしめる場面である。「暫」「鞘当」「草履打」など「荒事」の場面が本作に登場するが、この物語の本筋は名剣「雲掃」をめぐる展開で、鍾馗が仏法守護神として出現する神霊事の作品である。本作には、第一番で北野天満宮の御師、四郎太夫や、第二番で代参の描写がある。御師の登場や代参は、団十郎が元禄三年に誓約した参詣地大山の代参を意識して作中に描かれた可能性がある。

●ロ　元禄一〇年五月節句上演、中村座「兵根元曽我」。

本作は、曽我物語の五郎時致を主題にしており、各段の内容は以下のようである。
第一番　頼朝勲功、明神前、十郎祈願の場面。
第二番　工藤祐経と五郎との対面場面。
第三番　曽我で逼塞する十郎と大磯の虎の場面。
第四番　和田義盛の酒盛の席、五郎と朝比奈の「草摺曳」の場面。
第二番末尾では、祐経を討てない五郎が己の非力さを不動明王に念じると、勇力を感得し、初七日「荒鍬の引裂」、二七日「大竹根こぎ」、三七日「五輪打砕き」などの怪力が表現され、次の展開となる。

[史料4]

昼垢離の其為に相模川へと急ぎける所へ、朝比奈樊噲《はんくわひぐろ》黒を引かせつ、引請けく飲みにけり所へ五郎来たり「某が垢離取場を汚すことこそ推参なり。いで驚かしくれん」とて川波に入りにけり。時に樊噲黒驚きけり。朝比奈「何者ぢや、見れば若衆ぢや、とつから来た」「梵天国からきた」「扨もきつい若衆。いで一討」と追つつまくつつ戦ひけり。所へ最前の小山伏現れ「いかに両人、構へて争ふこと勿れ。時致は不動に祈るその験敵に逢ふまでは水際まさりの大力、曽我と三浦は一家の事。真は不動明王なり。真の形これ見よ」と両人有難しく。

[図2-1]の左は、相模川の橋上の小林朝比奈（中村伝九郎）、背後は血管の浮き出た樊噲黒、右は五郎時致（団十郎）、背後に小山伏変ずる不動明王（団十郎倅九蔵）が登場する場面である。団十郎は角鍔の大太刀で構える。朝比奈の差す丸鍔と団十郎の角鍔とでは太刀拵の差が際立つ。第二番の末尾は「大力《だいりき》」で締めくくられ、第三番末尾は木太刀が描かれる。
以上のように、「兵根元曽我」には、曽我兄弟の敵討ちを本筋に、不動明王の験力、誇張された大太刀（木製）

［図２－１］　相模川橋上、小林朝比奈（左）と五郎時致（右）の対決
（出典『元禄歌舞伎傑作集』上巻76～77頁）

の演出、参詣地大山の麓平野を流れる相模川の場面設定など、参詣地大山を連想する要素が複数見られ、この作品の背景には元禄三年に団十郎が木太刀奉納を誓約した願文の影響があると考える。

元禄三～九年（一六九〇～九六）に、団十郎による曽我物は少なくとも三度上演された。団十郎が制作・上演した元禄一〇年（一六九七）正月と五月、中村座での二つの狂言歌舞伎は、先ほど分析したように荒事の「暫く」「つらね」「鞘当」「草履打」「荒鍬の引裂」「五輪打砕き」および不動明王の霊験が描かれている。この二作品は中村座で大評判となり[36]、これらの作品が観客の目に深く印象づけられたと推察される。

次に、元禄三年以降の参詣地大山の変化と御師の動きがどうであったかを見ていく。

(2) 元禄三年以降の参詣地大山

延宝二年（一六七四）、檀那場における御師の統制を定めた山法制定後も、御師間の檀家の売買はさらに続き、御師の活動はなお盛んであった[37]。

寛永一八年（一六四一）造営の不動堂以下諸堂舎は四八年が経過し、元禄二年（一六八九）には山中の本宮・明王社・本地堂・楼門・仁王門などの屋根が悉朽し、元禄五～六年に大修理が行われた[38]。この修理以後、御師の神崎清誉[39]が元禄七年（一六九四）に『大山寺縁起絵巻』を、大山寺繁昌坊[40]が元禄一二年（一六九九）に同縁起の写本を相次いで作成し、霊場の宣伝が行われた。現在、大山寺本堂正面には「(芝)御花講　弐百年祭　元禄拾年開講　明治卅四年是納」の奉納額が掲げられており、お花講が元禄一〇年当時、芝地域にも存在したことを伝えている。

このような動きのあと、元禄一五年（一七〇二）午二月、参詣地坂本町（御師町）の御師青木左大夫・和田宮内・佐藤玄栄・内海刑部大夫の四名は、「坂本町に隣接する子安村吉兵衛が参詣街道で旅籠を商い、牛王札[41]を売り、坂本町の御師の権益を侵害する」として奉行所へ訴えを起こした。訴えられた子安村村民は、古来よりの生業と反論したが、これは認められず、同年四月一四日、子安村村民による牛王札の販売や御師持場参詣者の止宿が禁止された[42]。ところが、同村吉兵衛はこれを遵守しなかったため、再度、大山御師は五月に吉兵衛を訴えた。その内容を次に示す。

[史料5[43]]

一　先頃御訴訟申上候ニ付、子安村之者共大山ニ御師持候旅人宿致候義御停止被遊、旅籠屋之躰ニ不仕様ニ被為　仰付候所ニ、先頃相手之者内吉兵衛義前々ニ不相替旅籠屋仕御師御座候者共押留メ申候、一昨日十四日、京橋壱町目乗物屋加兵衛同行拾六人吉兵衛宿仕候、右加兵衛大山御師源大夫旦那ニ而御座候ニ付、早速吉兵衛名主五人組江相改置申候（以下略）

午五月　　　　訴訟人（御師）

子安村の吉兵衛は、以前から禁じられていたにもかかわらず、坂本町の御師源大夫[44]の檀家である京橋一町目加兵衛一行一六人を止宿させたため再度訴えられた。この結果、大山御師の訴えは再度認められ、子安村村民による御師持参詣者の止宿は禁止された。その三か月後、六世開蔵は、各地参詣者の諸祈願・祈禱を御師が大山寺へ取り次ぐ回路を「正路取次」とする山法を定めた。

翌元禄一六年（一七〇三）一一月二三日、房総沖大地震が発生し（M8・3）[45]、大山山頂にある本宮（石尊権現社）、大天狗・小天狗が倒壊し、直後に再建された。[46] さらに宝永三年（一七〇六）一一月二三日、富士山が噴火し、相模国一帯は参詣地を含めて降灰の被害に遭った。[47] この一〇年に及ぶ被災後、正徳三年（一七一三）五月、六世開蔵の代、次の山法が出された。

［史料6[48]］

一　本宮三所之開帳、毎年六月廿八日ゟ許有之、古来参詣之儀者七月朔日より許之来候、近年神威年々弥増参詣令群衆候ニ付、当年ゟ六月廿八日開帳相済候節、早速参詣許之候様ニと存候間、廿八日昼八ツ時過ゟ有之先達致候様ニ御師共江可申渡候事

慶長一四年（一六〇九）八月、前出の家康「大山寺掟」により、前不動上は清僧支配の結界地とされ、参詣者は、山内中腹の不動堂まで日中に限り参詣が可能であったが、この山法により、毎年六月二八日から御師の先導を条件に山頂登拝が可能となった。この山法により霊場参詣が従来以上に可能となった。

本節(1)では、団十郎は、元禄三～九年にかけて金平物・曽我物を多く上演し、元禄一〇年には、「参会名護屋」で名剣「雲掃」を通じ神霊事を演じ、「兵根元曽我」第二番では参詣地大山近傍の相模川を舞台に、荒事を通じ利剣・大太刀の効果を演出し観客の目に印象づけたことを明らかにした。この二作品のテキストからは、団十郎が元禄三年に大山不動明王へ木太刀奉納を誓約したことと関係があると考える。

本節(2)では、①参詣地諸堂舎の老朽化に伴う元禄五～六年の大修理以後、御師・修験者により「大山寺縁起絵巻」が流布され、大山寺本堂の奉納額からお花講の存在を確認されること、②元禄一五年二～五月、参詣者の宿泊・牛王札販売をめぐり、坂本町御師と子安村村民との争論が生まれ、吉兵衛が行った御師持場参詣者の止宿が禁じられたこと、③元禄一六年の関東の大地震や宝永三年の富士山噴火などの被災後、正徳三年（一七一三）の山法により山頂三宮への参詣日が早められ、御師の先導を条件に山頂登山が可能となったことを明らかにした。①・②・③から、元禄五年以降、参詣地大山への参詣者が元禄三年以前に比べて増加したといえる。

第四節　江戸中橋桶町屋根屋講中の木太刀

本節では、現存する最も古い木太刀に触れる。

［図2-2］は、大山寺（伊勢原市）本堂東側庇に掲げられる、明治四一年（一九〇八）に奉納された額の刃長270㎝の木太刀である。

慶応四年（一八六八）三月の神仏分離令に伴い、参詣地大山の不動堂以下諸堂舎は廃絶が決定され、本尊の不動明王を他所へ移転する危機に遭遇した。ところが大山麓村民の強い反対により辛うじて山中西谷の八幡平の一堂宇に留め置かれた。明治一八年（一八八五）、大山寺が再建され、その時にこの木太刀が保存されたものである。(49)

管見では、この木太刀が現存する初見である。

この木太刀の銘は「享保二年　講中安全　中橋桶町　屋根屋講中」と記され、江戸中橋桶町の屋根屋職人の参詣講による奉納である。

［図2－2］　中橋桶町の木太刀（大山寺所蔵）

中橋桶町は、日本橋から南下し、東海道を挟む両側の町で、北の日本橋と南の京橋の中央に位置し、市村座・中村座までは、直線距離で約七丁、森田座・山村座までは四丁の位置にある（[図2-3]）[50]。中橋桶町の両側は、槇木屋、大鋸職、桶職をはじめとする様々な職人が集住していた地域であり（[図2-4]）[51]、和州堺出身の薩摩太夫らによる江戸浄瑠璃の発祥の地とされ、寛永元年（一六二四）二月十五日、猿若勘三郎が歌舞伎芝居の太鼓櫓を上げて歌舞伎劇場の開祖となった場所である[52]。[図2-2]の木太刀を奉納した中橋桶町職人は、古くから歌舞伎を身近で観劇した人々である。

団十郎は、葺屋町の中村座、境町の市村座、木挽町の森田座、山村座の四座全てに出演した。境町両側には、歌舞伎の中村座と人形浄瑠璃の天満太夫・伝内・土佐掾虎之助・薩摩小太夫・和泉太夫の芝居小屋、説教芝居があり、それらの間に見世物小屋五軒が並ぶ。酒屋、巾着屋、三味線屋をはじめ演奏者らの住まいや名主・大家も確認できる。この境町の隣は江戸の吉原が控えていた。葺屋町両側は、市村座、都伝内座、見世物小屋があり、ほかに芝居茶屋、煙草屋、菓子屋、けんどん屋などの店が密集し、大勢の人々が集まった江戸随一の繁華街である[53]。

[史料5]で、子安村吉兵衛が「京橋壱町目乗物屋加兵衛同行拾六人」を止宿したことに触れたが、これらの

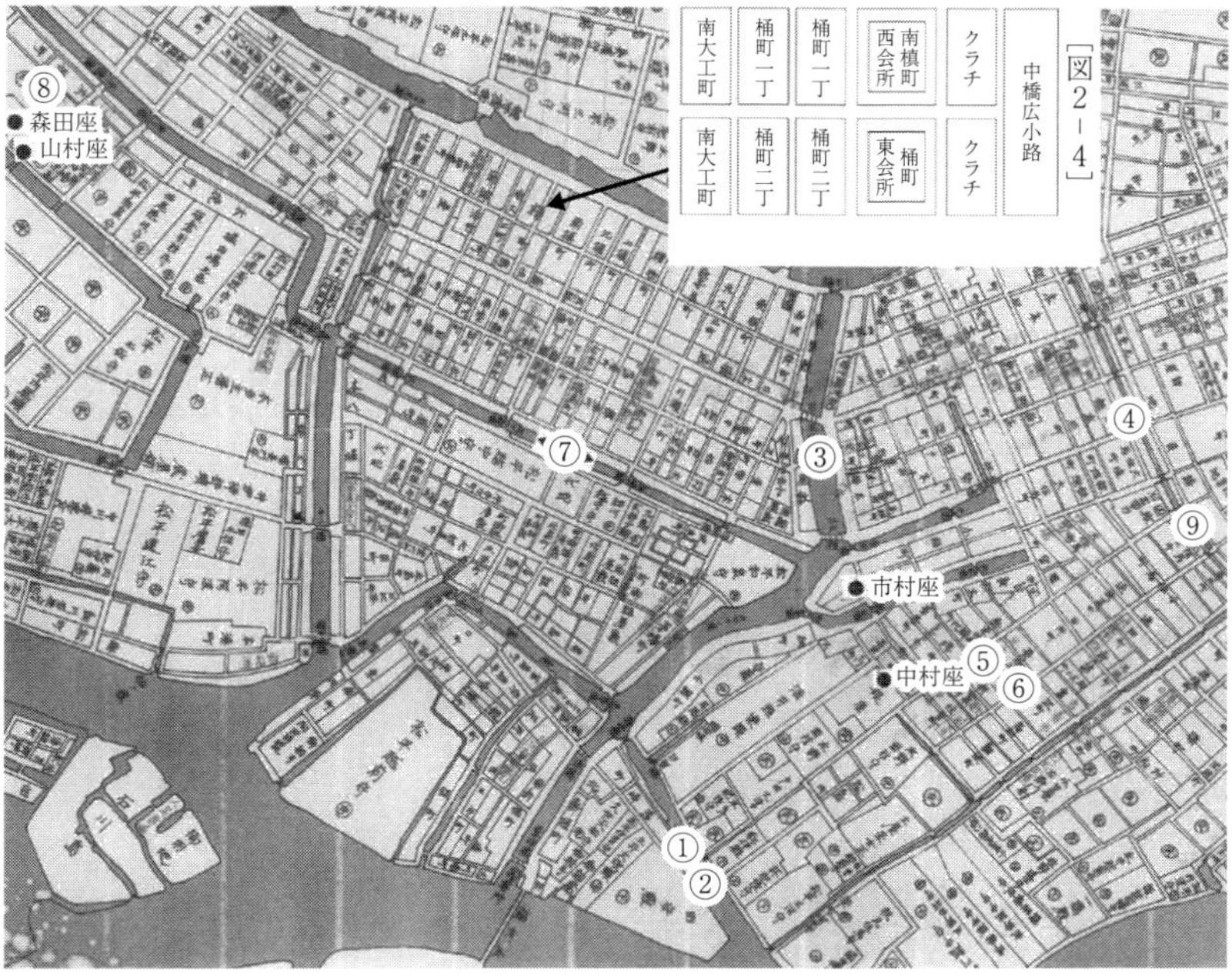

［図2−3］　江戸四座と中橋桶町
［図2−4］（上図）享保5年中橋広小路町拡大図

人々は中橋桶町界隈の住民に該当し、御師源大夫の持場である。

［図2−3］中の丸数字は、明治一〇年（一八七七）作成『開導記』[54] の大山御師の檀家帳により御師の持場を重ねたものである。①〜⑦は御師の二階堂若満、⑧は後に京橋南八丁堀を持場とする太田菊麿の檀家場である。⑨は元禄元年のお花講の発祥地で、森田座・山村座の上手の［図2−3］の欄外には、元禄一〇年（一六九七）開講と伝わる芝お花講の所在地がある。

団十郎が演じた「参会名護屋」を北野天満宮境内で名剣「雲掃」を主題に神霊事を演じ、「兵根元曽我」第二番では参詣地大山近傍の相模川の場面設定や、荒事・利剣・大太刀を演じた狂言により、中橋広小路桶町の人々に、利剣の効験が深く印象づけられたことは確かである。この町の人々は、団十郎が演じた大太刀に不動明王の効験を仮託し、大山参詣において木太刀の奉納に至ったと考えられる。その奉納に際し、山法によって持場御師の有無を厳しく吟味されることから、御師源大夫により取り次がれたに相違ない。

おわりに

相模大山寺の木太刀奉納の起源に関し、「元祖市川團十郎自記」の元禄三年（一六九〇）の願文に着目し、元禄三年以前と元禄三年以後における団十郎の上演歴と参詣地大山の代参講や御師の存在に留意して、以下の点を明らかにした。

1　元禄三年三月八日、団十郎は、芸家随一の役者に栄達したことを神仏に感謝し、以後、父母の長命と家族の安全を願い、大山不動明王に対して毎月二八日に木太刀奉納を、年に一度「代参」によって木太刀奉納をする誓約をした。この奉納は、団十郎が二〇歳代に、人形操り師二代目和泉太夫が演じた「天下泰平銘剣鑑」「不動明王利剣巻」に接し、自らも「金平物」「曽我物」を演じた経験が動機と考えられる。

これに対し、参詣地大山は、寛永一八年（一六四一）、不動堂以下諸堂舎が造営され大山寺縁起の流布により大山参詣が広く人々に知られるようになった。これにともない、参詣道では鳥居や道標の建立があり、内海景弓家の登山櫃から「お花講」のような参詣講があった。他方で四世隆慶は、延宝二年（一六七四）他人檀那奪取の厳禁、参詣地における止宿や商売に関しては持場御師有無の吟味を課す山法を制定した。団十郎が「代参」によって木太刀を奉納した背景には、大山の参詣講がすでに発生していた。

2　元禄三年以後の団十郎は、江戸芝居町で元禄六～九年（一六九三～九六）にかけて「曽我物」「金平物」などを演じ、元禄一〇年（一六九七）には「参会名護屋」「兵根元曽我」を作成・上演した。前者は、名剣「雲掃」を主題として神霊事を演じ、北野天満宮境内で御師や代参も織り交ぜている。後者は、相模川の場面で、荒事・利剣・大太刀などを舞台で演じ、利剣の効験を芝居町の人々に印象づけた。作品の背景には、元禄三年に団十郎が木太刀奉納を誓約した願文の影響がある。

参詣地大山では、元禄六年（一六九三）に不堂堂以下諸堂が再建され、元禄七～一二年（一六九四～九九）御師神崎清誉や大山寺繁昌坊により「大山寺縁起絵巻」が作成され、不動信仰の宣伝がされた。

元禄一五年（一七〇二）二月、参詣者の止宿や牛王札販売をめぐる大山御師と子安村村人との争論は、参詣者の増加により霊場での諸商売が活発化し、それに伴い参詣者に対する御師の権利が明確化された。

元禄一六年（一七〇三）小田原地震以前は、山中の不動堂境内までの参詣は可能だが山頂登拝は禁止だったところ、正徳三年（一七一三）の山法で、御師の先導を条件に山頂の登拝が可能となり、そのことで中腹の大山寺や山頂本宮への参詣人増加へ繋がった。

3　大山寺所蔵の中橋桶町の木太刀は現存する初見の木太刀で、元禄一〇年に団十郎が作成・上演した「参会名護屋」「兵根元曽我」による名剣を通じた神霊事や、相模川を舞台にした不動明王の霊験と大太刀の演出から影響を受け、その名剣や不動明王の霊験にあやかり中橋桶町の職人が奉納した木太刀と考えられる。

御師矢野清大夫が受け持つ万治四年（一六六一）辻堂講中、元禄元年江戸小伝馬町お花講登山欟、元禄一〇年芝お花講奉納額、元禄一五年四月、御師源太夫旦那の京橋一町目加兵衛一行無断宿泊などから、中橋桶町一帯は御師二階堂若満の、京橋南八丁堀は御師太田菊麿の檀那場で、元禄六年団十郎の願文や享保二年（一七一七）中橋桶町の奉納木太刀の頃、すでに檀那場における御師の行動が盛んに展開されていた。

以上のことから、相模大山における木太刀奉納の起源は、元禄六年四月八日の「元祖市川團十郎自記」で「代参」によって大山不動明王へ木太刀奉納を誓約したことが先駆けとなり、元禄六〜九年間の曽我物・金平物の上演や元禄一〇年の「参会名護屋」と「兵根元曽我」の演目を通じ、名剣や大太刀による神霊事と不動明王の効験などの影響を受けた江戸中橋桶町職人が享保二年（一七一七）に木太刀を奉納したことに結びついたと考える。また、この木太刀奉納の背景には、大山御師の檀家獲得と霊場への参詣者引導による行動が木太刀奉納を促進したと考えられる。

註

（1）吉岡清司「大山信仰と納太刀」圭室文雄編『大山信仰』二六七〜二七〇頁所収、雄山閣出版、一九九二年。
（2）川越市立博物館編集第一八回企画展図録『川越の大山信仰』六一頁、二〇〇一年。
（3）菊岡沾涼著「相州大山石尊」『続江戸砂子温故名跡誌』巻一所収、三三二〜三三三頁、享保一七年。小池章太郎編『江戸砂子』東京堂出版、一九七六年。
（4）沼野嘉彦「大山信仰と講社」『日光山と関東の修験道』四六四〜四七〇頁。名著出版、一九七九年。沼野が言及した天下安穏と武運長久は、建久三年（一一九二）、政子の安産祈願をした八月九日条「天晴　風静　早旦以後御臺所御産気」により、相模国二七寺社へ神馬が奉納されたことを指す。
（5）前掲註（1）書、二六九〜二七〇頁。
（6）神奈川大学大学院歴史民俗資料学研究科『歴史民俗資料学研究』一二、二七七頁、二〇〇七年。
（7）西郊民俗談話会『西郊民俗』二一六、二頁、一九七一年。
（8）木太刀奉納の起源を吉田論文に拠っている。加賀佳子・武井ゼミナール「初代団十郎の願文―解題と翻刻―」『演劇研究』一七、九七頁、註（48）、一九九一年。

（9）早稲田大学出版部刊行、一〇九〜一五一頁、国会図書館所蔵、一九三四年。
（10）前掲註（8）書、一〇三〜一一三頁。本史料の標題は「元祖市川團十郎自記」であるが、加賀氏は内容から、「願文」が相応しいと表現した（前掲註（8）書、九〇〜九三頁）。
（11）前掲註（8）書、一〇三頁。
（12）伊原敏郎著・坪内逍遥閲・伊原青々園編『市川團十郎の代々』上巻、四頁、市川宗家、一九〇二年。伊原敏郎『歌舞伎年表』第一巻一一五頁、岩波書店、一九五六年。
（13）大久保忠国「市川團十郎の経歴に関する疑問」『近世文学』一六〇〜一七四頁、三省堂、一九六〇年。
（14）諏訪春雄「初代市川團十郎歌舞伎年譜」『元禄歌舞伎の研究』所収、笠間書院、三六五頁、一九六七年。加賀佳子「初代市川團十郎年譜（一）―誕生より元禄九年―」『歌舞伎―研究と批評―』一四、七三〜一一五頁、一九九四年。
（15）大久保忠国「市川團十郎の経歴に関する疑問」『近世文学』一七三頁、三省堂、一九六〇年。
（16）塚原渋柿編「丹波和泉太夫が事」『侠客全伝』一四頁、博文館、一九一三年。
（17）『牟芸古雅志』『日本随筆大成』第二期第四巻、二〇九〜二一二頁、吉川弘文館、一九七四年。
（18）武井協三「榊原文書の芸能記録データベース化の研究」文部省平成四年科学研究費補助金成果報告書、一九九二年による。
（19）『日本民俗大辞典』下、九頁、吉川弘文館、二〇〇〇年。
（20）貫達人編『改訂新編相州古文書』第一巻九四四、一九六五年。
（21）『徳川禁令考』前集五、創文社、一九九〇年。
（22）慶長一四年八月二八日「大山寺諸法度事」（石野瑛編著「大山史」『相模大山縁起及文書』六一頁所収、一九七三年）。
（23）『徳川実紀』三編、一三三頁。『国史大系』四〇巻所収、吉川弘文館、一九三〇年。

(24) 神奈川県立公文書館所蔵。寛永一八年「大山大工棟梁手中家資料目録」資料ＩＤ13・16による。桁行・梁行の規模別では、不動明王を安置する不動堂（一二間二尺一寸×七間四尺六寸）が最大で、楼門（七間五尺×六間）、本地堂（五間四尺四方）、鐘楼堂（五間×四間）、相殿①明王・石尊・鹿島（五間×五間）、相殿②山王・熊野（四間二尺×三間五尺）、前不動（四間五尺×四間五尺）、本宮（三間一尺×四間一尺）である。これら堂舎には大山寺の名称はないが、大山信仰では、これら堂舎を包摂して大山寺と通称されている。

(25) 寛永一〇年二月「関東真言宗古儀本末帳」に宝寿院・養智院・橋本坊・大覚坊・上之院・授徳院・常円坊・実城坊・中之院・喜楽坊・広徳院と記録される。大日本近世史料『諸宗末寺帳』東京大学出版会、一九九八年。

(26) 奥書に秀円坊持主とあるが、書写者は不詳。大山寺の紀伝的縁起。内海景弓家所蔵。

(27) 賢隆書写による良弁の大山寺開山縁起である。国立公文書館請求記号一九二―二〇一。

(28) 『藤沢市史』三〇二～三〇三頁。一九七〇年。石鳥居銘文は、「辻堂字四ツ谷　當所講中・辻堂講中石井市右衛門萬治四年辛丑歳正月建立之　御師矢野清大夫　御府内石工見世持中　八丁堀世話人中佐久間町　山本新五郎」と記される。藤沢市文書館所蔵「中原和雄家文書」ＩＤ記号一七九―一一、二六～三七頁。

(29) 高野修「田村通大山道」一五～二三頁、「御花講道」一四四～一四五頁、大山阿夫利神社編『相模大山街道』所収、一九八七年。

(30) この登山弁当櫃は、縦44・2㎝×横34・2㎝×幅23・5㎝の木製で表面に「元禄元年辰年納来」、側面に「今川橋小伝馬町、お花講改　奉幣講」と記す。この講に関しては田中宣一が「大山講について（一）―東京・日本橋の「お花講」の場合―」（相模民俗学会『民俗』一五八所収、四～七頁、一九九六年）で取り上げた。

(31) 内海景弓家檀廻帳によると、寛文五年、同一〇年、相模都築郡（横浜）・橘樹郡（川崎）の檀家四八七軒を御師佐藤蔵人が御師内海次郎右衛門に対し金二二両、一軒当たり米四升七合で売り渡す、延宝三年（一六七五）一一月、上総国峯下領二〇か村の檀家四八八軒を村石伝兵衛が金子二二両で内海次郎右衛門に売り渡した檀家売買である。内海正志所蔵。『伊勢原市史』資料編　続大山、一八三～一八八頁、一九九四年。

(32) 前掲註（31）書、二四・二五頁。

(33) 高野辰之・黒木勘蔵校『元禄歌舞伎傑作集』上巻江戸之部。全二四作品中、二「参会名護屋」三「兵根元曽我」は団十郎と中村明石清三郎の共著。五・一〇・一二・一八が団十郎、七・八・二〇が三枡屋兵庫作。早稲田大学出版部、一九二五年、国会図書館所蔵。

(34) 小道具制作の継承者の藤波與兵衛は「暫」で使用の大太刀は、柄頭より鐺まで２１１cm、柄長54cm、木製と、「荒事の大太刀」の中で記す（藤波與兵衛『芝居の小道具』一一八頁所収、日本放送出版協会、一九七四年）。

(35) 利剣に関し前掲註（33）書で、元禄一三年の「京政雷問答」第一段で雷丸と膝丸が、「兵根元曽我」第三番と「京政雷問答」第一番で霊剣と木太刀が描かれる。

(36) 伊原敏朗『歌舞伎年表』第一巻、二〇四〜二〇五頁、岩波書店、一九五六年。

(37) 天和二年（一六八二）六月、御師真下弥兵衛が西上総国桜井村・岡浜・矢野村・請西村三〇〇軒を九両二朱で内海宥慶へ、貞享三年一〇月、武州河崎宿砂子町・小土呂町八〇余軒を二両で内海次郎右衛門へ売り渡す。『伊勢原市史』資料編　続大山所収、一八六〜八九頁。

(38) 石野瑛編著「大山史」『相模大山縁起及文書』所収、七八〜七九頁、同八八〜九〇頁。「相模国大山棟梁手中家資料所在目録」四九〜五五番、神奈川県立公文書館蔵による。

(39) 神崎清誉、写本一冊。全一七丁、金沢文庫所蔵、請求記号Ｋ一八―四三〇。

(40) 大山寺繁昌坊写　上巻一一丁、下巻八丁の巻子二本、藤沢市教育委員会所蔵。

(41) 大山寺が発行するお札には、小野鈌朗所蔵「御祈禱護摩講札　大山寺　寶前」（年不詳）、御師が発行するお札には「御祈禱御札　大山寺御師　安田寛太夫」年（不詳）などがある（前掲註（31）書、二四〇〜四二頁）。

(42) 「元禄年中出入一件」佐藤良次所蔵『伊勢原市史』資料編　続大山所収、六七〜六九頁。

(43) 前掲註（31）書、六九〜七〇頁。

(44) 高野山高室院が相模国に有していた檀家帳である享保二〇年（一七三五）の「高野山高室院資料（2）書上」に

よると、子安村の吉兵衛と坂本町御師の草柳源太夫は、坂本町には五一名、別所門前町には六三名、合計一一四名の御師の存在が確確認できる（『寒川町史調査報告書』二所収、一〇一～〇三頁、一九九三年による）。
(45)『神奈川県史』通史編三（近世二）、八三～八八頁、一九八三年。
(46) 前掲註（38）書、「大山史」八六～九〇頁。
(47) 前掲註（45）書、八七～八八頁。
(48) 前掲註（31）書、二五～二六頁。
(49) 本書第一〇章、拙著「明治期における廃寺復興—相模大山寺—」『仏教大学総合研究所紀要』二六、二〇一九年。
(50) 嘉永判切絵図「江戸府内之図」其之壱（五万分一）、採堂無斎瓢箪堂より作成。
(51) 復刻『京橋区史』第一巻、七九～三八〇頁、一九八三年。
(52)「中橋広小路」『郷土室だより』七一、四頁、同七二、一～二頁、東京都中央区京橋図書館、いずれも一九九一年。
(53) 前掲註（17）書。
(54)『開導記』『伊勢原市史』別編　社寺、六二一～八〇三頁、一九九四年による。

第三章　相模大山の現存木太刀・金物太刀とその言説

はじめに

前章では、初代市川団十郎が家族の安寧を祈願し、自らの役者栄達を神仏に感謝して、大山不動明王に対し元禄三年（一六九〇）以降三年間、木太刀奉納を誓約したこと、元禄一〇年（一六九七）に「参会名護屋」、「兵根元曽我」を通じて荒事・利剣・大太刀による不動明王の効験を江戸庶民に印象づけたこと、元禄一五年（一七〇二）前後、大山御師の活動が活発化して御師の権益をめぐる争論が発生し、一〇年後の正徳三年（一七一三）、六世開蔵の山法によって御師同伴による山頂登山が許可されたことを明らかにした。

大山の木太刀奉納に関する先行研究や文献には次のようなものがある。

東京都港区『庶民の暮らしと民間信仰』[(1)]は芝御太刀講の沿革、講員、講の日を紹介し、田中宣一は「芝御太刀講」[(2)]で御師武田水穂資料を分析した。

東京都品川区『品川の大山信仰』は、御師神崎富江資料により品川大太刀講の成立時期や「大山阿夫利神社奉納御太刀事蹟」を明らかにした[(3)]。

吉岡清司は、千葉県旭市海上町岩井の竜福寺本堂に奉納された溝原村高木忠助、願主六六名[(4)]の奉納太刀を最初に発表し、その後、菅根幸裕が竜福寺の奉納木太刀銘文を詳細に検討し、御師増田源之進家との関係を明らかにした(5)。茨城県及び千葉県北部を対象とし、大山木太刀奉納を、祇園祭や盆綱との習合があり、世直し、成人儀礼、借金からの逃避などと関連する「オタチ行事」と捉えた萩谷良太(6)や近江礼子の研究(7)などがある。この他に、『雨あめ降れふれ―さいたまから大山へ―(8)』や『川越の大山信仰(9)』などに奉納木太刀の所在が確認されている。

筆者は、関東周辺に現存するこれらの奉納木太刀を確認し、木太刀に関する書物に描かれた諸言説と木太刀奉納の年代的対比を行った。

第一節　現存木太刀・金物太刀の所在

江戸期を対象に奉納時期と奉納先が明らかな木太刀・金物太刀を、［表3-1］のように整理した。

(1) 初見の木太刀

［表3-1］中#1の、大山寺本堂正門東側庇に掲げられる享保二年（一七一七）銘「講中安全　中橋桶町　家根屋講中」は、現存する初見の木太刀（第二章）［図2-2］である。明治維新の神仏分離により本堂以下の堂宇・仏具等は破却されたが、本尊の不動明王とともに破却を免れた木太刀である。中橋は、東海道を挟み北の日本橋と南の京橋間に位置し、この中橋の広小路町に職人集団が集住し、桶町はその一町である(10)（第三章［図2-3］［図2-4］）。

(2) 金物太刀

#2の享保一七年(一七三二)、芝高輪の「御太刀講」の金物太刀は、阿夫利神社本殿に安置されている。同所の「納め太刀幷芝御太刀講の由来」では、陸奥国平泉住宝寿作の陣太刀造りで、芝高輪二本榎の商人萬屋伝兵衛が、商売繁昌・町内安全を祈願し、出入りの町火消本組頭傳兵衛に命じて奉納し、芝御太刀講の起立とされる(11)。後代の金物太刀には、#14岡崎の刀工吉正作の太刀(12)と#22水戸御留刀鍛冶・横山喜重郎祐光の二振があり、この太刀は、南品川宿の太刀講に由来する(13)。

(3) 大型木太刀

木太刀一九振のうち1m未満の#15を除いて総長を比較すると次の内容である。

2m以下　…三振(#5・17・19)
2m～3m…四振(#1・7(14)・12・13(15))
3m～4m…七振(#3・4・6・9・11・18・20)
4m～5m…三振(#8・10・16(16))
5m以上　…一振(#21)

このように木太刀一九振中、一一振が、3mを超える大型木太刀である。#21は、日本橋橘三他一〇町の住民による奉納で総長三間半の最長の木太刀で、大山寺本堂天井裏に収蔵されている。この木太刀と同長・同銘の奉納の木太刀を阿夫利神社本殿が所蔵する。奉納年次は不詳であるが、「石尊大権現」の銘により江戸期の奉納である(17)。

#3は、千葉県海上町岩井の竜福寺に所蔵される木太刀で、吉岡清司(18)と菅根幸裕(19)が研究した。

〔表3−1〕 現存する大山奉納木太刀・金物太刀年表

#	西暦	刃長(cm)	書物記号	表面	裏面	所蔵
1	一七一七	二七〇		享保二年　講中安全　中橋桶町　家根屋講中		大山寺
2	一七三二	全長二五〇（刃渡一五二）	B・A	奉納　御宝前　御太刀講中（「奉納額」）	臺町二本榎町南代地町　若者中　享保十七歳壬子六月　願主　萬屋傳兵衛（「奉納額」）	阿夫利神社
3	一七六三	三九六	C	奉納　石尊大権現（茎）会所溝原邑高木忠助	月参大願成就　宝暦十三年未六月初山迄三年也	龍福寺
4	一七七六	三三一	E・D	奉納　大山石尊大権現大天狗　御宝前謹言	安永五年六月吉祥日　武州足立郡白幡邑講中	睦神社
5	一七八一	一八二	G・F	大山大聖不動明王　石尊大権現　大天狗小天狗　御宝前成就敬白	天明元年辛丑神田蠟燭町片桐礒右衛門	東御市祢津町自治会
6	一七八二	三六七		献納　石尊大権現　御宝前　武州足立郡四ツ屋	大願成就如意満足之攸　天明二年夏六月吉祥日講中敬白	氷川神社
7	一七八三	二六七	H	（カーンマーン）奉納　石尊大権現　大天狗小天狗　大願成就所	天明三年六月　武州足立郡田嶋村　若者講中	田島村氷川神社
8	一七八四	四六三		奉納　大山石尊権現大天狗小天狗御宝前　常陸土浦大町若者	天明四年甲辰六月吉日	八幡神社
9	一七八五	三〇〇		奉納　大山大聖不動明王　石尊大権現　大天狗小天狗　家内安全	天明五年七月吉日　江戸浅草安倍川町左官講中　家内安全　神田住吉広	阿夫利神社

註　書物の#数字は、第二節と対応する。

10	一七九四	四四一	J・I	大山大聖不動明王　石尊大権現　大天狗小天狗	寛政六年六月吉祥日　武州入間郡川越松郷中町講中	松江町自治会
11	一七九七	三九五		奉納　石尊大権現　大天狗小天狗　御宝前	寛政九年六月吉祥日武州入間郡御神領仙波願主若者中	日枝神社氏子崇敬会
12	一八〇〇	二三九		奉献　大山石尊大権現　両天狗　御宝前　北田嶌村講中　大畠平信徴作	寛政十二年六月吉日　武州入間郡川越領	北田島弁天社
13	一八〇二	二三七	錦①	奉納　大山石尊大権現　大天狗小天狗諸願成就	享和二年壬戌七月大吉辰武州川越表養門前講中	雷塚第二稲荷氏子会
14	一八〇七	全長二二七（刃渡二〇六）	錦②	奉納太刀　龍城臣　磯谷重兵衛・源吉正	文化四年丁卯五月吉日　磯谷重兵衛　源吉正作（総重量36kg）	阿夫利神社
15	一八一〇	三〇・五	錦③	奉納　大山石尊大権現大天狗　御宝前	文化午七年七月（右脇）神田住吉広花押伊勢屋藤兵衛（左下脇）新□（銀）町太刀屋庄清衛	世田谷区立歴史資料館
16	一八一五	四五六		奉納　石尊大権現　諸願成就	文化一二亥年六月日　常州土浦高津若者中	愛宕神社
17	一八二三	一七〇		奉納　石尊大権現　大天狗小天狗　大願成就	午時文政六癸未七月吉日　願主敬白	東御市祢津町自治会
18	一八二三	三〇〇		奉納　大山大聖不動明王　石尊大権現大天狗小天狗　御宝前	文政六年五月吉日　江戸牛込白銀町　小若連中	阿夫利神社
19	一八二九	一六七	錦④	奉納　石尊大権現　大天狗小天狗　諸願成就　如意満足祈所	□日文政十二次　己丑初秋新造焉　講中敬白	東御市祢津町自治会

20	一八三五	三六六	錦⑤K	奉納　大山大聖不動明王　石尊大権現　大天狗小天狗　所願成就	天保六年三月大吉日川越釘打町町内会	川越市連雀町自治会6班
21	一八四七	五八〇		奉納　大山大聖不動明王　石尊大権現　大天狗小天狗　御宝前	弘化四年　日本橋橋三　拾ケ町	大山寺
22	一八五七	全長二二三〇（刃渡一五五）		水戸御留鍛冶　横山喜重郎祐光　藤原和則　忠右衛門源森利　彫刻師次郎齋　源春寿　安政四年六月晦日　御師神崎　富江	（由緒文）南品川大太刀講／伊勢屋丑太郎	阿夫利神社

(4)　小型木太刀

表では長大な木太刀が大多数を占めるが、世田谷区立歴史資料館には#15「神田住　吉広花押」銘、刃長30・5㎝の木太刀一振が所蔵される。この木太刀は小型のため、実際には相当数の木太刀が奉納されたとみられる。#9も吉広の銘が見える。多摩市落合の「小林家文書」（寛政七年〈一七九五〉）によると「相州大山石尊大権現御太刀七本可奉納事」と病気平癒のため七振の木太刀が必要とされるが、この事例は、本数から小型木太刀と思われる[20]。

(5)　木太刀の奉納先

奉納宛先別では、「不動明王＋石尊権現・大天狗・小天狗」が六振、「石尊権現・大天狗・小天狗」が九振、「石尊権現」単独が三振と、表の事例からは不動明王よりは石尊権現が多数である。慶長一四年（一六〇九）「大山寺掟」以来、大山寺寺域は清僧支配の結界地で、一般人の山頂登山は禁止されていたが、正徳三年（一七一三）の大山寺山法で登山が解禁となった（第二章六六頁）。ところが、享保四年（一七一九）四月、山頂火災により本宮の石尊社・摂社が全焼し[21]、その様子が『大山不動霊験記』には詳細に記されている。[22]この火災の二か月後、江戸庶民八五名により山頂登山口に青銅鳥居が建立された。[23]このことが石尊権現への木太刀奉納の契機になったと考えられる。

(6)　**長期継続奉納木太刀**

長野県東御市祢津町の長命寺大日堂には、幕末までに総計三九振の木太刀が保存されている（「補論」）。＃5・17・19はその中の三振で、これら木太刀の平均総長は170～180㎝で中型木太刀である。この地区では、明治二年～明治四四年（一八六九～一九一一）に四三振、大正二年～一五年（一九一三～一九二六）に一四振、昭和二年～一八年（一九二七～一九四三）に一七振、都合一一三振が保存され、長期間、連続奉納されてきた稀な事例である。[24]

(7)　**木太刀の素材**

木太刀の素材は、＃3の龍福寺が松、＃10の松江町は桐、長命寺の＃5・17・19は杉などである。

(8)　**奉納者の地域と御師**

奉納者の地域別では、二二振中、＃1・2・5・9・15・18・21・22の八振が江戸庶民によるもので、江戸以外は一四振である。延宝二年（一六七四）制定の「大山寺山法」により檀那場は大山御師の持場が定められ、木太刀の奉納は、これら御師の取次による。［表3-1］の講中を御師持場悉皆調査『開導記』に照らすと#20・22は武田水穂、#3は増田源之進、#10は佐藤大住、#11・20は大木宮雄、#17・19は二階堂若満などの御師である。

第二節　木太刀奉納に関する諸言説

大山参詣の木太刀奉納に関し、出版物を通じてさまざまな言説が流布された。次にその内容を年代順に紹介する。

A　地誌『江戸砂子』享保一七年[25]（一七三二）

相州大山石尊朔日山六月廿八日より七月七日に至。盆山七月十四日より十七日の朝山に至。浅草川にて一七日こりをとりて石尊禅定する也。乳のかぎり水にひたし、ざんげ〳〵六こんざいしやうおしめにはつだいこんがらどうじ大山大聖不動明王石尊大権現大天狗小天狗といふ文を唱へて、もゝ度水をかづく也。ざんげ〳〵は慚愧懺悔也。六こんざいしやうは六根罪障也。おしめにはつだいは大峯八大也。こと〴〵く誤まれども信の心を以て納受し給ふならん。此事中人以下のわざにして以上の人はなし。

B　地誌『江戸惣鹿子名所大全』寛延四年[26]（一七五一）

石尊参垢離取　相州大山石尊當月二十八日より七月七日に至る。七月十四日より七月十七日の朝に至るを盆山と云う。此石尊へ参る輩、両国橋の東にて河水にひたり居。垢離を取というて、おめく聲蚊の鳴くが如し。いかにや市人の中にても、中人以下の者のみ也[27]。其人品放逸、無慚の者のみ多き事。いと不審なかる也。

Aは、大山石尊参りの初見で、開催時期に触れ、Bはこれを踏襲している。両書ともに参詣人を「中人」と捉え、衆生の参詣人ではなく、人品放逸なる参詣人と説く。

C　談義本『教訓続下手談義』宝暦三年（一七五三）(28)

そもそも某（石尊）相州大山の頂に住める事、年久しく、近年諸人の喝仰、往古にいやまし、人目には繁盛致すようなれども、内証の迷惑、殆ど五衰三熱に五割まして難義の筋あり。その子細は、近世何者の申出したるか、拙者を博奕の勝負を守る運のかみといい立て、二階梁ほどなる木刀なんどかつぎつれ、毎年六月の末、七月の半ばまで、雲の如く登り、蟻の如く詣来る輩、何れにも仁体ふつつかなる客人、おのおの喧嘩眼になっての参詣、千人に一人の忠孝仁義をわきまへたる衆生の詣来らざる事、神中間の外聞もあしく。

本書は、石尊への木太刀奉納を博徒の守り神と皮肉る。

D　滑稽本『水濃行方』明和二年（一七六五）(29)

相模の国あふりの山に立せ給う不動明王は霊験あらたましまして、鎮護国家の道場なり。近来山上に石尊大権現鎮座あって衆生の祈願に応じ給う事、声と響との如くなれる所なり。（中略）ひょんな事の守神のように覚へ、江戸中の鳶の者・諸職人の弟子・魚売、天窓《あたま》にしも血の気持つた者は、なまぐさばんだばざらの髪に、大の木太刀引かたげて、五郎時宗が富士の狩場へ切込んだる勢い、伊達染浴衣に露を結んで肩にかけ。

E　洒落本『当世坐持咄』明和三年（一七六六）(30)

私儀は博突が好物で御座りまするが、とかく運がかいなう御座るやら度々まけまして難儀いたします。何とぞ御前様の御ちからで、ちと勝たせて下りませ。御礼には千垢離をとりて御目にかけ、其上に大きな木太刀を拵へ差上ましょうほどにひとへに頼み上ます。

F　川柳評『万句合』宝暦七年～天明五年（一七五七～一七八五）(31)

Dは、血気盛んな鳶・諸職人、Eは博徒らが木太刀奉納の担ぎ手と描かれ、A・Bの素性に通ずる記述である。

「石尊へ土産のような太刀を上げ」（宝暦一三年）
「親分のうやまってもつ納太刀」（明和五年）
「義廣は鞴《ふいご》のいらぬ刀鍛治」（安永七年）
「義廣は武家へはむかぬ太刀を打ち」（天明五年）

この時期、木太刀を題材にした川柳が盛んに詠まれ、この中には木太刀の制作者とみられる義広が登場する。享保期以降約半世紀、石尊参詣人をA・Bの「中人」、C～Eの「博徒・鳶・諸職人」のように、衆生の参詣者ではなく冷笑、若しくは皮肉を込めた表現の著作が特徴である。

G　浄瑠璃『納太刀誉鑑』第五段切　安永七年（一七七八）[32]

（時宗）五穀豊穣を祈の為、大山へ奉納せんと誓ひし此の雨降丸、敵の念を懸る劔、又もや奪ひとらんも知ず、左衛門に先達て渡し置たる御太刀の形代、其木太刀を奉納せば雨降丸同前、（中略）神田八郎吉広には百姓共諸共に、此木太刀を大山へ、慥に奉納致されよと、渡せば悦ぶ土民共、（中略）此世の懺悔六根清浄、おしめにはつたい、金剛童子親と、妻とが忌穢、拂ふは清めの雨降丸抜ば、降くる涙の雨や、降し昔を今爰に、猶君が代の納太刀、大山石尊大権現の利生は、世々にいちしるし。

A～Fと異なり、北条時宗の重宝刀に仮託し、木太刀を大山石尊に奉納すればご利益が著しいと描かれる。

H　黄表紙『長生見度記』天明三年（一七八三）[33]

女の石尊参り、男より多し。石尊様のお山も段段木を切りすかし、道幅広く家建ち込ければ、天狗の棲む所もなき程の事にて、美なる参詣数多なれば、脛の白きに通を失い、杉の木末より落ちて、鼻を打折り、又は羽節を打折り、是非なく只の山伏となって紛らかせば、山伏は我が株を天狗に渡して素人となる。

本文挿絵には、女人が木太刀を携えて参詣する場面が描かれ、天狗が霊威を失墜するほどの参詣の活況が描かれる。

I　霊験記『大山不動霊験記』寛政四年（一七九二）[34]

本書は、元養智院心蔵による全一二五話の霊験譚で、そのうち次の五話に木太刀奉納の効験が採録された。

「江戸京橋堺屋彦兵衛火難ヲ遁レシ事」（安永元年二月二九日　第五巻36話）

「江戸日本橋青物町ノ木太刀ヲ負テ火難ヲ遁レシ事」（安永元年七月祭礼　第五巻37話）

「相州喜平太、病犬ヲ遁レシ事」（安永元年四月　第一二巻91話）

「常州徳川村慈得院（修験者）ノ火事ニ石尊ノ木太刀焼ザル事」（安永三年霜月　第七巻61話）

「下野国赤見村義右衛門石尊ヨリ迎ヘシ木太刀ノ事」（寛保四年夏祭礼　第二巻3話）

「江戸本所亀井戸八右衛門ガ屋敷ノ畑ヨリ石尊ノ木太刀ヲ掘出セシ事（寛政元年第二巻7話）

J　随筆『笈埃随筆』寛政六年（一七九四）[35]

予相州大山不動尊に参詣せるころ、（割註「相州大山は石尊大権現と号し、雨降山ともいふ。絶頂は常に参詣を許さず。六月廿八日に登山す。願望あるものはかならず重宝の刀を奉納す。故に数百年の納劒無量なり。今は参詣のもの木太刀を納めるなり」）人の教えに任せ二重の滝といふに至りぬ。此地大杉鬱々として茂り合ひ、殊に物寂しくすさまじき山間にて、行者の垢離する所なれば、昼さえ恐ろしき場所也。

割註で、願望ある者の重宝刀の奉納が数百年続き、今日は大山参詣で木太刀を奉納するようになったという。どのように史実的根拠を持つかは不明ながら、納剣と木太刀奉納の関係が数百年に及ぶとする。

K　風俗誌『東都歳時記』天保九年（一八三八）[36]

［表3-2］浮世絵師が描いた木太刀

No.	元号	西暦	作者	資料名	版元	寸法	所蔵・備考
1	享和元	一八〇一	北斎	隅田川両岸一覧			厚木市教育委員会『夏の風物誌』
2	文化初期	一八〇四～	北斎	床開浄瑠璃開催案内摺物（仮題）	催主常磐津美代太夫	摺物	『第九回浮世絵大入札会』目録
3	文化八	一八一一	豊国	七変化の内ちょぼくれ坂東三津五郎	鶴屋金助	大錦縦一枚	伊勢原市教育委員会「奉納大願成就大叶」
4	天保初期	一八三〇～	国芳	東都名所　両国の涼	加賀屋	大錦横一枚	橋本澄子・高橋雅夫『浮世絵に見る江戸の暮らし』
5	天保六	一八三五	広重	東海道五拾三次之内　藤沢　遊行寺	保永堂	大錦横一枚	丹波恒夫『浮世絵　江戸から箱根まで』
6	天保中期	一八三六	国貞	東海道五十三次之内　藤沢図	佐野喜	半切縦一枚	丹波恒夫『浮世絵　江戸から箱根まで』
7	天保末期	一八四三	広重	東海道五拾三次之内　藤沢	（佐野喜）	半切横一枚	丹波恒夫『浮世絵　江戸から箱根まで』
8	弘化四～嘉永五	一八四七～五二	広重	五十三次之内　程ケ谷　東海道五　かたびらばし	蔦屋吉蔵	半切横一枚	伊勢原市教育委員会
9	嘉永三	一八五〇	豊国	五拾三次ノ内　大磯　馬入川渡場	蔦吉	大錦縦三枚	伊勢原市教育委員会
10	安政元	一八五四	国芳	相模国大山寺石尊宮朝山図（木太刀で群参）	遠州屋彦兵衛	大錦縦三枚	厚木市教育委員会『東海道と矢倉沢往還』

11	安政二	一八五五	広重	五十三次名所図会　七　藤沢　南期（湖）の松原左り不二	蔦屋吉蔵	大錦縦一枚	丹波恒夫『浮世絵　江戸から箱根まで』
12	万延元	一八六〇	豊国	御□（贔屓）大山有難瀧壺	糸屋庄兵衛	大錦縦二枚	伊勢原市教育委員会。小松商会「錦絵コレクション」
13	万延元	一八六〇	豊国	見立船弁慶今四天王祈禱の洗垢離	太田屋多吉	大錦縦三枚	飯田孝「大願成就座中安全當時櫓剛者」
14	万延元	一八六〇	芳虎	金川ヨリ横浜遠景の図（彦三郎・芝翫・権十郎三人の役者絵）	佐野屋富五郎	大錦縦三枚	厚木市教育委員会『幕末―相州厚木』
15	文久二	一八六二	国久	相州大山大瀧の図	糸屋庄兵衛	大錦縦三枚	厚木市教育委員会
16	文久三	一八六三	国周	櫓四天王大山入	平の屋	大錦縦三枚	飯田孝『相州大山』
17	文久三	一八六三	豊国	大當大願成就有が瀧壺	遠州屋彦兵衛	大錦縦三枚	伊勢原市教育委員会『相州大山』
18	元治元	一八六四	国周	当世五人揃肌競	辻岡屋	大錦縦三枚	飯田孝「木太刀を持つ五人の役者絵」
19	慶応二	一八六六	国周	御仁恵有賀滝壺	不詳	大錦縦三枚	吉田隆一『相州大山』
20	慶応二	一八六六	国輝	大山参詣日本橋之図	山本屋平吉	大錦縦三枚	伊勢原市教育委員会『相州大山』
21	慶応三	一八六七	国周	江戸名所　合の図　二十一　山かゑりの市	増田屋	大錦縦三枚	飯田孝「木太刀を持つ五人の役者絵」
22	慶応三	一八六七	国周	見立水滸伝當瀧壺	いばや	大錦縦一枚	伊勢原市教育委員会
23	慶応三	一八六七	国輝	木太刀を持つ六人の役者絵	具足屋	縮緬絵縦二枚	飯田孝
24	慶応三	一八六七	芳幾	見立橋弁慶	不詳	大錦縦三枚	『山田書店新収美術目録』87号
25	不詳		北斎	東海道五十三次　藤沢	不詳	四ツ切横一枚	伊勢原市教育委員会

註　本表は、『伊勢原市史　近世　通史編』「大山関係錦絵一覧」より木太刀錦絵を抽出して作成した。空欄はデータなし。

相州大山参詣の輩廿五日の頃より江戸を立つ。江戸幷近国近在よりの参詣夥し。詣人木太刀を神前へ納、又餘人の納たるを持帰りて守とす。小きは七寸、大なるは丈餘に及ぶ。○初山　六月廿八日。○七日道　七月朔日。○相の山　盆前迄を云。○盆山　十四日より十七日朝山を云。（中略）常は参詣をゆるさず。此月に限りて登山をゆるす（中略）、当月登山の事宝暦のころよりはじまりしといへり。

山頂登山の開始時期に触れたA・Bを踏襲した内容であるが、この習俗の起源を「宝暦のころ」と説いた点が注目される。G～Kの言説は、A～Fの記述に対し、総じて木太刀奉納の効験や霊験に重きが置かれた内容である。木太刀奉納の習俗が一過性ではなく、時代が下るにつれ、木太刀奉納の習俗が庶民一般に拡大、浸透したことを書物の著者は描いた。

第三節　浮世絵師が描いた木太刀

享和元年（一八〇一）以降、浮世絵師が大山参詣の木太刀を描くようになった。初期の作品が以下の五点である。

［表3-1］「現存する大山奉納木太刀・金物太刀年表」の錦①～⑤に対応する。

錦絵①北斎『隅田川両岸一覧』（木太刀を担ぐ旅人）（享和元年）
錦絵②北斎『床開浄瑠璃開催案内摺物』（文化初期）
錦絵③豊国『七変化ちょぼくれ坂東三津五郎』（文化八年）
錦絵④国芳『東都名所　両国の涼』（木太刀をもって水垢離）（天保初期）
錦絵⑤広重『東海道五十三次の内　藤沢遊行寺』（天保六年）

他に［表3-2］「浮世絵師が描いた木太刀」のように、弘化～慶応期に合計二〇図が描かれた(37)。絵師別・作品数別では、豊国・国周が各5、広重4、北斎3、国芳・国輝が各2、国貞・国久・芳虎・芳幾が各1となる。

おわりに

1　［表3-1］中の現存する木太刀・金物太刀は、祈願先・奉納時期（江戸期）が確認された二二振である。これら遺物から、大山参詣の奉納木太刀の長さは、最小は30・5㎝から、最長で6ｍに及ぶ。その中で、3～5ｍのものが多数を占め、庶民層に広く浸透した大山信仰を特徴づける。

大山寺は、寛永一六年（一六三九）幕府による造営資金一万両が下賜された後、翌々年、不動堂・本宮・本地堂以下堂舎が境内に造営され、山頂に祀られた石尊宮への参詣は閉ざされていたが、正徳三年（一七一三）の「大山寺山法」により山頂登山が可能となり、享保四年（一七一九）四月、山頂火災のため石尊宮・摂社が焼亡したため、同年六月、江戸町民多数が登山口の華表門を再建した。木太刀の祈願宛先に石尊権現が多い理由はこのことと関係すると思われる。

太刀奉納は、阿夫利神社に多数所蔵されるが、「神宝」として非公開である。この開示が叶えば、武士による大山参詣の研究が可能となる。

2　地誌・風俗誌では、木太刀を担ぐ人々を鳶、博徒などの「中人」と描き、衆生の参詣者と比べて冷淡に描かれるが、時代が下った浄瑠璃、霊験記では、対照的に木太刀奉納のご利益・効験が強調され、随筆では太刀奉納が紀伝的に説かれる。これらの言説は、木太刀奉納の習俗の初期的段階と、拡大・浸透期の習俗を投影した。享和期

（一八〇一〜一八〇四）以降は、浮世絵師による錦絵によって木太刀奉納の習俗がいっそう喧伝された。

3　［表3-1］現存する奉納木太刀のうち、『開導記』から持場御師が確認できるのは五御師、八振の木太刀である。

註

（1）港区教育委員会『庶民の暮らしと民間信仰』一九九二年、三三一〜三三六頁。

（2）相模民俗学会『民俗』一五九所収、「大山講について（二）」、一九九七年。

（3）品川区教育委員会編『品川の大山信仰』二〇〇九年、五八〜五九頁。

（4）海上町史編集委員会『海上町史研究』一六一所収、一九八一年。

（5）菅根幸裕「近世・近代の東総における相模大山信仰―参詣講の再編をめぐる諸問題―」『国立歴史民俗博物館研究報告』一一五所収、二〇〇四年。

（6）神奈川大学大学院歴史民俗学研究科『歴史民俗資料学研究』一二、二〇〇七年。

（7）「茨城県における大山石尊信仰の諸相（一）」西郊民俗談話会『西郊民俗』二一六、二〇一一年。

（8）さいたま市立浦和博物館図録、二〇〇二年。

（9）川越市博物館図録、二〇〇一年。

（10）中橋広小路町は、寛永元年、猿若座が最初に櫓を上げた場所にあり（復刻『京橋区史』第一巻、一一五七頁、一九八三年）、この木太刀は、桶町の屋根屋講中が安全を祈願した奉納額である。

（11）港区教育委員会『庶民の暮らしと民間信仰』一九九二年、三三一〜三三三頁。

（12）伊勢原市教育委員会『伊勢原の文化財』一九七〇年、一四頁。本間薫山校閲『日本刀銘鑑』雄山閣、二〇〇三年。

（13）品川区教育委員会「大山阿夫神社奉納御太刀事蹟」前掲註（3）書『品川の大山信仰』所収、二〇〇九年、五八

〜五九頁。
(14) 前掲註(8)書、さいたま市立浦和博物館『雨あめ降れふれ─さいたまから大山へ─』二〇〇二年、一六頁。
(15) 川越市博物館図録『川越の大山信仰』二〇〇一年。
(16) 近江礼子「茨城県における大山石尊信仰の諸相(二)」『西郊民俗』二一八、二〇一二年、一九頁。
(17) 本太刀の柄には、「明治三一年一一月二三日、神田鍛冶町世話役・講元員により改装された」と記される。
(18) 前掲註(4)による。
(19) 前掲註(5)による。
(20) 羽島万里子「東京多摩市域の大山信仰─御神酒枠と木太刀奉納─」奥多摩町郷土研究会『郷土研究』二九、二〇一八年、七九〜八一頁。
(21) 大山寺『大山史年表』一九八六年、一九頁。
(22) 養智院心蔵『大山不動霊験記』第九巻二番「雨降社消失ノ事」、寛政四年。
(23) 伊勢原市教育委員会『伊勢原の金石文』一、一九七二年。
(24) 石川好一「祢津石尊社の納め刀調査報告」二〇一二年七月調査、東御市文化財課。
(25) 菊岡沾凉著「相州大山石尊」『続江戸砂子温故名跡誌』巻之一、三三二〜三三三頁、小池章太郎編『江戸砂子』東京堂出版、一九七六年。
(26) 奥村玉華子『再訂増補江都惣鹿子名所大全』第七巻オモテ・ウラ、国会図書館蔵、寛延四年(一七九二)。
(27) 「中人」の定義は、『日本国語大辞典』小学館では「③貴族と庶民の間に位置する人」とされる。
(28) 静観房好阿著・野田寿雄編『教訓続下手談義』大和田安兵衛版、桜楓社、国会図書館蔵、一九六九年。
(29) 平原屋東作『水濃行方』須原屋市兵衛版、国会図書館・早稲田大学図書館蔵。
(30) 西村吾友『当世坐持咄』五巻「桑津品楽夜話之記」明和三年東都書肆湯浅屋伊八蔵版『洒落本大成』巻四、一七四頁、中央公論社、一九七四年。

(31) 安藤幻怪坊著『川柳大山みやげ』再刊増補、岡田甫、有光書房、一九五七年。
(32) 作品中五段切。安永八年七月六日、外記座初演紀上太郎・平原屋東作・松貫四合作。版元伏見屋善六西宮新六、西尾市岩瀬文庫蔵。
(33) 明誠堂喜三二作・恋川春町画、版元蔦屋重三郎、国会図書館蔵。
(34) 前掲註(22)『大山不動霊験記』全一五冊、国立公文書館蔵。霊験内容の研究は、圭室文雄「『大山不動霊験記』にみる大山信仰」によって明らかにされた(『大山信仰』雄山閣、一九九二年、一一七〜一四六頁)。
(35) 百井塘雨「奇婦」『笈埃随筆』巻三、二九〇頁。『日本随筆大成』第二期第一二巻、吉川弘文館、一九七四年。
(36) 朝倉治彦校注『東都歳時記』二、一三五頁、平凡社、一九七〇年。
(37) 「大山関係錦絵一覧」『伊勢原市史』通史編　近世、二〇一〇年、五八四〜五九〇頁より作成。

第四章　『大山不動霊験記』における霊験主の考察

はじめに

相模国大山には、享禄五年（一五三二）『大山寺縁起』[1]と寛政四年（一七九二）『大山不動霊験記』[2]が存在する。縁起と霊験とは近似した用語であるが、辞書の定義では「縁起」は「③社寺、仏像、宝物などの由来、または霊験などの伝説。また、それを記した文書」、「霊験」は「①神仏の通力に現われる霊妙な験。神仏の不可思議な感応。祈願に対して現われる効験。利益。利生」と説明される。[3]この近似する用語に関し宮次男は「寺社縁起と霊験説話」の中で、

①社寺の草創の由来を本尊・祭神の霊験説話と関連させて描いたもの
②①の内容に本尊のご利益、すなわち利生記を合わせ加えたもの
③①の内容に寺の歴史を利生記に関連させながら描いたもの
④草創の記は簡略で、本尊・祭神の霊験・利生記を詳しく描き出したもの
⑤特定の寺社に関するものでなく、地蔵・不動などの霊験説話を主題にしたもの

に分類している。[4]宮次男の定義に沿えば『大山寺縁起』は①に、『大山不動霊験記』は④に該当するかと思われる。

本論では寛政四年『大山不動霊験記』の検討を試みる。

『大山不動霊験記』に関しては圭室文雄の「『大山不動霊験記』に見る大山信仰」の研究[5]と川島敏郎「古記録からみた大山信仰の諸相―「大山寺縁起絵巻」・『大山不動霊験記』―」の後継研究[6]がある。圭室文雄の研究は、①この霊験記の著作目的は大山信仰が現世と来世に利益をもたらし、その霊験を民衆に平易に紹介する案内書であること、②霊験記の作成された時期・地域分布・登場人物の特徴を指摘し、③特に病気治し・火難除け・田畑の災害除け・盗難除け・来世往生など霊験を検討した点で非常に意義深い。川島敏郎は、圭室の研究を一層細密にし、かつ『大山不動霊験記』に「釈文・解説」を施し、神奈川県立郷土資料デジタルアーカイブで二〇一二年に公開した。

不動霊験記のご利益内容や作成時期、霊験対象はすでに明らかにされてきたが、霊験主に焦点を当てた分析は皆無である。本論は、霊験主の検討を通じ本縁起の特徴を探ることを目的とする。

『大山不動霊験記』(以下霊験記と表記)の版本全一五巻は、現在、神奈川県立図書館地域資料室、国立公文書館、厚木市立郷土博物館に所蔵が確認されているが[7]、本稿では国立公文書館本によった。

第一節　霊験記の自序と第一巻

霊験記の著者は大山寺供僧寺院の一つ元養智院の心蔵である。心蔵は冒頭の「自序」で大山不動信仰により利益を得た伝承を集めたもので、不動明王の信仰心が篤ければ必ず叶えられると強調する[8]。

第一巻は六話構成で標題は以下である。1話の前に門前町、結界地入口の前不動、中腹・山頂の山容図が3丁ある。(　)内は筆者註。

1話　開山良弁僧正伝（六九八〜七七三）
2話　中興開山願行上人伝（一二一五〜一二九五）
3話　大山寺造営御修理年時（一六〇五〜一七七七年）
4話　御代々御朱印（一一八四年九月源頼朝〜徳川家治代の御朱印）
5話　御祈禱年中行事　大堂塗札之写
6話　大山事紀(9)

「大山事紀」は、神武・景行・清寧・推古・聖武・孝謙・醍醐天皇の代、阿夫利神社が崇敬され、中興の願行上人が鉄製不動明王を鋳造したことで大山不動信仰が歴史的に確かであることを解く。この書は『大山寺縁起』の神仏関係を歴代天皇を引き合いに出し詳述した。その上で「神は霊石にして、即ち不動の応、即ち不動の用なり」と山頂と山腹に位置する阿夫利神社と大山寺との関係を示す。心蔵は末尾で「因みに」として、「大山事紀」は当山に古く伝わるが作者不明とし、「大成教・先代舊事本紀・神皇本紀に相似タル事アリ」と指摘する。その上で阿夫利神社は本迹縁起の神道による両部神道の祭祀を専らとし、宗源神道とは異なると、本書に対する注意を促している。

第二節　霊験主体とその内容

第二巻から第一五巻までが霊験譚の内容で全一二五話である。

これらの中で、第四巻26話の武田信玄娘、第一〇巻75話の曽我兄弟、第七巻60話の信州善光寺などは不動明王、第八巻69話は相模国善波太郎と石尊権現、第一三巻100話は大山寺草創記の大工明王太郎の歴史的説話につき、五話は分析対象から除く。これらの一二〇話の霊験譚にはどのような霊験主が登場するのか、また霊験主は単体か、複合かの点を探ってみる。最初に単体霊験主の三種を取り上げるが、長文に及ぶので霊験記の枢要部分を紹介する。[10]

(1) 単体霊験主の霊験

①不動明王

第二巻1話「相州寺田縄村《テラダナムラ》三明和尚愚根シテ智恵ヲ得シ事」（話番は、第二巻から第一五巻までの通し番号で表記する）

相州大住郡寺田縄村吉祥院第十三世ニ三明和尚ト云人アリ、生得魯鈍《シャウトクロドン》ニシテ百度學《モモタビマナ》ンテ百度遺《ワス》レ右《シキリ》ニ聞《キヒ》テ左《ヒダリ》ニ忘《ワス》ル、事世ニ類《タク》ヒナキ天性、（中略）享保十二丁《ヒノト》未ノ歳九月十日大山不動ノ寶前ニ詣《ケイ》シ七日七夜断食、（中略）翌年《ヨク子ン》ノ三月六日ヨリ同ク十三日迄又此所へ詣デ、断食シ信心堅固《ケンゴ》ニ祈ラレケル所ニ同ク十二日意願満《イガンマン》ズル夜籠《コモ》リ所《ショ》ニ坐《ザ》シテ誦経《ジュキャウ》セラレケルガハヤヲシツケ夜モ黎明《アクルコロヨヒ》ニ至リテ夢《ユメ》トモナク現《ウツヽ》トモナク七尺有余《イウヨ》ノ大入道《オホニウダウ》ノ形《カタチ》ニテ右ノ御手《ミテ》ニ利劒《リケン》ヲ提《ヒツサ》ゲ立出給ヒテ汝《ヂ》能モ来リテ我ニ利根智慧《リコンチエ》ヲ祈ルヤサシクモ済度利生《サイトリシヤウ》ノ意《コヽロ》ヲ励《ハゲマ》シヌル者カナ、汝其願《子カ》ヒヲ成《シヤウ》セント欲《ホツ》セバ此利劒ヲ呑《ノム》ベシトテ指出《サシイダ》シ玉ヘドアマリノコトニ膽《キモ》ヲ潰《ツブ》シ恐《オソ》レ戦《ワナヽ》キ居《井》ケル所ニ利劒ヲ擡《モタ》ゲテ疾々《トク〳〵》呑《ノム》ベシトテ口《クチ》ヨリ喉《ノンド》ニサシ入玉ヘバ、ワツトバカリニ大聲《オホコエ》アゲテ遍身大汗《ミウチオホアセ》ニナリテ呼叫號《オメキサケ》ビケレバ何地《イツヂ》トモナク見ヘサセタマハデ籠《コモ》リ所《ショ》ノ畳半《タヽミハン》ヂヨウ程《ホト》ノ所へ黒血《クロチ》ノ堅《カタ》マリアル物ヲ咄出《ハキ》シケリ、（中略）寶前ニ立帰リ意願成就ヲ悦《ヨロコ》ヒ厚《アツ》ク誦経拝謝《ジュキャウハイシャ》シ已《ステ》ニシテ自坊《ジハウ》ニ帰《カヘ》ラレケルガ其《ソレ》ヨリ俄《ニハカ》ニ敏悟卓絶《ヒンゴタクゼツ》ニナリ慧解《エケ》衆人《シュウジン》ニ超《コエ》テ彌々勤學懈《イヨヽキンガクオコタ》ラザレバ、（中略）此事三明和尚ノ遺弟全見《ユイテイゼンケン》和尚ハ余ガ知己《チキ》ノ人ニテ月参セラレケルヲリカラ予ガ寺ニテノ物語リヲ詳《ツマビラカ》ニ聞《キヒ》テ記《キ》ス

この霊験譚は、享保一二年（一七二七）九月一〇日、相模国大住郡寺田縄村の愚鈍僧の三明が大山寺に参詣し本堂で断食中に不動明王の剣を呑み黒血を吐く夢を見、以後、知恵を得た霊験を、全見和尚から筆者の心蔵が聞書した内容である。寺田縄村は、相模国大住郡にあり戸数五三、曽根道と大山道に係る村で、吉祥院は村内の曹洞宗寺院である。(11) だれが、いつ、どこで、どのような霊験を聞いた霊験なのか、具体的かつ詳細に描かれている。こうした霊験は一二五話中に一一三話（94％）に達する。(12) 不動明王単体の霊験は六九話（55・5％）で最多である。

②石尊権現

第五巻40話「上野国桐生村與右衛門途中ニテ石尊ノ御櫃ヲ得シ事」

宝暦八年寅ノ四月上野国桐生松村《キリウマツ》ノ名主與右衛門僕《ボク》一人召連《メシツレ》テ同国春名山へ参詣シテ夫ヨリ下野ノ伊香保《イカホ》ニ到《イタ》リテ入浴セント思ヒ道ヲ急ケルガ、驟《ニワカ》ニ天掻曇《ソラカキクモ》リ大雨降荒《オホアメフリスサ》ミ雷聲地《ライセイチ》ヲ動シテ邊近《アタリヂカ》ク落ケレハ頭《カウベ》モ砕《クダ》クバカリニ膽魂《キモタマシヒ》ヲ失《ウシナ》ヒテ地中ニ沈《シズ》ム心地《コヽチ》ナレバ唯一心ニ石尊ヲ念ジ災難消除ヲ祈リ家頼《ケライ》モ共ニ合羽《カッハ》ヲ蒙《カブ》リテ臥居《フシ井》タリ、殊《コト》ニ其路次《ロシ》ニハ晝食《チウジキ》スベキ茶屋モナク朝トク食《ショク》セシ計《バカリ》ニテ夜ニ入ケレバ飢疲《ウヘツカ》レ一方ナラザル苦《ク》ニ逼《セマ》リ殆《ホトンド》悲《カナ》シカリケル（中略）空晴星《ソラハレホシ》モ見へ給ヒ路ノ邊《ホトリ》ヲ見廻《ミマワ》セハ素器《シロキウツハ》ノアリシ故手ニ取能々見シ所ニ江戸八町堀ノ紙屋何某《ナニガシ》ヨリ安産ノ祈禱ノ為石尊権現へ獻シ奉ルト書印《カキシル》シ内ニ御供《ゴク》ノ干飯《ホシイヒ》ノ有シサマ朦朧《オホロ〳〵》ニ見へケル故先取アヘズ押戴《オシイタヽ》キ両人是ヲ食《ショク》シケレバ少《スコシ》ノ供物ニ飢《ウヘ》ヲ忘《ワス》レ 漸《ヤウ〳〵》 曙頃《アカツキコロ》伊香保ニ到《イタル》ト也

上野国桐生松村の名主與右衛門が、伊香保村で雷に遭遇し空腹に耐えかねて石尊権現に祈ったところ江戸八町堀の紙屋某が納めた御櫃により命拾いしたという霊験である。石尊権現単体の霊験主は他に二七話ある。

③天狗

第一一巻85話「相州荻野町ノ伴七ガ家ニ天狗ノ来リシ事」

相州荻野町《オギノマチ》ノ新宿《シンシュク》ニ伴七《バンヒチ》ト云フ者アリ、安永九年子ノ九月上旬ノ頃時候《ジコウ》ノ痛《イタ》ミニヤ四五日熱病《ネツビヤウ》ノゴトク煩《ワズラ》ヒ医薬効《イヤクシル》シナキ故ニ其家代々日蓮《ダイダイニチレン》宗ナレバ同國古澤村《フルサワムラ》ノ本照寺ト云経宗ノ住持《チウシ》ヲ憑《タノ》ミ病気本復《フク》ノ祈禱ヲナシケレバ頻《シキリ》ニ物狂ヒノ體《テイ》ニミヘテ口《クチ》バシリケル、（中略）本照寺ノ云《イワ》ク物付野狐《ヤコ》放《ハナ》チ等《トウ》ノ祈禱ハ當宿本郷ノ戒善寺ヲ頼ミテ祈禱セラレヨト云テカエラレケル、（中略）家々《イヘ》ハ寂然《ジヤクゼン》トシテ音《ヲト》ナキニ家内宛《アタカ》モ地震《ヂシン》ノゴトク鳴渡《ナリワタリ》家人大イニ驚《オドロ》キシガ病人ハ心地能熟睡《コヽチヨクシユクスイ》セシ、（中略）戒善寺ハ是定《コレサダ》メテ天狗ノ知セニシテ離去《ハナレサリ》タルモノナラン、此上ハ病人全快疑《ゼンクワヒウタガ》ヒナシトテ其夜モ又熾盛心《シシヤウシン》ニ祈念《キネン》ヲナシ明朝行《ミヤウチウユキ》テ病體《ヒヤウタイ》ヲ見ルニ夢《ユメ》ノゴトクニ熱《子ツ》モ醒身體堅固《サメシンタイケンコ》ニ平癒《ヘイユ》スルコトヲ得《エ》タリ

天狗によるご利益の霊験は、他に92話と94話にある。

心蔵は後段で、「我等ゴトキハ天狗ノ事量リ知ルトコロ非ラストイヘトモ」と前置きし『役行者霊験記』『雉法華経』『大日経疏地蔵経』他多数書を取り上げ(13)、これらは「飯綱毘那夜迦」に基づき「出家ノ禅定ヲ修スルニ菩提心ナク高慢貪瞶破壊ナレバ魔道ニ堕ス悪書」と断じ『尊勝陀羅尼』さえ誦すれば魔道の苦患を逃れるとする。

以上、不動明王・石尊権現・天狗の三霊験主を紹介したが、この他には地蔵菩薩（57・58・122話）、神仙（54話）、第六天（86話）がある。

(2) 複合霊験主の霊験

単体霊験主は以上であるが、複合霊験主では全部で二二話あり、その中の四例を次に紹介する。

①不動明王と石尊権現

第五巻43話「江戸湯島原木工右衛門ノ息眼病平癒ノ事」

安永五丙申年春ヨリ秋ニ到ル迠諸国ニ麻疹《ハシカ》流行《ルギョウ》シテ郡民《グンミン》ヲ傷損《シャウソン》セシ時、江戸湯島《ユシマ》御手代町《オテタイマチ》ニ原木工《モク》右衛門ト云武士《ブシ》ノ一子勘次郎トテ今年十歳ニ成ケルガ五月六日ヨリ彼風疹ヲ煩ヒシガ毒気両眼《リヤウガン》ニ入テ種々医薬《イヤク》ヲ用ユト雖《イヘドモ》其験《シル》シナク六月始ヨリハ両眼更ニ見ヘワカズ、（中略）同月廿三日ヨリ一七日断食シテ大山不動石尊ヘ眼病平癒ノ祈誓《ケセイ》ヲ掛シガ廿八ニハ殊《コト》サラ念シ奉リ勘次郎ヲ伴《トモナ》ヒ下谷ノ医師ノ方ヘ往《ユキ》ケルガ途中《トチユウ》ニテ人品《シンヒン》高キ武士に行逢《ユキアヒ》シニ木工右衛門ニ向ヒ云ケルヤウ其ナル少人ハ御子息ニテ在ヤ御眼病ト身請侍ル、サソヤ難儀シ給ヒツラン、是ニハ相應《ソウオウ》ノ御薬アリ、近邊ノ御歴《レキ〳〵》々ニテ溝口《ミズグチ》家《ケ》ノ御薬ヲ用ヒ給ハバ極メテ全快有ト告ケル、（中略）木工右衛門ハ家ニ帰り妻ニ斯ト語リ合、是誠ニ石尊不動ノ御告ナラント思ヒ即刻《ソクコク》溝口ノ御屋鋪ニ到リ御薬願上ケレバ御許容《コキョヨウ》アリテ病體委細《イサイ》ニ御尋子有テ御薬二貼《ニチヤウ》給リケル故早速帰リテ用ヒケレバ左《ヒタリ》ノ眼余程心能テ右ノ方モ曇《クモ》リノ晴《ハル》ルヤウニ覚ヘシガ都合御薬六貼ニテ両眼本ノ如クニ癒《イヘ》ケレバ親子ノ歓《ヨロコ》ビ限リナク誠ニ石尊不動ノ御《オン》加護《カゴ》ニテ（後略）

不動明王と石尊権現の加護により眼病平癒した霊験譚である。この類話は他に5・12・22・49・91・104話がある。

②石尊権現と十一面観音

第五巻38話「下野國荘蔵ガ妻疫病頓ニ平癒ノ事」

下野安蘇《ソ》郡佐野領秋山村ニ庄蔵ト云者アリ、明和四年乙亥ノ夏疫癘《エキレイ》荐《シキリ》ニ流行《ルイカウ》シテ郡民多艱《ナン》彼庄蔵ガ妻熱病ノ簀《ユカ》ニ臥テ苦痛《クツウ》更ニ止《ヤマ》ザリケレバ庄蔵ハ此彼《コヽカシコ》ノ僧ノ許《モト》ニ行救済《クサイ》ノ法ヲ頼《タノ》ミ種々祈禱医薬ヲ用レト熱《ネツ》更ニ去ザレバ此者従来《モトヨリ》石尊信仰ナレバ願書ヲ認《シタヽ》メ千垢離ヲトリ大願ヲ起シ祈念スラク抑石尊ノ御本地十一面観音ハ悲願餘尊ニ越テ殊更《コトサラ》疫病退治ノ為ニ十一面ヲ現ジ給フト聞、大悲ノ本誓差《タカウ》事ナク立地《タチトコロ》ニ苦済《クサイ》シ給ヘト心願ヲ籠祈《コメイノリ》ケレバ漸《ヤウヤク》半時バカリモ過《スギ》ケル頃《コロ》夢中《ムチウ》ニ臥ケル病人斎《ヒトシク》跳《ハ子》起《オキ》坐シナガラ聲ヲ忿《イカ》ラセ高聲ニ云《イヽ》ケルハ我ハ石尊ノ使者ナルガ汝ガ信心深《フカキ》ニ賞《メデ》テ今度汝カ妻ノ必死ヲ延助《ノバシ》クル也ト驟《アハタ、》シク申ケレバ看病《カンビョウ》ノ人々思ヒケルハ熱ノ為ニオカサレシ譫言《ウハコト》也ト思ヒシガ夢ノ如クニ熱モサリ常ノ如クニ平癒セリ

この霊験は一例のみで、疫病退治にご利益を発揮する十一面観音が石尊権現の使者として現じ庄蔵の妻の疫病を退治した霊験である。霊験記の中で唯一石尊権現の本地を十一面観音と描く霊験譚である。

③不動明王と地蔵菩薩

第九巻73話「相州中里村由松ガ身替ニ立給ヒシ事」

往時《インジ》元禄《ゲンロク》年中相州足柄下郡《アシガラシモコホリ》中里村《ナカサトムラ》ノ百姓《ヒヤクシヤウ》源左衛門（中略）大山不動ヲ信ジタテマツリ月毎ニ参詣ス、（中略）汝ガ壽命《シユミヤウ》ハ今日際《カギ》リ水ニヨリテ死《シ》スル由、不動明王板橋ノ御堂へ来リ給ヒ地蔵菩薩へ告給ヒシ御言《オンコト》バ胆《キモ》ニメイジテ忘《ワス》レネバ何卒《ナニトゾ》ニ尊ノ御慈悲《オンジヒ》ニテ壽命ヲ延《ノバ》シタビ給へ

不動明王と地蔵尊を深く信じた源左衛門が地蔵尊の身代わりにより延命した霊験譚であり、複合の霊験例は他に76話・79話がある。

④神仏六霊験主一体　第九巻106話「石尊社消失ノ事」

過《スギ》シ享保四年巳亥ノ三月二十五日ノ頃ヨリ日夜降続キテ四月四日迄雲霧峯《ウンムミ子》ヲ覆《オオヒ》降雨《カウウ》崔嵬《サイガン》ヲ侵《オカ》シケルガ俄《ニワカ》ニ本宮五社同時ニ炎上《エンシヤウ》セル、（中略）七尺余リノ大太刀ヲ杖《ツエ》ニツキ火縄《ヒナワ》ニ火ヲ燈《トモ》シタルヲ持添《ソヘ》テ下《クタ》リ（中略）五社ヲ焼失《ショウシツ》ストイヘ供我曾《カツ》テ一人ノ所為《ショ井》ニアラズ、不動石尊大天狗小天狗雨《ウ》風徳一《フウトクイツ》其外一山ノ諸神列席《レッセキ》ニテ我ニテ焼シメ給フ、必《ズ》天ヨリ御普請《ゴフシン》有ベシ

この霊験譚は、享保四年（一七一九）山頂の火災で消失した石尊権現社の史実を題材にした霊験譚である。(14) 複数神仏による複合霊験譚はこの他109話がある。

(3) 霊場の二所参詣地と霊験主

大山の霊場には、不動明王を安置する大山寺や十一面観音を納める本地堂、地蔵堂、第六天社はいずれも霊場の中腹にあり、本堂裏に大山山頂に通ずる鳥居が立つ。この登山口から石尊権現の例祭（開帳）が行われる山頂への参詣は、毎年六月二七日以降七月一七日までの間、庶民の参詣が認められていた。山頂には、阿夫利神社である石尊権現と、近傍に大・小天狗社、雨風社、徳一社がある。(15)霊験記の内容は、これらの霊場の霊験をまとめたものである。

第二～一五巻の霊験譚一二〇話を数量的に整理すると、霊験主単体では不動明王69（52・5％）、石尊権現28（23・3％）、地蔵菩薩3、天狗3、神仙1、第六天1である。霊験主の複合では不動明王＋石尊権現7、不動明王＋地蔵菩薩3、石尊権現＋十一面観音1、不動明王＋稲荷1、不動・石尊・大天狗・小天狗・雨風社・徳一社の六寺社尊2となった。

第三節　不動剣と石尊権現の木太刀

霊験記には不動剣（右手）・羂索（左手）の霊験が六話、石尊権現の木太刀に関する霊験が七話登場する。両剣の霊験を比較してみる。

(1) 不動剣によるご利益

第二巻1話の「相州寺田縄村三明和尚愚根シテ智恵ヲ得シ事」は霊験記の最初に置かれ、不動堂の修行中に夢で不動明王の右手の剣を呑み吐血した結果、知恵を得たという不動剣の霊験譚である。(16)これと同様の霊験が2話の

「相州矢崎村円應弟子見明同ク智慧ヲ祈リテ得タル事」である。愚鈍な僧が不動剣を呑んで知恵を得たとする説話は除霊伝説で有名となり、増上寺大僧正に栄達した浄土宗僧祐天の『祐天大僧正御伝記』(17)にみられる。

俄かに一丈斗りの不動尊体とあらわれ、御身より火ゑんを出し、左右の御手に長短の利剣をひつさげ（中略）我こそは不動明王なり。汝丹精の念力たぐひなきをかんじ、今あらわれてしめす也。（中略）祐天労れながらもつゝしんでいわく、短を呑も長を呑も同じ躰を破らん事に二ツなし。我長きを呑んと大口をあき給はば、忝くも不動尊、呪を唱へ給ひて。右の御手の長き剣を情けなくも祐天の御口へ、ぐつとさし込給へば、わつといふてうつむきに其まゝ息はたへにける。

この呑剣説話は他に天性愚鈍であった総州生実大厳寺の開山道誉が夢中で不動明王による呑剣を体験し、以後大徳智人となった霊験譚が元禄十三年（一七〇〇）「成田山新勝寺本尊来由記」(18)にもある。

呑剣譚ではないが不動明王の利剣に関わる霊験の類例は15話と17話の二話がある。不動剣によって盗難品が戻ったり、腫物が治癒したご利益である。不動明王の羂索による霊験は、46話と90話にあり両話とも病気平癒のご利益譚である。

(2) 石尊権現の木太刀によるご利益

第五巻36話「江戸京橋堺屋彦兵衛火難ヲ遁レシ事」

安永元年辰ノ二月廿九日ニ江戸目黒行人坂《メクロギヤウニンサカ》ヨリ火事出テ折柄《オリカラ》風ハゲシク吹散《チラ》シケル、戻《モドリ》火本郷《ホンカウ》菊坂ヨり焼来リ、愁烟肝《シフエンキモ》ヲ焦《コガ》スバカリニテ彦兵衛モ今ヲ限リノ折節《ヲリフシ》ナレバ日頃《ヒゴロ》石尊信仰《シンカウ》ノ者故早速身ヲ清《キヨ》メ石尊ノ木太刀ニ向ヒテ風《ホノカ》ニ聞石尊権現ハ□妙ヲ論ゼス利生章《アラタ》ニ在《マシマ》ス事ナレバ我此度ノ火難一切ニ遁シ家内安穏ニ御助アレト唯一心ニ息モ絶《タユ》ルバカリニ神号ヲ唱ヘ木太刀ヲ持《モチ》テ火ノ方ニ向ヒ扇《アフ》ギケレバ奇《キ》ナル哉斯迫強《カクマデツヨ》キ南風俄《ニワカ》ニ吹変《フキカハ》リテ家内恙《ツヽガ》ナカリケレバ彦兵衛ハ限ナク歓《ヨロコ》ビヌ

この霊験は、明和九年（一七七二）二月二十九日に発生した目黒行人坂大火に仮託した石尊権現の木太刀の霊験である。この類話は37話と61話にあり火難回避の霊験であるが、次の三話は火難以外のご利益に関する霊験である。

3話「下野国赤見村義右衛門石尊ヨリ迎シ木太刀ノ事」（大願成就）

7話「江戸本所亀井戸八右衛門ガ屋敷ノ畑ヨリ石尊ノ木太刀ヲ掘出セシ事」（御神体としての木太刀）

98話「相州小田原領ノ者勘当セシ子在家石尊ノ木太刀ヲ得テ知シ事」（勘当息子の赦免）

(3) 不動明王の羂索と石尊権現の木太刀が習合したご利益

第一二巻91話「相州喜兵衛病犬ノ難ヲ遁レシ事」

翌《ヨク》安永元辰ノ年彌生半《ヤヨイナカバ》ノ頃同國下島《シモシマ》ト云所ノ親類《シンルイ》方ヘ喜兵衛一人《ヒトリ》行ケル路《ミチ》ノ向《ムカ》フ方ヨリ病犬《ヤマヒイヌ》ヨト叫《ヨバヽ》リ罵《ノヽシ》リテ一隻《イツセキ》ノ病犬飛《トブ》ガゴトクニ見ヘケルヲ許多《アマタ》ノ人々棒《ボウ》ヲチギリ木ヲ提《ヒツサ》ゲ驟《アハタダシ》ク追来《オヒキタ》レ、（中略）不動尊ヲ念ジテ災難消除《サイナンセウヂヨ》ヲ祈《イノ》リシカバ（中略）悪獣《アクヂウ》ニ逢《アフ》テ危《アヤフ》キ所ヲ遁《ノガ》レシモ石尊ノ守太刀《マモリタチ》ト不動ノ羂索《ケンサク》ヲ守リニ掛《カケ》シ故ナリ

この霊験譚は、不動明王の羂索と石尊権現の木太刀を習合させて災難除去が叶えられた唯一の霊験である。

1話の寺田縄村三明和尚の呑剣による霊験は、祐天の呑剣説話で不動明王の霊験として江戸市中に流布され浸透していた霊験譚である。

他方、石尊権現の木太刀の霊験譚は大山参詣に見られる特有の習俗である。祈願対象が相違する奉納木太刀が次の二例である。

●寛政六年（一七九四）川越市松江町自治会蔵木太刀銘文（［表3-1］参照）
「大山大聖不動明王　石尊大権現　大天狗小天狗」（表面）、「寛政六甲寅歳六月吉祥日」（裏面）
（全長４４４cm、桐・黒漆塗）
●寛政九年（一七九七）川越市日枝神社氏子崇敬会蔵木太刀銘文（［表3-1］参照）
「奉納石尊大権現大天狗小天狗御宝前」（全長３９５cm、檜・黒漆塗）

松江町の木太刀には不動明王と石尊権現連名であるが、日枝神社の木太刀の銘文には不動明王は記されない。この類例の木太刀は他にも複数例あるが、山頂の石尊権現に対する参詣の賑わいを示している。

第四節　霊験記の取材元・年代・参詣季節

霊験記の内容から情報源は、大山御師一八人、僧侶（大山内外）二二人、相模国・武蔵国・下野国等の農漁民・商職人・侍など八五人からの聞書である。霊験の情報源は、参詣人・僧侶と御師の順である。

巻末表によると霊験記発行の出資者は、地元大山・山麓板戸村・江戸の僧侶一九、江戸商人八、小田原村商人四、金目村住人二、大山御師一の三四名で、一冊三〇疋合計四一冊出資している。出資者は僧侶と江戸・小田原等の商人が主である。これら霊験記の情報源と出資には僧侶の働きかけが大きい。

年代別では、元禄期三、正徳期一、享保期四、元文期二、寛保期五、延享期四、宝暦期一〇（9・0％）、明和期三〇（26・8％）、安永期四二（37・5％）、天明期四、寛政期七の一一二話となる。年代不明分を除き宝暦期・明和期・安永期に集中する。宝暦期以降に霊験譚が増加する時期、宝暦二～六年（一七五二～五六）の五年間、相模国・

武蔵国・安房国・上総国・下総国の五か国を対象に御免勧化の廻檀が実施されていてこのことが関係するとみられる[19]。

宝暦期以前の霊験譚は一二五話中二四話（19％）である。これらの内容は中世説話（1話・26話・75話）や近世中期の説話から霊験の素材が得られている。登場人物、時期、霊験内などが具体的・詳細に描写された記述は、この御免勧化による諸国巡回から得た情報が霊験譚に活かされたと考える。

霊験譚の月別数は一月四、二月三、三月八、四月五、五月四、六月九、七月一〇、八月七、九月三、一〇月三、一一月七、一二月二、季節別数では春一九、夏九、秋三の合計九六件で、月・季節不明は二四の一二〇話ある。山頂への参詣可能な六～七月に夏分を加算すると二八件、四～五月に春分を加算すると同じく二八件となる。六～七月は、山頂の石尊権現への活発で、一年中で大山参詣が最も賑わった季節である。これらの時期に霊験譚が集中するのは、参詣の実態を反映したといえる。

第五節　『大山不動霊験記』の背景

『大山不動霊験記』は、寛永一四年（一六三七）に作成された真名本『大山縁起』の一五五年後の作成である。本書がこの時期に作成された状況について若干言及してみる。寛延三年（一七五〇）四月、寺社建立や修復のための御免勧化に関する多数の願出があるので、幕府はこれを取り上げない通達を出していた[20]。翌年一〇月、八世八大坊法如は、堂舎修復の理由で願い出て認められた。

これにより、宝暦二年（一七五二）三月～宝暦四年（一七五四）一〇月の三年間、ご府内・武家方・寺社町中と宝暦二年八月～宝暦六年（一七五六）一一月の三年間、相模・武蔵・安房・上総・下総五か国の勧化が実施された。寛延四年以前の災害は、享保四年（一七一九）と享保一六年（一七三一）一二月の山頂本宮焼失がある。享保四年の山頂本宮火災では、幕府より修繕金として二百両の下賜金を受けたが、宝暦六年以降次のような災害に相次いで遭っている(21)。

明和八年（一七七一）四月　石尊本宮・大天狗・小天狗・徳一社・風雨社が野火で消失。

安永三年（一七七四）一月二九日　夜新町より出火、大山町の大半が延焼。

天明三年（一七八四）異常低温・長雨により冷害、凶作に地震が加わり大山周辺住民困窮。

寛政三年（一七九一）四月六日　大山町大洪水で全町水没し家屋を失う。負傷者なし。

寛永一四年作成の真名本『大山縁起』から一五五年を経て、一方では災害時に幕府からの修繕金下賜を受け、他方では木太刀奉納を象徴する大山参詣は盛んとなっていた。寛延年間、幕府は、寺社建造や修繕に対する財政支出を控える施策に転じ、参詣地はこのように頻繁に災害に遭っていた。このような時期『大山不動霊験記』は、霊場における相次ぐ災害により参詣者減少を回避するために、不動明王の具体的効験を強調し広く喧伝する意図にあって作成されたと考えられる。ちなみに霊験記全一二五話の対象年代は、宝暦・明和・安永期に八二話（66％）に及び、寛延四年（一七五一）以降の御免勧化の霊験譚に題材を採った内容が過半数となっている。

おわりに

『大山不動霊験記』について、霊験主の分析を通じて次の点を明らかにした。

1　霊験記は、従来不動明王による豊富なご利益が紹介されていたが、不動明王69に限らず石尊権現29、地蔵菩薩3、天狗3、神仙1、第六天1などの他に、複合霊験主など多種であった。

2　霊験譚の中で石尊権現は一二〇話中、病気平癒、災害除けなど単体・複合で三五話で全体の約三割を占める。利剣譚は不動明王の剣と羂索が六話、石尊権現の木太刀が六話となった。

3　霊験記の背景は、宝暦期（一七五一～六四）に実施された御免勧化の結果から得られた情報に基づき、作成の目的は、霊験対象地域から参詣者を募るための宣伝を図ったと捉えられる。御免勧化は、宝暦二年三月～宝暦四年一一月の三か年間、府内武家方・寺社町中、宝暦二年三月～宝暦六年一一月の五か年間、相模国・武蔵国・安房国・上総国・下総国に行われたが、その行動主体は、御師である。

4　霊験記が作成される直前の明和期、大山寺住職の交代や門前町内の争論が起きていたが、寛政四年（一七九二）当時、霊験記がなぜ作成されたかの検証は今後の課題とする。

註

（1）『大山寺縁起』は、享禄五年仮名本『大山寺縁起絵巻』と寛永一四年真名本『相州大山寺縁起幷明王太郎来由』の二種ある。仮名本は、良弁が相模国司時忠の子で、親子再会後、東大寺別当となった良弁が大山で不動明王を発掘し開山した縁起である。真名本は仮名本の展開を年代・地名・阿夫利神社・登場人物など特定した歴史的叙述が詳細な縁起である。

（2）『大山不動霊験記』は、寛政四年の全一五巻が神奈川県立図書館地域資料室、国立公文書館、厚木市立郷土博物館等に所蔵。

（3）『日本国語大辞典』小学館、一九七六年。

（4）上原昭一・宮次男他編『図説日本仏教の世界　八　観音・地蔵・不動』集英社、一九八九年、一一二～一一三頁。

（5）神奈川県立文化資料館『郷土神奈川』一八所収、一九八六年。

（6）『神奈川県立公文書館紀要』六―八　二〇〇八年。川島敏郎の研究は『相州大山信仰の底流―通史・縁起・霊験譚・旅日記などを介して―』（山川出版社、二〇一六年、一九〇～二〇一頁）によって霊験記の地域分布や登場人物の分析がされている。

（7）この他には川島敏郎の著書『大山参り』（有隣新書、二〇一七年、九〇頁）で大山先導師の藤間家（茅ヶ崎市）、小笠原家、上神崎家に所在することを確認している。

（8）前掲註（5）書、一二九～一三〇頁。

（9）心蔵は「大山事紀」の作者を不明とするが、明王太郎蔵書印（神奈川県立公文書館蔵手中家資料92）のある霊験記と同文の「大山事紀」末尾には浄書者・書写者が次のように記載される。

古紀紛紜而無次序、或唯仏、或単神、或俗、或野余思、此有年事務繁穴、空過年月、□正徳三癸巳（ママ）之冬、適乗間艸之仲冬二十五夕浄書之了、云爾開蔵行年四十有半　他日於武都旅寓燈火写之、齢将半百眼睛漸。

（朱筆）享保十五星□庚戌仲冬之日書写了　痛雅顗俊

開蔵は大山寺の第六世住職で在世時、元禄一五年山法で護摩取次の「正路取次」、享保六年山法で大山御師を「遊民の類」と規定し大山寺と御師との支配関係を強化した。顗俊は子院の一僧。この書の作者は不明である。

（10）霊験譚は、5丁以内の文が八四話（67％）、5丁以上の文が四一話（33％）で構成され、長文の霊験譚は三割を越える。

（11）『新編相模風土記稿』第三巻、雄山閣、二〇〇三年、三七～三八頁。

（12）聞書元不明は、8・29・49・73・99・110・111話の七話。

（13）他に『舊事本記』『日本霊異記』『元亨釈書』『宇治拾遺物語』『明恵傳』『佛神感応録』『杜子美が集』『天狗ノ賦普書』『天文志』もある。山頂に大天狗・子天狗の二社が古来より祀られる。

（14）大山寺『大山史年表』一九頁、一九八六年。
（15）前掲註（11）書、一一七～一一九頁。
（16）安然『不動明王立印儀軌修行次第胎蔵行法』の不動十九相観の中の一相に当たる（前掲註（4）書一二～一三頁「観音・地蔵・不動」）。
（17）祐天寺研究室『祐天寺史資料集』第二巻、祐天寺、四六七～五六〇頁。
（18）『成田山新勝寺史料集』第一巻、四二八頁、二〇〇六年。
（19）寛延四年一〇月『御触書宝暦集成』十九　寺社之部　九四八（高柳真三・石井良助編、岩波書店、一九三五年）の次の触である。

相州大山不動別当　八大坊

相模国｢武蔵国｣安房国｢上総国｣下総国

右大山諸堂社大破ニ付、修復為助成、勧化　御免、寺社奉行連印之勧化状持参、御府内武家方并寺社町中えは来申三月より戌十一月迄三ケ年之間、五ケ國えは来申八月より来ル子十一月五ケ年之間、役僧共御料私領寺社領在町可致巡行候間、志之輩は物之多少ニよらす、可致寄進旨、御料は御代官、私領は領主、地頭より可被申渡候、

十月。

（20）前掲註（19）同書、九四八頁。
（21）『大山史年表』、『大山史』による。

第五章　江戸町火消鳶と相模大山参詣講

はじめに

大山信仰に関する研究は、歴史地理学、民俗学、山岳宗教史、交通史などの分析視点から①近世における大山御師の成立と檀廻り、②明治における大山信仰の展開、③大山参詣諸道に関する一六論考が圭室文雄編『大山信仰』によって刊行された[1]。これらの研究のなかで近世を対象にしたのは、浅香幸雄の「大山信仰登山集落形成の基盤」、有賀密夫の「大山門前町の研究」、田中宣一の「相州大山講の御師と檀家」、鈴木章生の「相模大山信仰の成立と展開」、圭室文雄の「『大山不動霊験記』にみる大山信仰」などで、田中宣一は、本書では大山講の檀家圏の検討が主体で、大山講については「お花講」「芝御太刀講」「北新御神酒講」の研究にとどまる[2]。

筆者は、幕末・明治維新期の相模大山信仰を研究してきたが、本稿はこの課題を発展させ、近世後半期における江戸庶民による大山参詣講の実態を明らかにする。

具体的には江戸町火消鳶と大山参詣の事例を通して町火消鳶と商人・職人たちとの関係に注目し、江戸庶民と大山参詣との関わりについて検討する。その際、近世中期から幕末にかけての、江戸町火消鳶が寺院霊場に寄せた奉納物と、大山参詣道中の神奈川宿や荏田宿に残された講中札・まねき看板を手掛かりとする。

第一節では、安永二年（一七七三）から寛政元年（一七八九）の間における、町火消による寺院参詣の実態を考察する。目黒不動、相模大山寺などについてその由縁や背景を探り、続く第二節では、文化六年（一八〇九）から文政九年（一八二六）までを主に町火消鳶が大山講を結成し参詣した様子を、第三節では、外神田佐久間町の御神酒講を事例に町火消鳶と町人・職人たちの講との関わりを検討する。

第一節　江戸町火消鳶の寺院奉納物

(1)　江戸市中の火災と寺院参詣

江戸の火災記録については吉原健一郎が「江戸災害年表」[3]で全体像を示し、続いて実測的研究として山川健次郎が「東京府下火災録」で出火元から直線で延焼距離を割り出し火災規模を明らかにしている[4]。山川の研究による焼失距離比較では、安永元年（一七七二）二月二九日の一日間で一五八町（目黒行人坂大円寺出火）、明暦三年（一六五七）一月一八～九日の二日間で一四一町（本郷丸山本妙寺出火）、寛文八年（一六六八）二月一・四・六日の三日間で一三一町（酒井忠直牛込下屋敷出火）となり、「目黒行人坂大火」が一日当たりの焼失距離では最大規模となる。江戸三大大火の二つ、明暦大火、丙寅大火（文化三年〈一八〇六〉芝高輪車坂）よりも、目黒行人坂火災が最大規模ということである。

また、享保五年（一七二〇）から明和八年（一七七一）の五〇年間に焼失距離二〇町を超える火災が二〇件発生しており、二・五年に一度の割合で大規模火災が発生した計算である。江戸市中の人々がどれほど火災の不安の下に置かれていたか計り知れない。なお、年間を通して北風と北西風が吹く、毎年一～三月の間に発生した火災は年間の六割を占めていることもこの研究から明らかである。

この江戸市中で頻発した火災状況のなか、安永二年（一七七三）～寛政元年（一七八九）の一六年の間に江戸町火消各組は寺院参詣を行っており、次のようにさまざまな奉納をしている。(5)


安永二年（一七七三）四月　九番「つ組」「ね組」が堀之内妙法寺へ常夜灯を奉納。

安永四年（一七七五）六月　三組「み組」が大山寺（現阿夫利神社境内）へ灯籠を奉納。

天明八年（一七八八）三月　五番「や組」麴町店中が龍泉寺（目黒不動）へ水盤を奉納。

同年　　九月　二番「千組」が成田山新勝寺へ狛犬を奉納。

寛政元年（一七八九）六月　三番「ゑ組」が祐天寺へ水盤を奉納。


神社への奉納は、諏訪神社、浅草神社、神田神社などが対象で、町火消各組が管轄する町域で行われており、奉納頻度や継続性の面で寺院と比較するとそれほど多くはない。寺院では次の四か寺がもっとも多く、奉納の多い順で掲げる。

○成田山新勝寺…文化元年（一八〇四）「せ組」鳶中が鰐口、天保七年（一八三六）「す組」が天水桶、嘉永三年（一八五〇）・同六年「六番組」全組が狛犬、唐獅子一対、安政三年（一八五六）「く組」萬五郎が三宝一対、同年「ゐ組」が蓮華・花瓶など。

○大山寺…寛政一〇年（一七九八）「れ組」御供物講が鳥居、寛政一二年（一八〇〇）「と組」が銅製纏、天保一五年（一八四四）「せ組」が三の鳥居、嘉永二年（一八四九）「八・九・十番組」三組が石灯籠一対など。

○祐天寺…寛政一二年「江戸鳶中」が格天井纏図、文化一三年（一八一六）「せ組」が御宝前額、嘉永三年（一八五〇）「三番組」鳶中が鳶供養塔など。

○妙法寺…文政四年（一八二一）「れ組」「そ組」が常夜灯、文久二年（一八六二）「ま組」半次郎他が鰐口。

寺社参詣の動機には、病気・厄除け・諸願成就によるものが多いのであるが、以上の事例によれば、江戸市中における頻繁に発生した火災や安全祈願の動機が大きいといえる。そうしたことから安永二〜寛政元年（一七七三〜一七八九）の一六年間に見られる町火消による寺院参詣の由縁や背景を以下で検討する。

(2) 町火消と寺院参詣の由縁

1 目黒不動（龍泉寺）

目黒不動は、大同三年（八〇八）、円仁が不動明王を安置して開基したと伝えられる天台宗龍泉寺である。この龍泉寺は元和元年（一六一五）の出火により堂宇を全て焼失したが、寛永一一年（一六三四）、徳川家光の庇護のもとに再び七堂伽藍が造営された。『江戸名所記』の「豊島郡目黒不動」[6]の中には次のように記されている。

元和元年の春本堂のうしろの在家より火出て、ほのほすでに御堂にもゑつきにけり、この所の男女はしりあつまりて、明王の尊體をとり出し奉らんとするに、しきりにくろけふり立おほひ、猛火はげしくもゑあがりければ、いかんともすべきやうなく、いまは明王もおなじく灰とならせ賜ふらんと悲しみける所に、明王の尊像瀧水の上にたち汗を流しておはします、（中略）諸人このゆへにちからあわせて、かたのごとくの本堂をつくりて安置し奉る

このように火災に対する不動明王の効験が記されており、目黒不動は火災・火伏と縁が深かった寺院である。明和九年（一七七二）二月二九日に、最寄の行人坂大円寺より出火し、江戸最大の大火となった。寛延三年（一七五〇）には、佃島講中、築地小田原町講中、八丁堀組屋敷講中などの講が存在し、天明八年（一七八八）水垢離堂敷

石や寛政八年（一七九六）の宝篋印塔など、江戸町衆の講による奉納物が確認される(7)。

龍泉寺は、元文三年（一七三八）から嘉永五年（一八五二）の間に六度の居開帳を開いており(8)、目黒不動信仰は江戸市中に深く浸透していた。天明八年、五番や組内の麴町店中による水盤の寄進はそのことをよく物語っている。

2 大山寺

相模国大山寺は、寛永一八年以後徳川幕府の祈禱寺となり、被災の都度、幕府から修繕費用が出され、成田山新勝寺のような出開帳を実施していない。しかし、享保四年（一七一九）四月四日の本宮他五社焼失や、明和八年（一七七一）四月の大山石尊社焼失など(9)が続き、幕府公認の御免勧化が宝暦二～四年の三か年に御府内武家方幷寺社中、宝暦二～六年の五年間に、相模・武蔵・安房・上総・下総へ供僧・御師による巡行が行われて(10)、ふたたび、江戸市中及び関東周辺村々からの大山参詣が活発になった。

安永四年（一七七五）の三番み組の奉納物や寛政一〇年（一七九八）九番れ組の御供物講の奉納物は、こうした大山御師の檀廻活動によるものである。

大山寺と江戸火災とを関係づける史料には、寛政四年（一七九二）、大山寺前養智院心蔵が著した『大山不動霊験記』がある。この中に不動明王の火難に関する霊験譚が収録されており、その第四・五巻は、目黒行人坂の大火を題材にした内容である。

第五巻36話「江戸京橋堺屋彦兵衛火難ヲ遁レシ事」　安永元年（一七七二）
第五巻37話「江戸日本橋青物町ノ者木太刀ヲ負テ火難ヲ遁レシ事」　安永元年（一七七二）
第四巻28話「江戸新吉原江戸町ノ小児ヲ以テ火難ヲ知セタマフ事」　安永二年（一七七三）

安永四年の三番み組の灯籠は、大山参詣がいっそう活発になっていたことを物語っており、その後の天保一五年（一八四四）のせ組の鳥居奉納へと続いている。

3　堀之内妙法寺

妙法寺は、元和年間に真言宗から日蓮宗に改宗した寺院で、はじめは碑文谷法華寺（目黒区碑文谷）に属していたが、元禄一二年（一六九九）に法華寺が不受不施派に対する禁圧で天台宗に改宗させられた時、堀之内（現杉並区）に移転し、身延山久遠寺の末寺となった。[11] 以降、日蓮像が「厄除け祖師」と崇められるようになった。

宝暦一三年（一七六三）深川浄心寺で最初の出開帳が行われ、[12] 同時に、祈願・追善のために法華経を千部読誦する千部会も営まれるようになった。「当寺におひて毎年七月十八日より同廿七日まて、永代不易の千部を読じゅし法味にそなへ奉りたく、大願を発起する所なり」と、明和三年（一七六六）一〇月に堀之内妙法寺一六世の日沼が縁起で記している。[13]

妙法寺の評判は『遊歴雑記』五編「雑司谷村紀元鎮主の濫觴」[14] に「左はいへ明和の末安永の中頃より堀内村妙法寺の祖師不図せし事より天行出して」と記され、この時期から次第に江戸市中に浸透していった。ところが、明和六年（一七六九）の出火により堂宇を全て焼失したため、安永二年（一七七三）再建のため江戸の講中が一六講結成された。その後、千部講は、寛政七年（一七九五）八五講、文政四年（一八二一）九七講へと拡大し、妙法寺の「厄除け祖師」信仰が江戸市中に急激に浸透した。

妙法寺信仰の広がりは、弾圧に屈しない日蓮譚が歌舞伎や狂言で頻繁に上演されたことも大きい。浄瑠璃では、元禄四年（一六九一）『日蓮上人御誕生』、延享四年（一七四七）江戸肥前座『いろは日蓮記』などが、歌舞伎では、貞享元年（一六八四）市村座『日蓮大聖人記』、享保一四年（一七二九）中村座『日蓮上人明星名木』など日蓮の祖師信仰が演じられ人気を博していた。(15)

安永二年（一七七三）、町火消九番つ組・ね組による常夜灯の奉納は、堀之内妙法寺の「厄除け祖師信仰」や歌舞伎狂言の日蓮譚が町火消各組の参詣を促したと考えられる。

4　祐天寺

祐天寺は、享保三年（一七一八）増上寺三六世祐天大僧正の遷化により、祐海が目黒に祐天の廟所と常念仏堂として起立した浄土宗の寺院である。本尊は祐天上人と阿弥陀如来である。

祐天（一六三七〜一七一八）の経歴は、一二歳の時、増上寺で得度したが、当時は読経もままならない「愚鈍」の修行僧と伝えられた。ところが、開山堂での断食中に不動明王の呑剣によって知恵を得てから師の檀通上人のもとで修行を重ねた。三六歳の時、羽生村で累の怨霊を得度したという伝説が残る。以後五〇歳の時、突如、下総牛島（現春日部市）に隠棲、五三歳以降西国の霊地を参詣した。六四歳の時に飯沼弘経寺（茨城県）へ転住、六八歳で小石川伝通院住職、綱吉・家宣の帰依を受け、最後は増上寺三六世大僧正に栄達した。(16)

祐天三六歳の時の羽生村累怨霊解脱譚がもとになり、元禄三年（一六九〇）一一月、残寿著『死霊解脱物語聞書』（山形屋吉兵衛開版）が出版された。(17) この祐天の怨霊解脱譚が一躍有名となり、同時に祐天の唱える南無阿弥陀仏「六字名号」札の利生が流布されることになった。江戸期を通じて祐天の怨霊解脱譚は浄瑠璃・歌舞伎・読本など、さまざまな分野で作品化され、(18) 加えて、寛延元年（一七四八）と明和三年（一七六六）の祐天寺居開帳、安永九年（一七八〇）回向院の出開帳などによって喧伝された。

祐天と火災を結ぶ直接的な逸話には、増上寺三五世湛誉門周（秀）大僧正代の度重なる出火が関係する。門周は、幕府の霊屋である増上寺で八年間に六度もの出火を出す不始末を起こした。その後任となった祐天は、防火体制に万全を期し、火防の組を班別にいろは四十七文字の偈文に当て組織し、その結果、祐天の代には一度も火災を出さなかったという逸話から、江戸町火消結成の元祖ともされる[19]。

寛政元年（一七八九）、三番ゑ組が祐天寺に水盤を奉納した動機は、このような祐天の霊験譚に深く関わる。

5 成田山新勝寺

元禄一三年（一七〇〇）に『当寺大縁起（下総国成田山神護新勝寺本尊由来記）』[20]が作成されたが、前半部分は、平将門調伏のために広沢遍照寺僧正寛朝の護摩修法に効験があったこと、後半部では生実大巌寺（千葉市）で真言宗僧侶道誉が体験した不動明王の利剣譚が述べられるが、この縁起からは「火難除け」「火伏」に関わる霊験は直結しない。

成田山新勝寺は、元禄一三年九月、中興第一世照範が再建し、翌年本堂が完成して以降、参詣者が多くなった[21]。新勝寺の発展には、初代市川団十郎・二代目市川団十郎が演じた歌舞伎狂言と数次に及ぶ深川永代寺での出開帳が大きく寄与している。

元禄一〇年（一六九七）中村座『兵根元曾我』では、初代市川団十郎（父）が五郎役、二代目団十郎（子）の九蔵が不動明王に扮した通力坊役を演じた。元禄一六年（一七〇三）には、深川永代寺八幡宮社の出開帳に合わせて、森田座『成田分身不動』の中で、父が金剛界の不動明王、九蔵が胎蔵界の不動明王を演じた興行が盛行し、同時に、江戸市中に成田山新勝寺と市川家を一躍有名にした。二代目団十郎は正徳三年（一七一三）山村座『助六』、享保一四年（一七二九）中村座『矢根』、元文二年（一七三七）河原崎座『関羽』と、歌舞伎十八番を演じ、市川家の人気や地位を不動のものとした[22]。

こうした市川家の歌舞伎狂言の上演に伴い、深川永代寺で出開帳が二回（享保一九年、天明三年）、巡業開帳が四回（享保六年、享保一一年、宝暦元年、明和元年）実施され、市川団十郎の評判と新勝寺の関係が結びつき江戸市中に成田不動信仰をさらに浸透させた。

天明八年（一七八八）二番千組による狛犬の奉納は、ちょうど二代目団十郎の歌舞伎狂言と成田山新勝寺の出開帳や巡業開帳の盛んになった頃から行われ、成田山新勝寺の不動明王の利生が歌舞伎狂言を通して火伏・厄除けのご利益があり、町火消鳶の参詣が活発になったと捉えられる。同時期に、内陣五講・内陣一六講や浅草一〇講などの成田講が組織され[23]、文化・文政期に至り成田不動信仰が広がると同時に、町火消鳶の奉納も盛んになっている。

以上、5寺院の町火消鳶と寺院参詣の動きを見てきた。その結果、次のようにまとめられる。

目黒不動は、元和元年（一六一五）の出火以来、火伏に不動明王の効験があったが、明和九年（一七七二）の目黒行人坂火災直後ますます、そのご利益が高まり、参詣講も生まれた。

不動明王と山頂の石尊権現信仰を併せ持つ大山寺は中世以来の山岳霊場であるが、宝暦二年〜六年の五年間の御免勧化が江戸町火消鳶の間に大山不動信仰を浸透させた一因である。

他方、妙法寺は日蓮の祖師信仰、祐天寺は祐天の累怨霊解脱譚と六字名号の効験に基づく信仰によって、新勝寺は初代と二代目市川団十郎の歌舞伎狂言上演によって参詣を誘発した。祐天寺と新勝寺は開帳とセットの興行のために、効果は格別であったといえる。

江戸町火消は、享保一五年（一七三〇）、大組八番いろは四十七組に再編されるが、明和九年の目黒行人坂の大火発生により、火災除け・厄災除けのため安永二〜寛政元年にかけて町火消各組が五か寺への参詣・奉納行動に向かったと考えられる。ここで、本稿が注目するのは、町火消鳶による大山への参詣である。江戸市中の防火対策は安永期に大名火消、万治元年（一六五八）以降に定火消が組織されていた。明暦大火以降、江戸市中全体の防火組織が必要とされ、町火消制度が誕生した。

すでに述べてきたように祐天寺・龍泉寺・妙法寺などの寺々は火伏に利益のある最も身近な存在であり、同時に、江戸から離れた相模大山寺、下総新勝寺は江戸の東西を守る参詣寺院として最適であったと考えられる。

第二節　講中札・まねき板からみた町火消鳶の大山参詣

第二節では、町火消鳶が大山参詣を具体的にどのように行ったかを検討してみる。町火消鳶が各組単位で大山参詣をしていたことを示すのが次の二つの史料である。

一つは享和元年（一八〇一）から文政九年（一八二六）にかけて東海道神奈川宿に残された「講中札」である。大山講・富士講・江の島講などの講中札が一七六枚現存し、この講中札は、歌舞伎役者大谷徳治の所有であり、神奈川宿の旅籠の旅亀に大山参詣者が宿泊・飲食した際のものであったと松岡俊が特定した(24)。

全一七六枚の内訳は桃灯が九、講中札は一六七種で、講中別は大山講八九（51％）、江ノ嶋講三八（22％）、富士山講一八（10％）の三講で大半を占め、その他は川崎大師と瀧口寺（片瀬）が各三、藤沢山遊行寺・鎌倉八幡宮が各二、その他不明二一となっている。

もう一つは文政一〇年（一八二七）から文久二年（一八六二）にかけて大山街道荏田宿の旅籠、柏屋に残された

「まねき板」である。荏田宿の柏屋にはこのまねき板が全部で四二枚残され、その内訳は大山講が三〇、富士講一一、愛染講一と大山講が全体の七割を占める。このまねき板は、大山参詣者が宿泊・休息した場所である。(25)

これら講中札・まねき板には、講中の地名・講紋・講中名・世話人名・講元名・参詣日などの情報が記されている。

(1) 町火消鳶の大山参詣

講中札・まねき看板から町火消鳶の大山講に関係するものを抽出したのが［表5-1］「大山参詣と町火消鳶」である。

1 町火消鳶と大山講

［表5-1］上段表の#1~12は神奈川宿の講中札と長桃灯で、表面に町火消鳶の講名、裏面に年月、世話人・頭取・鳶名・町名が記され、世話人とは頭取は別記される。#13~17は荏田宿のまねき板で、表面に町火消鳶の講名・年月のみ記され、裏面には情報はない。下段表は、天保一四年（一八四三）当時、鳶人足と店人足との町火消各組構成員を上段表の町火消鳶#1~17に照合したものである。

#1の「御神酒　品川鳶」の講中札は、町火消番外として定められ、妙国寺と海妟寺の門前町である南品川の本宿と歩行新宿、北品川本宿を対象とする。妙国寺・海妟寺の両門前町は、町抱の纏持二人（鳶）以外は町抱人足を置かず、妙国寺門前家主一〇人、一七か寺門前家主三〇人で出火時に当たること、南品川本宿五、南品川徒歩新宿四、北品川本宿五の人足を出火時に出すと定められている。(26)桃灯は、所属する組名を記したものである。東海道の

江戸出入口に位置し、大山参詣の早期結成の講で近世〜近代にかけて継続される地区の講である。

講中札の中で、講の町名を示すのは#2・3・4で、参加者総数は不明である。#7八番た組八人、#6二番め組一〇人、#3八番加組一一人、#9九番そ組一〇人、#10九番つ組九人、#11九番れ組八人で連名者から一〇名内外の鳶職は確かだが、実際にはそれ以上の鳶仲間が加わっていたものと推定される。町火消各組の構成員は、#5田よ組東鳶が鳶・店人足合計七二〇名で最多、#3大山加組東が鳶・店人足合計三四八名で#5に次ぎ多数である。町火消各組鳶人別では、#6め組が二三九名で最多、#13大山や組一一七名と#3大山加組東が一一六名と、#6に次いで多数である。これら町火消構成員別・鳶別に多い#3八番加組の事例を詳しく見てみる。

2　八番加組の大山講

八番加組は外神田一〜五丁目（総家数三、四二八軒）及び湯島一〜三丁目（総家数二、五一二軒）の家総数五九四〇軒を管轄[27]する火消組合である。

文化七年（一八一〇）　加組東が、講中札を佐久間町鳶中　世話人松五郎として参詣。

文政八年（一八二五）三月　加組が、長桃灯二張を世話人松五郎として参詣し張替。

文政八年四月　加組東が、講中札（表面）・長桃灯二張（裏面）を世話人松五郎として参詣し、再々張替。

このうち文化七年の講中札は「大山加組東」としているが、文政八年の長桃灯の鳶名の表記から、佐久間町以外に湯島天神、神田明神を含める八番加組の大山講と理解される。文政八年七月の鳶名は、

湯島天神　音五郎・太郎吉・△長八・吉五郎・小吉（△は表記のまま）。

神田明神　亀八・伝蔵。

〔表5-1〕講中札・まねき板の町火消鳶の銘

資料No.	講中札まねき 種別	表面銘文 講名	表面銘文 元号	表面銘文 世話人	表面銘文 頭取	裏面銘文 鳶名・町名	所属組 大組	構成員・構成比(%) 鳶人足	構成員・構成比(%) 店人足
1	講中札	御神酒品川鳶	享和元七月吉日	頭取〇品セハ	藤四郎／権六	品川鳶中	朱引外	14(26)	40 (74)
1	桃灯弐	品　川（鳶）虎吉	享和元七月再興			鳶巳之吉			
2	講中札	御神酒芝三田三さ	文化六年	鳶松五郎		芝三田三丁目	三番組	90(44)	114(56)
3	講中札	大山加組東	文化七年	鳶松五郎		佐久間町鳶中	八番組	116(33)	232(67)
3	長桃灯	五角八加組東	文政八年七　四　再	初願主鳶松五郎		天神：音五郎／太郎吉／小吉、佐久間町：八十八／伝吉／岩二郎△鉄五郎／留五郎、明神：亀八／伝蔵	八番組		
4	講中札	大山あ組鳶中	文化十一年七月	甚右衛門／熊右衛門		久保町／古川町／西町／東町／元町	三番組	59(50)	58(50)
5	講中札	田よ組東鳶中	文化十四年丑六月	太郎吉／善吉	大山東鳶中八五郎／新右衛門／平六／新七		一番組	161(22)	559(78)
6	講中札	め組	文政六年癸未六月	半兵衛／金四郎	力五郎／大次郎／久次郎	しばい丁平兵衛／宇田川丁久次郎／源助丁力五郎／さくら田金四郎／中門前三丁大次郎	二番組	239 (100)	0

7	長桃灯	た組	文政六年未六月始			吉五郎／熊右衛門／常吉／兼吉／次郎吉／権之助／伊三郎／又五郎	八番組	81(33)	161(67)
8	講中札	ね組鳶中	文政八年酉七月四		庄次郎	安兵衛／平吉	九番組	38(30)	88(70)
9	講中札	そ組鳶中	文政八年酉七月四		又五郎	五郎兵衛／留五郎／久米蔵／庄助／伊兵衛／市五郎／清蔵／与吉／金次郎	九番組	38(28)	97(72)
10	講中札	つ組鳶中	文政八年酉七月四		斧次郎／七五郎	七五郎／鉄五郎／半七／亀右衛門／平次郎／庄太郎／伊之助	九番組	40(38)	66(62)
11	講中札	大山れ組	文政九年戊七月			音五郎／勘助／鉄五郎／粂右衛門／万吉／鉄次郎／善之助／久太郎	九番組	55(23)	184(77)
12	講中札	大山け組	文政九年戊七月			久五郎／熊次郎／銀次郎	五番組	45(43)	63(57)
13	まねき看板	大山や組	文政十丁亥				五番組	117(100)	0
14	まねき看板	大山く組	天保十一年子七月				五番組	90(48)	97(52)
15	まねき看板	大山ふ組	弘化四年丁未				五番組	36(36)	64(64)
16	まねき看板	大山て組	安政六年戊未				三番組	47(40)	70(60)
17	まねき看板	大山こ組	文久二壬戊歳七月				五番組	35(100)	0

註1　No.1～12は、『江戸の参詣講―桃灯と講中札に見る霊場信仰』（秦野市、ぎょうせい、一九九九年）、No.13～17は横浜市立歴史博物館『横濱の文化財』第四集（横浜市教育委員会、一九九五年）より作成。

註2　『重宝録』第三―一五（東京都、二〇〇二年）による。

佐久間町　八十八・伝吉・岩二郎・△鉄五郎・留五郎（△同前）。

となり、世話人はいずれも松五郎が勤めている。講中札やまねき看板に記されている者以外にも他に鳶が参加していた可能性はあるが、それは把握できない。

町火消鳶は同じ時期に成田山新勝寺にも参詣しており、この成田山参詣時の奉納額と受納札数は次のようである。[28]

享和三年（一八〇三）正月　二番め組（芝金杉、鳶源右衛門）奉納額百五十疋、大札三十五枚。

天保六年（一八三五）　二番せ組（世話人金太郎・文次郎）奉納額百五十疋　大札八十枚。

弘化二年（一八四五）九月　五番く組鳶中（世話人酒田屋幸吉・下駄屋吉五郎）奉納額百五十疋、大札五十枚。

この史料から、一講中当たりの奉納金額は百五十疋、お札枚数は五〇枚内外が相場とみられる。

(2)　町火消制度の変遷と鳶人足の成員

1　町火消制度の変遷

明暦三年（一六五七）大火の翌年、幕府は江戸の火消組織を町方全体に拡大するため火消組合設置の町触[29]を出したが、町方からの火消人足は調達できず、町火消制度が実質的に整うまでに約半世紀以上を要し、その町火消制度は次のように改まった。

享保三年（一七一八）一〇月、火消に町方を利用するため一町三〇人を拠出する義務づけの触れ。[30]

享保五年（一七二〇）、町火消組合を「いろは四十七組」に再編。[31]

ところが、享保六年（一七二一）年正月、日本橋呉服町から出火し霊岸島・鉄砲洲・築地まで類焼した火災の時、町方人足の不出動や火事場放棄、逃亡という事態が発生した。[32]町火消は、当時店人足と鳶人足で構成され、店人足の担い手は町々の召使や店借人で、火消に不慣れ、不向きな者たちであった[33]。

享保一五年（一七三〇）一月六日、火消人足の調達を増やすべく拠出対象地域を拡大し、いろは四十七組から大組一～十番組に再編した（ただし四番、七番を除く）。その代わりに火消人足を一町三〇人から一五人に半減する措置が講じられた[34]。それでも、この編成では火消人足の拠出は十分機能しなかったため、天明七年（一七八七）二月九日の町触を機に町火消は店人足から鳶人足へ重点が移されることになり、町方奉行から五番組せ組南伝馬町名主宛に町触が出された。

御定人足之通相心得、勿論出火之節者、先ツ本鳶人足ニ而半減差出、消防為仕若焼募り大火ニも及候節者、残御定人数之分、店人足追々差出候様相願候ハヽ、

この町触によって、五番組せ組は二八一人の内八〇人は鳶人足で調達することが認められ、この措置が町火消組合全体に適用されるようになった[35]。

［表5-1］下段表は、大組八番いろは四十七組に再編後、天保一四年（一八四三）に定められた鳶人足と店人足の構成員とその比率である[36]。中段の数値が鳶人足、下段が店人足の数値でその比率から五つの型に分けられる。

Ⅰ型　五対五　＃4・＃14　　Ⅳ型　二対八　＃5

Ⅱ型　四対六　＃2・＃12・＃15・＃16　　Ⅴ型　一〇対〇　＃6・＃13・＃17

Ⅲ型　三対七　＃1・＃3・＃8・＃11

構成比の差異は、町火消組合の各町々の負担できる経済力と人足拠出能力の事情を反映する。二番め組、五番や組、五番こ組は全て鳶人足へ依存している。

2　町火消鳶人足の成員

町火消鳶人足の成員は、頭取（惣取締）、頭（小組組頭）、纏（持ち）、梯子（持ち）、平人（鳶）、土手組（人足）の六階級で編成され、鳶職は、もともと土木・建築工事の下請、雑役を負担する人夫であると説明されてきたが(37)、鳶人足について吉田伸之は「日用」の視点から、より厳密に規定した(38)。吉田は「鳶は自己の労働力能の他に所有対象を持たない日用の範疇に括られ、鳶口や技術が、大工や屋根葺などの諸職人における用具や技術とは異質のものとして扱われた」と規定し、鳶の本源的形態は、日用費の違いによって「とび口の者―普請道具持―道具なし」の三段階に分かれると分別した。

享保一五年（一七三〇）、町方火消人足を一五人に半減する代わりに鳶人足を定抱えにするという改革は、鳶頭が町方奉行と町方から火消業務を付託され、鳶人足の調達、動員、統率を掌握する責務を担うことを意味していた。ところが、町火消鳶が火事場でたびたび起こした口論を取り締まるため、町方奉行は、寛政九年（一七九七）、人足頭取制を設置し(39)、小組ごとに四～六人ずつの頭取を設定した。小組は、「鳶頭―欠（駆）付鳶―その他の日用」の三層構造からなる(40)。こうして、町火消鳶人足には、各町にほぼ一人ずつの町定抱えの鳶頭と、鳶頭が調達する数名の欠付鳶とその他の日用層（火消人足）が存在することになった。言い換えると、奉公人や使用人からなる店人足は、大火発生時における町火消鳶人足の補完的火消要員とされた。

以上、町火消鳶による大山参詣を検討したが、次に江戸の商人・職業らの大山講へ鳶が参加した事例を取り上げ、御神酒講の成員について考えてみる。

第三節　町火消鳶が参加した大山参詣の御神酒講

[史料1]は、大山御師の高尾左仲の檀廻帳にある安政五年(一八五八)の御神酒講の講員である(41)。この御神酒講は、外神田佐久間一・二・三丁目及び八軒町、松永町などの商人・職人が結講し、世話人をぬしや徳次郎が担当する総勢四一名の大山講である。外神田は、神田川を境に左岸の武家地・町屋一体を指し、神田佐久間町一～四丁目・同松永町・同八軒町など四九町と武家町を含む。北は、上野・下谷、西は湯島、東は向柳原が含まれ、度重なる火災のため従来の神田と区別される(42)。

この御神酒講の講員は、曲物屋・樽屋・大工などの職人二二名、万屋・大坂屋・小松屋など屋号を持つ商人九名、姓名有り五名、名前のみ四名の合計四〇名である。名前のみの松五郎は、[表5-1]#2・#3の講中札と長桃灯に、同じく名前のみの伝吉は、#3の長桃灯に確認できる鳶で、町火消鳶が御師高尾左仲の御神酒講に参加していた証例である。

この御神酒講の成員をさらに検討するために二つの史料を照合してみる。

ひとつは、[表5-2][表5-3]「外神田6町における商家・商人の職種」は外神田佐久間一、二、三、四丁目と八軒町、松本町六町の①「町方書上(43)」と、②同町々の商家・渡世人(44)である。[表5-2]からは、各町の総軒数に対する不動産上の構成要素は、各町とも店借が五～七割、地借が三割内外を占め、地主・家主に対し借家・借地人が圧倒的に多い。

[表5-3]「外神田6町における商家・商人の職種」では、米・炭問屋が佐久間一・二・三・四丁目で一八〇戸

［史料1］

覚
佐久間丁壱丁目
曲物屋　重兵衛
　同　熊次郎
　松五郎
樽　屋　熊次郎
大　工　旨次郎
井戸屋　又　吉
万　屋　市五郎
綿　屋　忠　蔵
ぬし屋　仙太郎
和泉橋通（＝松永丁）
木具屋　喜　八
小松屋　磯　吉
　青木　善兵衛
亀　屋　兵　蔵
荒井　清次郎

佐久間丁二丁目
西村　徳次郎
　清　吉
大坂屋　清十郎
叶　屋　拾次郎
佐久間丁三丁目
ぬかや　庄次郎
人形屋　金　蔵
明石屋　由次郎
大　工　金五郎
かさり屋藤次郎
佐久間町大工や
　橋本与四郎
てうちん屋初次郎
木村屋　重五郎

八軒町
左　官　平　吉
いせ屋　藤五郎
川岸通り（＝佐久間丁二）
世話人　石屋　新兵衛
通り新石町
ぬし屋　安五郎
大通り鳶（＝松永丁）
　伝　吉

松永丁
かさり屋　茂　吉
　藤　八
湯　屋　亀　蔵
篠原　重　蔵
大　工　長兵衛
北村　門次郎
と古　亀　吉
かじ屋　仙　吉
桶　屋　仁兵衛

〆　午五月廿五日旦廻リ相勤　神酒講中案内　佐久間壱丁目　世八人　ぬしや徳次郎

［表5－2］ 外神田6町における商家・商人の職種（町方書上）

外神田6町町名		佐久間一	佐久間二	佐久間三	佐久間四	八軒町	松永町
①町方書上	総軒数	134	107	110	75	255	106
	地主	10(7.5)	8(7.4)	4(3.6)	2(2.7)	26(10.2)	0
	家主	15(11.2)	11(10.3)	11(10.0)	8(10.7)	18(7.0)	9(8.5)
	店借	75(56.0)	48(44.9)	66(60.0)	54(72.0)	163(64.0)	74(70.0)
	地借	34(25.4)	40(37.4)	29(26.4)	11(14.7)	48(18.8)	23(21.6)

註　佐久間四は、佐久間町四丁目元地＋佐久間町四丁目裏町
（　）内はそれぞれの町内における比率（%）

と町住民の大多数を占め、これら四町に問屋が集中したことになる。各問屋に対し炭薪仲買、番組人宿などを商う渡世人は住民全体の一割程度である。ただし、問屋商人・主要職人が主体のため小商い・職人の人びとは数え上げられない。したがって、高尾左仲の大山御神酒講に参加した講員は問屋、渡世グループに属さない住民と捉える。

もう一つは、佐久間町一～三丁目に隣接する神田佐久間町四丁目元町・裏町人別帳(45)の史料から［表5－4］「神田佐久間町四丁目元町・裏町住民の職種」を検討してみる。佐久間町四丁目元町・裏町の両町の住民総数七〇人に対して春米渡世、髪結床番人などの渡世人と船乗、仕立職などの職人グループがそれぞれ三割五分を占め、家主、家持の有産家と日雇グループの二種が各一割強を占める。

町火消鳶職の頭取以下、鳶頭・纏持・梯子持・平鳶などの人々はこの日雇グループに所属する住民である。高尾左仲の御神酒講の伝吉・松五郎もこの職種の住民である。

鳶職が属する日雇層の割合を他町と比較できるものに、外神田に近接する江戸日本橋の本石町と松田町に関する玉井哲雄の分析があり(46)、それと照合してみる。玉井は、江戸日本橋本石町二丁目と神田松田町の階層別職種を「江戸商人名前一覧」(47)から「問屋商人」を問屋グループ、「～買次、～仲買、～渡世、～屋」を渡世グループ、「～職」を職人グループ、職業が明示されない「日雇稼、鳶日雇、賃仕事」な

［表5－3］ 外神田6町における商家・商人の職種

外神田6町町名			佐久間一	佐久間二	佐久間三	佐久間四	八軒町	松永町
②商家・商人の種別	問屋グループ	御用金上納	8	2		2	2	
		御勘定支配	2					
		番組両替屋		5	1	1	1	
		炭薪問屋	9	10	4	2	4	1
		竹木炭薪問屋	5	6	3	1	1	
		材木竹炭薪問屋	1	11	3	1		
		川邉四十四番組炭薪問屋仮組		1				
		舂米屋　十一番組	4	4	4	6	2	3
		地廻米穀問屋　二十六番組	2	11	22	15	1	
		脇店八ケ所組米屋　佐久間町組	1		32	14	1	
		材木問屋		1				
		板材木問屋　熊野問屋組合		1				
		川邉一番組古問屋　神田浅草組合	2	1		1		
		薬種問屋			5			
		線香問屋		4				
		絵具染草問屋		4				
		醤油酢問屋				4		
		明樽問屋		2		3		
		煙草問屋	1					
		堀留組畳表荒物問屋仮組	1					
		地本双紙問屋仮組		2	1	1		
		暦問屋				1		
		雛人形手遊卸		1				
		雛屋一番仮組		1				
		八十二軒組百姓宿					2	
		番外雛屋			2			
		古問屋				1		
		蕨縄問屋				1		
		六組飛脚屋　神田				1		
		仮船方　住吉組				1		
		生布海苔芋葛切問屋				1		
		釘鋳銅物問屋仮組					1	
		計	36	67	77	57	15	4
		各町総軒数に対する比率（%）	26.9	62.6	70	76	5.9	3.8
	渡世（仲買）グループ	炭薪仲買	9	11	9	2	5	3
		材木仲買	2				1	
		石灰砺殻灰煉売仲買		2				
		呉服（番附）西の方	1					
		煙草仲買				1		
		地掛蠟燭屋	1					
		鳥飼屋	1					
		地紙漉仲買				1		
		番組人宿		1	3	3	2	2
		地掛蠟燭屋				2		
		御指物屋					1	
		計	14	14	12	9	9	5
		各町総軒数に対する比率（%）	10.4	13.1	10.9	12	3.5	4.7

出典　①町方書上：『文政町方書上』（国会図書館、江戸東京博物館）
出典　②『江戸の商人・商家データ総覧』全7巻より算出（柊風舎、2010年）

どを雑グループの四種に分類し、本石町・松田町の総戸数に対応する各戸数の構成比を以下のように算出している。Gはグループの意。かっこ内数値は%を示す。

本石町　総戸数一〇三戸中、問屋G九（8・7）、渡世G六二（60・2）、職人G一六（15・5）　雑G一六（15・5）

本石町の雑Gの一六戸の中に日雇稼、鳶日雇、賃仕事などで七戸が含まれる。

松田町　総戸数一二〇戸中、問屋G一（0・8）、渡世G四三（35・8）、職人G四四（36・7）、雑G三二（26・7）

松田町の雑Gの三二戸は、日雇稼三、賃仕事五、米舂日雇三、日雇二等一三戸を含む。

日雇Gの総戸数に対応する割合は、本石町で15・5%、松田町では26・7%を占める。

神田佐久間町四丁目元町・裏町と本石町、松田町の三町の例から、少なく見積もっても各町内には一～二割以上を占める日雇渡世層が居住し、町火消鳶は、その階層に属した人びとになる。

講中札の八番加組や高尾佐仲の御神酒講に登場した鳶の松五郎・伝吉は、ひとたび火災が発生すれば、火災現場の機動性において町内の商人・職人たちの店人足とは比べものにならない存在である。延焼を防ぐべく近隣の屋上や軒々を駆け巡り破壊をする火事場の請負人であり、商人・職人・奉公人からなる店人足と鳶人足とでは火消において到底比較にはならない。

日雇渡世の鳶と町人・職人らとの関係は、火災時には彼らの機動性から、前者が後者を圧倒し、平常時は、後者は、町入用で前者を抱えながらも、彼らに配慮し畏怖の念をも抱く相互依存の関係にあったと考えられる。換言すれば、猶予なき非常時、町火消鳶に町内の商人・職人は全面的に依存し、平常には町火消鳶が町内の慶弔・寺社祭礼などの催事、喧嘩など揉め事の後始末などに関わる密接な間柄でもあった。この点を考慮すると、大山御師高尾佐仲の御神酒講からは二つの点が指摘できる。

種別	名前	年齢	動産	職種	家族・同居
職人グループ25人（35.7%）	亀吉	53	店借	船乗	4
	初次郎	29	店借	舟乗	1
	清次郎	57	店借	船乗	3
	新助	32	店借	仕立職	2
	市右衛門	76	店借	仕立職	5
	幸吉	44	店請	桃灯職	9
	正庵	74	店借	按摩	4
	紋次郎	33	店借	鋳掛職	
	孝吉	30	店借	印判職	3
	徳三郎	31	店借	墨師職	
	庄蔵	41	店借	大工職	2
	弥五郎	59	店借	人形師	6
	佐七	54	店借	袋物職	5
	甚助	30	店借	蠟燭屋	7
	長兵衛	33	地借	石工職	6
	伊三郎	45	地借	傘職	4
	半蔵	46	店借	髪結職	5
	音次郎	39	同居	筆職	4
	定次郎	44	店借	講談師	1
	勝次郎	30	店借	仕立職	5
	亀吉	27	店借	柳原土手見守	5
	安蔵	37	店借	柳原土手見守番人	6
	忠次郎	40	店借	柳原土手見守番人	5
	藤助	44	店借	柳原土手番人	
	嘉吉	73	店借	柳原土手見守番人	1
日雇グループ9人（12.9%）	半七	40	店借	日雇渡世	3
	幸次郎	52	店借	日雇渡世	4
	喜兵衛	53	店借	日雇渡世	3
	惣次郎	61	店借	日雇渡世	2
	久蔵	62	店借	日雇渡世	1
	卯兵衛	43	出居衆	日雇渡世	2
	銀蔵	54	店借	日雇稼	1
	吉五郎	33	店借	日雇渡世	
	のぶ	35	店借	賃仕事	3
他２人	金三郎	35	店借		
	右八	73	地借		

［表５－４］　神田佐久間町四丁目元町・裏町住民の職種

種別	名前	年齢	動産	職種	家族・同居
有産家グループ8人（11.4%）	源太郎	55	名主		6
	伊兵衛	30	家主	五人組店	3
	亀蔵	21	家主		3
	伝次郎	48	家主		5
	忠兵衛	53	家主		5
	紋三郎	44	家持		1
	長兵衛	62	家持		6
	久兵衛	64	家持		1
渡世（仲買）グループ26人（37.1%）	重吉	42	店請	舂米渡世	5
	忠兵衛	32	地借	舂米渡世	3
	藤吉	54	地借	舂米渡世	1
	重吉	43	店借	舂米渡世	5
	嘉　助	23	地借	米渡世	2
	甚三郎	39	地借	米渡世	4
	宗　助	45	店借	玄米渡世	9
	善吉	25	店借	髪結床番人	3
	七次郎	40	店借	髪結床番人	12
	伊三郎	75	店借	髪結床番人	
	吉太（長吉）	24	店借	青物売	2
	権次郎	34	店借	青物売	4
	吉蔵	23	店借	時之物売	2
	吉助	26	店借	時之物売	
	定次郎	23	店借	升酒渡世	2
	清兵衛	45	店借	升酒渡世	7
	助右衛門	35	店借	駕籠屋渡世	4
	平七	47	地借	駕籠屋渡世	5
	鉄次郎	53	地借	炭渡世	9
	源兵衛	35	地借	炭薪渡世	2
	岩右衛門	50	地借	船宿渡世	3
	伊之郎	55	店借	蒲鉾屋	2
	幸七	24	店借	古着渡世	3
	庄八	37	地借	豆腐屋	3
	安五郎	41	同居	肴売	9
	定兵衛	32	（養子）	糶呉服	2

出典　「安政四年巳年四月　神田佐久間町四丁目元地・裏町人別帳」『新編千代田区史』通史資料編、1998年。

①各町内には町抱の鳶頭取と日雇い駆付鳶衆が存在し、彼らは各町内の一～二割を占め、佐久間町御神酒講に名を連ねた松五郎、伝吉の例は、町人・職人らの講に町火消鳶が参加した事例である。

②３００㎝を超す木太刀奉納や重い御神酒枠などを担ぎ上げる参詣習俗は、大山講の特色であるが、江戸各町々の御神酒講に鳶職衆が参加または混在していた可能性が極めて高い。

大山寺は、もとより山内中腹の大山寺不動堂が仏教的祈禱の中心で、別当八大坊をはじめとする十一供僧とその支配下の御師のもとで様々な宗教的行為が行われていた。密教寺院としての代表的行為が手長御供と護摩供であり[48]、その派生講として御太刀講、御神酒講はじめ各地域講、各職人講が組織されていた。

大山講の講中札・まねき板の両史料を集計すると、講名が特定できるものは全九七講に達し、講の種別は、御神酒講四七（48％）、町火消講二一（22％）、地域講一九（20％）、同業種講四（4％）、御手長講三（3％）、御太刀講・護摩講・お花講は各一となる。御神酒講が半数を占め、次に町火消単位の講と地域単位の講が各二割を占める。この御神酒講の盛況の背景には町火消鳶の参画が作用していた。

他所の御神酒講には、成田講の文化・文政期における新吉原[49]や武州足立郡花又村[50]などの例にみられるが、大山参詣の御神酒講は際立っている。

また講中札・まねき板の九七講を年代別に分けると、寛政期以前は三点、寛政・文化期三五点（36％）、文政期五三点（55％）、天保期以後一二点（12％）となり、文化・文政期のものが九割を占め、この時期が大山講の最盛期と考えられる。文化・文政期には、相対的に世情が落ち着き、庶民の間に火除け・厄除けを兼ねて物見遊山の趣向が加わり、それに伴って大山講は最も活況を呈した。大山参詣は夏山（旧暦六月二六日～七月一八日）に集中し、年間で火災が少なく、町火消鳶にとってはこの時期が参詣に最適の季節であった。

おわりに

町火消鳶による寺院奉納額、講中札・まねき板及び御師高尾左仲檀廻帳の検討を通して以下の諸点を明らかにした。

1　江戸町火消鳶つ組、ね組、み組、や組、千組、ゑ組など各組が、妙法寺・大山寺・目黒不動・新勝寺・祐天寺の五か寺へ常夜灯、水盤などを相次いで奉納したのは、町火消制度が確立した安永二～寛政元年（一七七三～八九）の一六年間のことである。その参詣動機は、安永元年の目黒行人坂大火にあり江戸市中の防火と安全祈願であった。

2　文化・文政期以降、町火消鳶の参詣が活発化する要因は、堀之内妙法寺は日蓮上人記、祐天寺は祐天の怨霊解脱譚と六字名号、新勝寺は市川家の歌舞伎狂言・語り物などによる流布と江戸開帳とが大きく影響したのに対し、大山寺は歌舞伎狂言・語物、開帳とは無縁の代わりに、宝暦二～六年（一七五二～五六）にかけて実施された大山御師の御免勧化の実施の結果、火伏・安全祈願に加え、遊行的参詣へ発展した。

3　江戸町火消制度は、江戸市中の防火・防災のため万治元年（一六五八）、火消要員として町方を起用する町触に始まったが、町方要員（店人足）だけでは十分機能せず、天明七年（一七八七）町火消要員を鳶に重点を移した。大山講の場合、総町火消数三四八人中三割を占め、一一六人に及ぶ鳶人足からなる外神田の八番加組が継続的に参詣していたことを、神奈川宿の講中札から明白にした。文化・文政期（一八〇四～一八三〇）の間、火災が比較的少ない夏山期の六～七月、行楽を兼ねて町火消各組鳶による大山講が盛んになった。

4　御師高尾佐仲の安政五年（一八五八）檀廻帳の御神酒講から、店人足の対象となる商人・職人たちが組織した大山講に町火消鳶が参加していた。火災時、町人は町火消鳶を頼り、日常的には慶弔・祭礼・揉め事処理などの相補関係を持っていた。町火消鳶が担当する町に居住する日用層の比率は一～二割を占め、御神酒講にこれらの人々が参加していた。御師高尾佐仲のお神酒講のように、山法の規定により大山講には必ず御師の取次が必要とされた。

註

（1）圭室文雄編『大山信仰』民衆宗教史叢書第二二巻、雄山閣出版、一九九二年。

（2）論集『大山信仰』の田中宣一の研究は、大山講の檀家圏の検討であるが、大山参詣講について⑴東京・日本橋の「お花講」（相模民俗学会『民俗』一五八所収）、⑵港区「芝御太刀講」（『民俗』一五九所収）、⑶品川区の「北新御神酒講」（『民俗』一六一所収、一九九七年）の事例を取り上げたが、この他に、手長講（築地本小田原町・浅草花川戸）、護摩講（日本橋三・四丁目、両国上総屋惣店中）や理髪職講中（日本橋区蠣一町）、車力講中（同区砥河岸）、蠟燭講中（麹町三番町）、芸者屋講中（日本橋大坂）などの職種を冠した講、西神田大山講、目白台大山講、京橋講など地域を示した講など、多種多様の参詣講が存在した（阿夫利神社『相模大山街道』一九八七年、四七二～四七三頁。秦野市『江戸の参詣講』一九九五年による）。大山寺本尊不動明王と石尊権現（阿夫利神社）への祈願・祈禱として、手長と護摩の取次（「元禄十五年二月、元禄年中出入一件願書追訴証拠書」）が中心をなし、大山参詣の諸講はその派生である。

（3）吉原健一郎「江戸災害年表」『江戸町人の研究』第五巻、吉川弘文館、一九七八年。

（4）山川健次郎「東京府下火災録」『理科會粋』東京気象篇、東京大学、一八八一年。

（5）「江戸時代の主な奉納物」『江戸消防創立五十周年記念』江戸消防記念会、二〇〇四年、一四八頁。

（6）浅井了意『江戸名所記』巻六「江戸叢書」巻二所収、一九一六年。

（7）坂本勝成「江戸の不動信仰」『近世仏教の諸問題』二七二～三頁、表Ⅳ「目黒不動境内奉納寄進物一覧」より。

雄山閣、一九七九年。
（8）比留間尚「江戸開帳年表」西山松之助編『江戸町人の研究』第二巻所収、吉川弘文館、一九七三年、四八五～五四四頁。
（9）信徒総代内海平太・大山寺「大山史年表」、一九八六年。
（10）寛延四年一〇月『御触書宝暦集成』十九、寺社部九四八。
（11）庄司寿完「堀之内祖師信仰について」（立正大学仏教学会『大崎学報』一三二所収、一九七八年）五一～五四頁。
（12）前掲註（8）書、五〇一頁。
（13）「堀之内妙法寺縁起」国立公文書館蔵『法華霊場縁起集』。
（14）十方庵『遊歴雑記』第五編巻之中第二十七（『江戸叢書』巻の七所収、名著刊行会、一九六四年）。北村行遠「近世における寺院行事と講中のかかわりについて—堀之内妙法寺の事例を中心に—」（『立正大学人文科学研究年報』二三、一九八五年）。
（15）服部幸雄『江戸歌舞伎文化論』平凡社、二〇〇三年、五七～五八頁。
（16）村上博了『祐天上人伝』祐天寺、一九六八年、二一〇～二一三頁。
（17）祐天寺研究室『祐天寺年表2』二〇〇〇年。
（18）服部幸雄『変化論』平凡社、一九七五年、二一三頁。
（19）前掲註（16）書、一六五～一六八頁。
（20）成田山新勝寺『新修成田山史』、一九六八年。
（21）成田山新勝寺『成田山新勝寺史料集』第六巻、二〇〇二年、一五頁。
（22）伊原敏郎『歌舞伎年表』岩波書店、一九七三年。同『市川団十郎の代々』、一九〇二年。
（23）内陣五講・内陣一六講は、日本橋魚市場、深川米問屋、木場材木問屋、青物市場などで、浅草一〇講は蔵前札差、芸能・花柳界、鳶職講である。村上重良『成田不動の歴史』東通社出版部、一九六八年、二〇三～二〇四頁。

(24) 秦野市管理部文書課市史編さん『江戸の参詣講―桃灯と講中札にみる霊場信仰―』一九九五年。この資料は、題簽を欠く「江戸諸講中桃灯講中札控帳」と銘する八九丁の帳簿である。この帳簿の所有者、冊子構成、講の種別などについて松岡俊により分析がなされている。

(25) 横浜市歴史博物館蔵。資料情報は横浜市教育委員会『横濱の文化財』第四、一九九五年、八四頁。

(26) 東京都公文書館『重宝録』第三巻・第一五巻、二〇〇二年、一七四〜一七六頁。

(27) 文政一〇年「町方書上」㈠・㈢ 江戸東京博物館友の会編、二〇一三年。

(28) 前掲註(21)成田講「講中記」による。

(29) 近世史料研究会編『江戸町触集成』第一巻、塙書房、一九九四年、八六頁。

(30) 髙柳真三・石井良助編『御触書寛保集成』岩波書店、一九五八年、八〇二〜三頁。

(31) 「撰要永久録」『東京市史稿』市街篇第一九、九五五〜九七〇頁。

(32) 前掲註(31)市街篇第二〇、二〜三頁。

(33) 鮎川克平「江戸町方火消人足の研究」『論集きんせい』三、一九七九年、四頁。

(34) 前掲註(31)市街篇第二二、四〇四頁。

(35) 前掲註(31)市街篇三〇、一九三〜一九四頁。前掲註(33)鮎川、六〜七頁。

(36) 前掲註(26)『重宝録』第三巻・第一五巻。三一七〜三三四頁。

(37) 山本純美『江戸の火事と火消』河出書房新社、一九九三年、六三頁。南和男「町火消の組織と実態」『幕末都市社会の研究』塙書房、一九九九年、二一三頁。

(38) 吉田伸之『近世都市社会の身分構造』財団法人東京大学出版会、一九九八年、二八三〜二八四頁。

(39) 前掲註(31)市街篇三二、二六〇〜二六一頁。

(40) 前掲註(38)書、二八八頁。

(41) 高尾薫所蔵「檀廻帳」『伊勢原市史』資料編　大山所収、一九九二年、二九〇〜二九二頁。

(42)「東京の地名」『日本歴史地名大系』一三、平凡社、二〇〇二年。
(43) 前掲註(27)。
(44)『江戸の商人・商家データ総覧』全七巻より集計。柊風社、二〇一〇年。
(45)『新修千代田区史』通史資料編、千代田区、一九九八年、三四〇〜三五九頁。
(46) 玉井哲雄『江戸町人地に関する研究』、近世風俗研究会、一九七七年、一〇九〜一一〇頁。
(47)「江戸商人名前一覧」『三井文庫論叢』第六号、財団法人三井文庫、一九七二年、三三九〜三四四頁。
(48)「大山御師と大山講」『伊勢原市史』別編 社寺所収、一九九九年、四五九〜四六〇頁。
(49) 前掲註(21)「講中記」文化二年・文化一三年・文政二年。
(50) 前掲註(21)「講中記」文化三年・文化一一年。

第六章　冨田光美が相模大山に伝えた倭舞・巫女舞——歌譜とその背景——

はじめに

明治六年（一八七三）七月三〇日、権田直助は相模大山阿夫利神社祠官に就き、その後、大山御師の檀廻組織の実態調査、大山敬慎講社設立、春日大社に伝わる倭舞・巫女舞神楽を冨田光美より伝習、社殿修復など、独自の改革に自ら着手した。権田の祠官就任以前、御師から転身した禰宜によって、明治三～五年（一八七〇～七二）の期間、社殿では奉幣講として天津祝詞・神供祝詞・奉幣祝詞などを定めた「奉幣式目」が奏上されていた（第一〇章第一節）。権田は神社へ参詣者を導くため、社殿祭事を古儀に倣う神楽として春日社の倭舞・巫女舞の伝習を図った。

大山阿夫利神社に伝えられた倭舞・巫女舞の調査・研究の初見は永田衡吉の「大山阿夫利神社の神楽」においてである(1)。永田衡吉は大山阿夫利神社の神楽舞を、第一帖摘録として『倭舞歌譜』、第二帖摘録として『巫女舞歌譜』としてまとめ、神楽の舞振とともに調査した。本田安次は、同社の神楽の歌譜をさらに精査し、「春日の八乙女舞歌」でその歌譜の内容を調査し(2)、この両書の研究により、明治八年（一八七五）当時大山阿夫利神社に伝習された春日社の倭舞・巫女舞の全容が判明している。

春日社の社伝神楽の全体像は二つの調査報告によって解明されている。一つは、春日大社に伝わる巫女神楽を史料・諸伝本・舞型・装束の面から明らかにした『春日大社社伝神楽調査報告』[3]である。他方は、明治維新以後、各地に伝習された春日社社伝神楽の比較調査、及び金刀比羅宮・出羽三山神社などとの比較をした『和舞・社伝神楽の伝承並びに比較調査報告書』[4]がある。これらの報告書によって、春日社の倭舞・巫女舞の伝承実態と、明治維新以後、神道国教化政策を背景に春日社社伝神楽が全国神社へ広く伝習され、それには冨田光美が深く関与したことが明らかとなった。この神楽伝習の報告は春日社社司であった冨田光美が残した諸資料に基づいているが、岩田勝は「春日社における神楽祭祀とその組織」の論考の中で、冨田光美の諸資料には作為性が含まれ、史料批判が必要であることを指摘している[5]。この諸資料とは、明治三年（一八七〇）五月『やまかづら』[6]、明治三年九月『やまとまひ歌譜』[7]、明治七年（一八七四）『藤のしなひ』（＝巫女舞歌譜）[8]、明治一六年（一八八三）「倭舞伝習之式」[9]など冨田光美の著作を指す。

本稿では、岩田勝の指摘に留意しつつ、春日社の倭舞・巫女舞の歌譜を、大山阿夫利神社・金刀比羅宮にそれぞれ伝習された歌譜とを比較検討することにより差異を再検証し、冨田光美が春日社の倭舞・巫女舞を社外の諸社に伝習した時代背景と意義を探ろうとするものである。

第一節　大山阿夫利神社に伝習された『倭舞歌譜』

春日社社伝の倭舞・巫神楽の伝習は明治八年（一八七五）より始められたが、伝習の完了までには明治一五年（一八八二）の七年を要した。春日社に倭舞を伝習した冨田光美は、同家に所蔵されてきた歌譜を諸社への伝習本として明治三年（一八七〇）『やまとまひ歌譜』を著した（［史料1A］）。この歌譜は神主舞歌として「梅枝」「真榊」「常世」「計歌」の五首、諸司舞歌を九首と神前儀式用の祭事舞歌「幣歌」「御餞歌」「御酒歌」「立歌」「直会歌」「志多良歌」六種一〇首で構成され、これをもとに冨田は倭舞を諸社へ伝習した。明治九年（一八七六）一一月冨田光美が大山阿夫利神社へ伝習した歌譜の内容が永田衡吉の調査による大山の『倭舞歌譜』・第一帖摘録である（［史料1B］）。春日社と大山阿夫利神社とを対比した相違が以下の点である。

①歌譜の採否

『やまとまひ歌譜』（［史料1A］）に採録されて大山『倭舞歌譜』（［史料1B］）にない歌譜（［＊印］）が「常世」「三歌又歌」「幣歌又歌」「志多良歌」の四首に対して、大山「倭舞歌譜」に採録され『やまとまひ歌譜』にない歌譜（［＊印］）は「音取」「進歌（二歌）」「榊酒歌」の四首である。

②配列の違い

『やまとまひ歌譜』が「神主舞」「諸司舞」「祭事舞」の配列に対して、大山の『倭舞歌譜』は、最初に「音取」・「進歌」・「榊酒歌」を置き、「祭事舞」・「倭舞歌」・「六位倭舞歌」の配列で、『やまとまひ歌譜』の「神主舞」と「祭事舞」とが「諸司舞」を挟んで前後で入れ替わる違いである。

『やまとまひ歌舞』諸司舞の第五歌末尾「つかへまつらむ」が、大山『倭舞歌譜』では「かなであそばむ」に変化する例のように、他の表現は、かな・漢字の用い方や区切り方の相違はあるが、歌詞の内容は同じである。

以上、春日社の歌譜と大山の歌譜とは、諸司舞を挟んで春日社の神主舞と祭事舞が前後入れ替わっているのが顕著な相違である。

同じく春日社社伝の巫女舞神楽として冨田光美は、明治七年（一八七四）『藤のしなひ』を著した。この歌譜は、「発題」四首、「前段一組」五首、「中段一組」五首、「後段一組」五首の三段で、各段は「初の歌」「白拍子歌」「中

［史料1A］　倭舞歌譜比較　春日社『やまとまひ歌譜』（註（5）書七二〜七五頁）

神主舞
梅枝　野もやまも　ゆきはふれるを　神がきにのみひとはな　うめはさけり
真榊　みかさやま　しげるたかねの　まさか木を　なかとりもちて　われぞまはまし
又　三かさやま　みねのまさかき　をりかざし　よろづよまでも　つかへまつらむ
＊常世　あぐらゐの　かみの手もち　ひく琴に（以下略）
計歌　ひとふたみよ　いつむゆなゝやこゝのたり　もゝちよろづ
諸司舞
一歌　とほつおやに習ひはべるかあそぶ子らうたならひふえふくこたがこばるらむ
二歌　志ろがねや　こがねのうめがはな咲や　神のとのとも　ひらかざらむや
三歌　かすがやま　松のひゞびきも　やすみしゝ　きみがちとせを　なほよばふらし
＊又　志もとゆふ　かつらぎ山に　ふるゆきの　まなくときなく　おもほゆるかな
四歌　みやびとの　おほよすがらに　いざとほし　ゆきのよろしもおほよすがらに
五歌　みやびとの　させる榊を　われさして　よろづよまでに　つかへまつらむ
六歌　みやびとの　こしにさしたる　榊をば　われとりもちて　よろづよやへむ
七歌　そらみつ　やまとの国は　かみがらし　たふとくあるらし　此舞みらば
八歌　ふちも瀬も　きよくさやけし　はかたがは　ちとせをまちて　すめる川かも
祭事舞
幣歌　みてぐらに　ならましものを　すめ神の　みてにとられて　なづさはるべく
＊又　みてぐらは　わがにはあらず　あめにます　とよをか姫の　みやのみてぐらに
御饌歌　みかま木を　いはひとりきて　かしぎやに　とよみけかしぐ　おともとゞろに
又　みかのはらに　みてならべたる　とよみけの　とよかしぐ　おとはかみもとゞに
御酒歌　このみきは　わがみきならず　やまとなる　おほものぬしのかみしみきなり
又　さかどのは　ひろしまひろし　みかこしの　わがてなりとぞ　志かつげなくに
立歌　いざたちなむ　をしのかもとり　むづまさらば　とみぞまさらむ
又　すめ神は　よきひまつれば　あすよりは　あけのころもを　褻ころもにせむ
直会歌　あはれ　あなおもしろ　あなたぬし　あなさやけ於介
＊志多良歌　志だらうてと…おびにやせむたかのをにせむ

［史料1B］　倭舞歌譜比較　大山阿夫利神社『倭舞歌譜』（註（1）書五二七〜五三二頁）

＊音取　しきしまの　大和の国の
＊進歌　［男歌］あなにやしえおとこを［女歌］おとめらに男たちそひ
＊槲酒歌　けふもまた　みつの槲の盃を…よひらで
祭事舞
立歌　いざたちなむ…と同詞
幣歌　みてぐらに…と同詞
御饌歌　みかま木をいはひ…と同詞　又歌同詞
御酒歌　このみきは…大物主の…と同詞、又歌
直会歌　あはれ…と同詞
開扉歌　すめ神は…春日社「立歌」又歌と同詞
倭舞歌
一歌　とほつおやに…と同詞　［志都歌］
二歌　白がねや…と同詞　［梅枝］
三歌　かすがやま…と同詞　［真榊］
四歌　みやびとの…と同詞　［宮人］
五歌　宮人の……かなであそばむ　［宮人］
六歌　みやびとの　こしに…と同詞　［宮人］
七歌　そらみつ…と同詞　［山跡］
八歌　ふちも瀬も…と同詞
六位倭舞歌
一歌　野もやまも…と同詞
二歌　みかさやま　しげる…と同詞
三歌　三かさやま　みねの…と同詞
四歌　ひとふたみよ…春日社「計歌」と同詞

の歌」「末の歌」からなり、冒頭の「舞の初にまをす歌」、末尾の「舞はててまをす詞」で括られている（［史料2A］）。ただし、前段一組に「乱拍子歌」が、中段一組に「加拍子歌」が組み込まれている。明治九年に伝えられた大山阿夫利神社の『巫女舞歌譜』（［史料2B］）は、前段・中段・後段の三段で各段ごとに「舞の初詞」で始まり各段は「初の歌」・「白拍子歌」・「中の歌」・「末の歌」の歌譜で「舞終てゝまをす歌」で閉じる構成である。

整理すると両者の相違点は以下の五点である。

①歌譜の採否

大山阿夫利神社の「歌譜」にあって、春日社の歌譜にないのは「計歌」一歌のみであり、他は同歌となっている。

②配列の違い

春日社歌譜「初題」のうち、「一の歌　若宮」が大山の前段一組より前へ、「二の歌　めずらしな」が大山歌譜の中段一組の前へ、「三の歌　神のます」「四の歌　まつらるゝ」が大山歌譜の後一段の前に移動している。前・中・後段は、舞の初めと終わりの「まをす詞」で括られている。

③歌譜の相違

両社の歌譜の相違は次の二か所に見ることができる。

(i)春日社「発題二の歌」「…神もうれしと。みまさゞらめや」と大山「初題二の歌」「…かみもうれしと。しのばざらめや」との部分

(ii)春日社「後段一組末の歌」「…こもれる千代ハ。君のミぞみむ」と大山「後段一組末の歌」「…こもれる千代ハ。きみぞかぞへむ」との部分

④繰返しの違い

［史料2A］巫女舞歌譜比較　春日社『巫女舞歌譜』（註（6）書七二～七五頁）

舞の初にまをす詞
此のやをとめは　たがやをとめぞ　ちハやふる　神のみまへにたつや　はなのやをとめ
初題四首
一の歌　若宮の　みかげうつろふ　ますかゞミ　くもりあらせで　かへりみたまへ
二の歌　めずらしな　けふのかふらの　やをとめを　神もうれしと　みまさゞらめや
三の歌　神のます　かすがはらに　たつや八処女　やをとめは　わがやをとめは　か
ミのやをとめ
四の歌　まつらるゝ　神のおまへの　やをとめも　はなもひもとく　かすがやまかな
前段一組
初の歌　きミがよの　ひさしかるべき　ためしには　神もうゑけむ　すみよしの
まつ　ヤレすミよしのまつヤレ
白拍子歌　かすが山　いはねのまつは　いはねども　千年をみどりの　いろにしり
乱拍子歌　みののあらしは　おとせねど　万歳のひゞきは　みゝにミつ
中の歌　ミかさやま　おひそふ松のえだごとに　たえずもきみが　さかゆべきかな
ヤレさかゆべきかな　さかゆべきかな
末の歌　色かへぬ　まつと竹との　まつとたけとの　まつとたけとの　するのよに
いづれひさしとや　いづれひさしとや　君のミぞみむ　きみのミぞみむ
いづれひさしとや　いづれひさしとや　きみのミぞみむ　君のミぞみむ
君のミぞみむ
中段一組
初の歌　千代までと　君をいのれば　みかさやま　ミねにもおなじ　こゑきこゆ
なり　ヤレこゑきこゆなりヤレ
白拍子歌　松はいはひの　ためしにひかるゝ　かすがのみねの　ひめこまつ　やち

［史料2B］巫女舞歌譜比較　大山阿夫利神社『巫女舞歌譜』（註（1）書五二七～五三二頁）

舞の初にまをす詞
やをとめは　たがやをとめぞ…と同詞
初題
一の歌　若宮の…と同詞
前段一組
初の歌　きみがよの…と同詞
白拍子歌　かすが山…と同歌
中の歌　みかさやま…と同詞
末の歌　色かへぬ…と同詞
祝歌　春日社歌譜末尾の祝歌千歳や…と同詞
舞終てゝまをす詞　春日社末歌と同詞
＊計歌　ひとふたみよ…春日社『やまとまひ歌譜』計歌と同詞
舞の初にまをす詞
春日社舞初歌「このやをとめは」と同詞
初題
二の歌　めずら…しのばらざめ…と同詞
中段一組
初の歌　千代までと…と同詞
白拍子歌　松はいはひの…と同詞
春日社中段中の歌　つるのこの…と同詞
春日社中段末の歌　みや人の…と同詞

よのたまつばき　いはぬきがはに　すむつる　ながゐのうらに　あそぶ亀
中の歌　つるのこの　また鶴の子の　やしはごの　そだゝむ世まで　君はましませ
ヤレきみはましませ　きみはましませ
末の歌　みや人の　みやびとの　すれる衣に　すれるころもに　すれる衣に　すれるころ
もに
加拍子歌　ゆふだすき　かけてこゝろをや　心をや　たれによすらむ　たれによすらむ
よすらん　かけてこゝろをや　かけてこゝろをや　かけてこゝろをや　こゝろをや
たれによすらむ　誰によすらむ
後段一組
初の歌　万代の　まつのをやまの　かげしげミ　きみをぞいのる　ときはかきはに
ヤレ常盤かきはにヤレ
まつらるゝ四の歌と同詞
白拍子歌　神明ところに　ましばせば　一切諸願もよしなし　万民うれへなけれバ
諫皷もおきて　なにかせむ
中の歌　わがやどの　ちよの川竹ふしとほミ　さもゆくすゑの　はるかなるかな　ヤレ
はるかなるかな　ヤレはるかなるかな　ヤレはるかなるかな　ヤレはるかなるかな
末の歌　うゑてみる　殖てミる　まがきのたけ　籬のたけの　籬のたけの　籬のたけの
籬のたけの　ふしごとに　いやこもれるちよは　いやこもれるちよは　きミのみぞ
ミむぞみむ　ぞみむ　いやこもれる千代は　君のミぞみむ　君のミぞみむ　君のミ
ぞみむ君のミぞみむ
祝言　千歳や　ちとせのせんざいや　ゆろづよの万ざいや
舞はてゝまをす舞
み神楽こそ　めでたうおぼしめせ　いのちながう何事も　おもふ所願を　かなへさせたまへ

加拍子歌　春日社加拍子歌と同詞
祝歌　春日社歌譜末尾の祝歌と同詞
舞終てゝまをす詞
春日社末歌「み神楽こそ」と同詞
舞の初にまをす詞
春日社舞初歌「このやをとめは」と同詞
初題
三の歌　春日社初題三　神のますと同詞
四の歌　春日社初題四　まつらるゝと同詞
後一段
初の歌　万代の‥‥と同詞
白拍子歌　神明ところに‥‥と同詞
中の歌　わがやどの‥‥と同詞
末の歌　うゑてみる‥‥きみぞかぞへむ
きみぞかぞへむ　きみぞかぞへむと同詞
祝歌　千歳や‥‥と同詞
舞終てゝまをす詞
み神楽こそ‥‥と同詞

春日社「中段一組　加拍子」の「…かけてこゝろをや」、「後段一組　中の歌」「…ヤレはるかなるかな」、「後段一組　末の歌」「…君のミぞみむ」が大山の同歌の歌詞に対しいずれも回数が多い。

⑤一字違いの歌譜

春日社「発題四の歌」「…はなもひもとく」が大山の「後段一組」「…はなもひめとく」（歌譜略）、

春日社「中段一組　白拍子」「…ためしにひかるゝ」が大山の「中段一組　白拍子」「…ためしに。ひかるゝハ」

（歌譜略）

などの差異がある。

このように春日社の歌譜「発題四歌」が大山の歌譜の前段・中段・後段の冒頭に分けられて挿入されているのが顕著な違いである。[10]

第二節　『倭舞歌譜』の奥書

大山阿夫利神社に伝存する『倭舞歌譜』第一帖・第二帖にはそれぞれ以下の「奥書」の存在が知られている。[11]

［史料3］第一帖（『倭舞歌譜』）の奥書

右歌曲延喜撰譜也、以梅枝、真榊、宮人、閑歌等為本体唱之、凡此歌者諸社神司等専業之諸司官人、亦当神事奉仕之而歴喪乱之世、遂失其伝矣、偶存吾家者実可謂琨山之片玉、祭祀之宝曲者也　右歌笛譜

明治九年十一月、冨田光美書写

明治十六年六月　謹写之、権田一作

［史料4］第二帖（『巫女舞歌譜』）の奥書

保安三年　三月　春日神宮改正之譜也
元和二年十二月　御巫槇子写
明治五年十一月　奏進
明治六年十一月　伝習被差許
同　十年三月　冨田光美書写
同十六年六月　謹写之、権田一作

［史料3］［史料4］から、冨田光美は、明治六年（一八七三）に春日社神楽舞歌譜の伝習を許された。冨田は、この神楽舞歌譜を大山阿夫利神社へ伝習するため、明治九年（一八七六）に春日社『やまとまひ歌譜』を、翌年に春日社『藤のしなひ』を書写し、明治一六年（一八八三）、『倭舞歌譜』・『巫女舞歌譜』を権田一作が謹んで書写したと解される。権田一作は権田直助の孫である。

また『倭舞歌譜』第二帖の奥書「元和二年十二月　御巫槇子写」の表記から、永田衡吉は「冨田家に元和二年（一六一六）に写しの原本が伝存されていることは明らかで、両舞の歴史と実際を検討する重要資料である」と指摘した。

本田安次は、春日社に伝存する巫女舞諸伝本の検討から、「元和二年十二月　御巫槇子写」と奥書された、かすが御子・冨田槇子が書写した「春日社神楽歌」本が春日社にあり、これを「元和神楽歌本」と呼び、春日社の社伝神楽に関する現存最古の奥書を持つ極めて貴重な史料と指摘した(12)。また、大山阿夫利神社の『倭舞歌譜』第二帖の奥書「保安三年三月　春日神宮改正之譜也」の表記から本田は、永田衡吉と同様の認識に立ち、保安本がすでに存在していて、槇子本はそれによったものではなかったかとの見解を示し、大山本が「天下の孤本」と表現した。さらに「春日の八乙女舞歌」の中で本田は、この保安本は、じつは、大山阿夫利神社に伝習された『倭舞歌譜』第二帖であることを検証した。

冨田家は、今日途絶し、その写本の原本の所在は不明のままである。

岩田勝は、岡本彰夫の「春日社伝神楽が、その伝統の正しさと舞振の美しさの故を以て、明治の神仏分離を始めとする神道国教化政策上、欠くべからざる神道祭祀の厳修という課題において、国策の一環として、伝習が奨励されたという事実」を基本的に了解し、その「神楽伝習の立役者」として各地の名社へ次々に伝習した冨田光美夫妻の努力を高く評価するとした上で、冨田光美が伝えた春日社の神楽歌本の再検討をすべきと指摘した。(13)

岩田勝は春日若宮社における神楽始行時期と冨田槇子の「かすかの御子」を次のように疑問視した。

①日若宮社の巫女舞始行時期

『やまかづら』奥書と『藤のしなひ』後書

「若宮には保安三年三月十四日よりはじまりける」

「春日社神楽歌」(春日文書楽第三三号) 奥書

「右当家伝来の歌なり所望にまかせ舞女へ伝へおくところ外へ見せましくものなり　元和二年十二月十五日

かすかの御子　冨田槇子」

これらの表記によれば春日若宮社の巫女舞が保安三年(一一二二)から始まり、元和二年(一六一六)一二月に冨田槇子が「その巫女舞」の譜を写したように受け取られるが、寛文三年(一六六三)春日大宮社で本格的な御神楽の執行に当たる「濫觴記」(14)の「一御神楽始　保安三年三月十四日始而執行之」から、冨田光美の錯覚か特別な意図かによって春日若宮社の巫女舞始行時期に錯誤がある。

②「春日社神楽歌」奥書にある冨田槇子の肩書表記

この神楽歌本奥書に記載された「春日社神楽歌」の日付表記、「かすかの御子」の「冨田槇子」、「当家伝来の歌」の点について岩田は、疑念があり、本田安次・岡本彰夫がともに引用した金刀比羅宮所蔵『八少女神楽入門名簿』所収「大和国春日神社八少女神楽伝統」の記載文「又寛永十七年延英ノ記ニ、預中臣殖栗連家冨田延実妻槇子、神楽ノ道ニ通暁シ、音節ヲ明メタリ、今社ニ伝フル所、皆槇子ノ末葉ナリト見エタリ」に対しても、『寛永十七年ノ記』が春日大社に現存しないため、槇子筆とされる神楽譜には根本的な検討が必要としている。(15)

第三節　春日社秘伝の倭舞・巫女舞が初めて金刀比羅宮へ伝習

一般に各神社の神楽舞や歌譜は社内に秘匿され継承されるが、春日社の倭舞・巫女舞は神仏分離令後の明治元年（一八六八）一一月金刀比羅宮へ伝習され、春日社の神楽舞が社外に伝わる魁となった。

金刀比羅宮は象頭山金比羅大権現として庶民の信仰を集めていたが、神仏分離以後は、琴平山は象頭山に、権現号を金刀比羅宮と称え、金光院法印宥常は復飾し、琴陵宥常《ことおかひろつね》と改名して一山の神道化を図った。復飾した琴陵宥常が明治元年八月に京都の冨田光美から倭舞の伝習を受け、一一月にはさらに冨田光美から大和舞を、多忠誠から俳優舞と音曲の相伝を受けた。また、神社祭祀の作法が翌明治二年（一八六九）一月に神祇伯白川家の古川躬行から指導された。(16) 冨田光美は「倭舞伝習ノ式」中の「倭舞冨田家相伝乃統」冨田家系図第一六代延俊の注釈で「所望ニマカセ諸国大小神社祭式ニ用候様仕度明治元年十月神祇省へ上申願書ニ御付級（普及か）大和国風ノ四字相除キ神代俳優舞ト可称候事」と冨田家相伝の倭舞・巫女舞を「神代俳優舞」と称え、この時、諸社へ伝習しようとする意図があった。

この時、春日社から金刀比羅宮に伝習された倭舞と巫女舞の歌譜を伝存史料から対比してみる。明治三年（一八七〇）冨田光美が著した『やまとまひ歌譜』と金刀比羅宮の『大和舞歌譜』との対比が［史料1A］［史料4］、春日社『巫女舞歌譜』と金刀比羅宮の『八乙女舞歌譜』との対比が［史料4］［史料5］[17]で、両者の倭舞歌譜の特徴は以下の三点である。

①歌譜の採否

春日社にあって金刀比羅宮にない歌譜（「＊印」）は諸司舞「三歌別歌」・「幣歌別歌」・「御饌歌別歌」・「御酒歌別歌」・「立歌別歌」の五歌に対して、金刀比羅宮にあって春日社にない歌譜（「＊印」）は諸司舞「音取」・「進歌」・「御酒歌」・「解斎歌」の四歌である。

②配列の違い

春日社の「立歌」が金刀比羅宮の諸司舞に移動している以外は、春日社と金刀比羅宮との配列はまったく同じである。

③歌譜の相違

ひらがなと漢字の差は別にして歌譜は同じ内容である。

全体として春日社と金刀比羅宮の歌譜は、金刀比羅宮の諸司舞「音取」「進歌」「立歌」の三歌が最初に挿入された他は、同じ内容である。

次に、明治七年（一八七四）冨田光美が著した巫女舞の歌譜『藤のしなひ』と金刀比羅宮に伝習された巫女舞歌

［史料1A］　倭舞歌歌譜比較　春日社『やまとまひ歌譜』

神主舞歌

梅枝　野もやまも　ゆきはふれるを　神がきにのみひとはな　うめはさけり
真榊　みかさやま　しげるたかねの　まさか木を　なかとりもちて　われぞまはまし
又　三かさやま　みねのまさかき　をりかざし　よろづよまでも　つかへまつらむ
計歌　ひとふたみよ　いつむゆなゝやこゝのたり　もゝちよろづ　＊計歌の前に常世

諸司舞歌

一歌　とほつおやに習ひはべるかあそぶ子らうたならひふえふくこたがこばるらむ
二歌　志ろがねや　こがねのうめがはな咲や　神のとのとも　ひらかざらむや
三歌　かすがやま　松のひゞびきも　やすみしゝ　きみがちとせを　なほよばふらし
＊又　志もとゆふ　かつらぎ山に　ふるゆきの　まなくときなく　おもほゆるかな
四歌　みやびとの　おほよすがらに　いざとほし　ゆきのよろしもおほよすがらに
五歌　みやびとの　させる榊を　われさして　よろづよまでに　つかへまつらむ
六歌　みやびとの　こしにさしたる　榊をば　われとりもちて　よろづよやへむ
七歌　そらみつ　やまとの国は　かみがらし　たふとくあるらし　此舞みらば
八歌　ふちも瀬も　きよくさやけし　はかたがは　ちとせをまちて　すめる川かも
幣歌　みてぐらに　ならましものを　すめ神の　みてにとられて　なづさはるべく
＊又　みてぐらは　わがにはあらず　あめにます　とよをか姫の　みやのみてぐらに
御饌歌　みかま木を　いはひとりきて　かしぎやに　とよみけかしぐ　おともとゞろに
＊又　みかのはらに　みてならべたる　とよみけの　とよかしぐ　おとはかみもとゞに
御酒歌　このみきは　わがみきならず　やまとなる　おほものぬしのかみしみきなり
＊又　＊さかどのは　ひろしまひろし　みかこしの　わがてなりとそ　志かつげなくに
立歌　いざたちなむ　をしのかもとり　むづまさらば　とみぞまさらむ
＊又　すめ神は　よきひまつれば　あすよりは　あけのころもを　褻ころもにせむ
直会歌　あはれ　あなおもしろ　あなたぬし　あなさやけ於介　＊次に志多良歌（略）

［史料4］　倭舞歌歌譜比較　金刀比羅宮『大和舞歌譜』

神主舞歌

梅枝　のもやまも…と同詞
真榊　とことはに　しげる以下…と同詞
又　かみやまの　みねのまさかき以下…同詞
計歌　ひと　ふた　み　よ　いつ【以下同詞】

諸司舞歌

＊音取　＊しきしまの　やまとのくにの
＊進歌　あなにやし　えおとめらを　あなにやし
立歌　春日社立歌「いざたたなむ」と同詞
舞歌　倭舞歌
一歌　とほつおやに…と同詞　［遠津祖］
二歌　白がねや…と同詞　［白銀］
三歌　＊かすがやま…と同詞　［松の響］
四歌　みやびとの…と同詞　［大終宵］
五歌　宮人の…かなであそばむ　［挿世留榊］
六歌　みやびとの…と同詞　［腰迩挿志太留］
七歌　そらみつ…と同詞　［虚見津］
八歌　ふちも瀬も…と同詞　［淵毛瀬毛］
御饌歌　みかま木を…と同詞　［御釜木］
＊御酒歌　このみきはわがにはあらず［酒の歌］
大和奈須　このみきは…と同詞　［大和奈須］
御幣歌　みてぐらにならましものを　と同詞
＊解斎歌　こゐたかくまつりのはて…　＊次に直会
志多良歌　志だらうてと　ならひ【以下略】

譜（金刀比羅宮ではこれを八乙女舞と白拍子舞とからなる「諸舞」と称している）とを比較したものが［史料2A］［史料4］で、両者の特徴は以下の五点である。

①巫女舞歌譜の採否

金刀比羅宮「諸舞」最初の「進歌」「立歌」は、春日社にはないが、この二歌を除き、他全ての歌譜は共通している。

②配列の違い

春日社と金刀比羅宮との歌譜の配列は大きく異なる。

春日社の「発題」「前段一組」「中段一組」「後段一組」の順番に対して、金刀比羅宮は、第一項「諸舞　八乙女舞」の「進歌」「立歌」「祝歌」に「鈴舞歌（春日社の「舞の初にまをす詞」）」が挟まれ、以下、初段・中段・後段が並び、第二項「白拍子舞」に春日社の「乱拍子」・「中の歌」がそれぞれ「初段歌」「中段歌」「後段歌」に編入され、最後に第三項として「宮風歌」が置かれている。

③歌譜表現の相違

春日社の歌譜に対して金刀比羅宮の歌譜は傍線部分のように金刀比羅宮に即した歌譜表現となっている。

春日社		金刀比羅宮
「発題」一の歌「若宮の　みかげうつろふ…」	→	「諸舞」初段の一の歌「於ほかみの　みかげうつろふ…」
「発題」二の歌「…うれしと　みまさゞらめや」	→	「諸舞」中段の二の歌「…うれしと　しのばざらめや」
「発題」三の歌「神のます　かすがのはらに」	→	「諸舞」初段後段歌「かみのます　ことひらやま」
「前段一組」白拍子歌「かすが山　いはねのまつは」	→	「白拍子舞」初段「かみやまは　いはねのまつは」

［史料2A］ 巫女舞歌譜比較 春日社「神楽歌譜」

発題 舞の初にまをす詞

此のやをとめは たがやをとめぞ ちハやふる 神のみまへにたつや はなのやをとめ

一の歌 若宮の みかげうつろふ ますかゞミ くもりあらせで かへりみたまへ

二の歌 めずらしな けふのかふらの やをとめを 神もうれしと みまさゞらめや

三の歌 神のます かすがはらに たつや八処女 やをとめは わがやをとめは

かミのやをとめ

四の歌 まつらるゝ 神のおまへの やをとめもはなもひもとくかすがやまかな

前段一組

初の歌 きミがよの ひさしかるべき ためしには 神もうゑけむ すみよしのまつ

ヤレすミよしのまつヤレ

白拍子歌 かすが山 いはねのまつは いはねども 千年をみどりの いろにしり

乱拍子歌 みねのあらしは おとせねど 万歳のひゞきは みゝにミつ

中の歌 ミかさやま おひそふ松のえだごとに たえずもきみが さかゆべきかな

ヤレさかゆべきかな さかゆべきかな

末の歌 色かへぬ まつと竹との まつとたけとの まつとたけとの するのよに

いづれひさしとや いづれひさしとや 君のミぞみむ きみのミぞみむ

いづれひさしとや いづれひさしとや きみのミぞみむ 君のミぞみむ 君の

ミぞみむ

中段一組

初の歌 千代までと 君をいのれば みかさやま ミねにもおなじ こゑきこゆなり

ヤレこゑきこゆなりヤレ

白拍子歌 松はいはひの ためしにひかるゝ かすがのみねの ひめこまつ やちよの

たまつばき いはぬきがはに すむつる ながゐのうらに あそぶ亀

［史料5］ 巫女舞歌譜比較 金刀比羅宮「八乙女舞歌譜」

第一項 諸舞 八乙女舞

＊進歌 をとめらに をとこたち…［少女］

＊立歌 すべがみは…よきひまつれば［皇神］

祝歌 春日社歌譜祝歌「せんざいや」と同詞

鈴舞歌（舞の初にまをす詞）この八乙女…同詞

初段歌

一の歌 於ほかみの…みかげうつろ…と同詞

初の歌 きみがよの…と同詞

末の歌 色かへぬ…と同詞

中段歌

二の歌 めずらしき…しのばらざれめやば

初の歌 春日社初歌ちよま…かみやまのと同

末の歌 春日社末の歌うゑてみる…同詞

後段歌

三の歌 かみのます…ことひらやまに…同詞

四の歌 まつらるる

初の歌 春日社後段初歌「よろづよの」と同詞

＊末の歌 春日社後段末歌「うゑてみる」と同詞

第二項 白拍子舞

初段歌

中の歌 春日社前段中歌と同詞

白拍子歌 春日社前段白拍子と同詞

中段歌

中の歌　つるのこの　また鶴の子の　やしはごの　そだゞむ世まで　君はましませ
ヤレきみはましませ　きみはましませ
末の歌　みや人の　みやびとの　すれる衣に　すれるころもに　すれる衣に　すれる
ころもに
加拍子歌　ゆふだすき　かけてこゝろをや　心をや　たれによすらむ　たれによすらむ
よすらん　かけてこゝろをや　かけてこゝろをや　かけてこゝろをや　こゝろを
やたれによすらむ　誰によすらむ

後段一組
初の歌　万代の　まつのをやまの　かげしげミ　きみをぞいのる　ときはかきはに
ヤレ常盤かきはにヤレ
白拍子歌　神明ところに　ましばせば　一切諸願もよしなし　万民うれへなけれバ
諌皷もおきて　なにかせむ
中の歌　わがやどの　ちよの川竹ふしとほミ　さもゆくするの　はるかなるかな
ヤレはるかなるかな　ヤレはるかなるかな　ヤレはるかなるかな　ヤレはるかなるかな
末の歌　うゑてみる　殖てミる　まがきのたけ　籬のたけの　籬のたけの　籬のたけの
籬のたけの　ふしごとに　いやこもれるちよは　いやこもれるちよは　きミのみぞ
ミむぞみむ　ぞみむ　いやこもれる千代は　君のミぞみむ　君のミぞみむ　君のミ
ぞみむ　君のミぞみむ
祝言　千歳や　ちとせのせんざいや　ゆろづよの万ざいや
舞はてゝまをす舞
み神楽こそ　めでたうおぼしめせ　いのちながう何事も　おもふ所願を　かなへさせたまへ

中の歌　つるのこの…と同詞
白拍子歌　春日社中段白拍子と同詞
後段歌
中の歌　わがやどの…と同詞
白拍子歌　しんめいここに…たのみあり…

第二項

宮風歌（大正五年に追加）
計歌　ひと　ふた　み　よ　いつ　むゆ　なな
や　ここの　たり
歌方甲尓　をづめ
歌方乙尓　おおおお
歌方甲尓　あはれ
歌方乙尓　おおおお　もも　ち　よろづ

「前段一組」中の歌「ミかさやま　おひそふ松の」→「白拍子舞」初段中歌「よろづよも　おひそふまつの」
「中段一組」初の歌「みかさやま　ミねにもおなじ」→「中段」初の歌「…かみやまの　みねにもおなじ」
「後段一組」白拍子歌「諸願もよしなし」→白拍子歌「しょがんもたのみあり」
「後段一組」末の歌「うゐてみる　君のミぞみむ」→「後段」末の歌「うゐてみる　きみぞかぞへむ」

④歌詞繰返し表現の違い

春日社　　　　　　　　　　　　　　　金刀比羅宮

「前段一組」初の歌末尾「ヤレすミよしのまつヤレ」→金刀比羅宮はない
「前段一組」末の歌中程「いづれひさしとや」二回→四回反復
「中段一組」加拍子歌の歌末「こころをや」三回→四回反復
「後段一組」中の歌「ヤレはるかなるかな」四回→五回反復
「後段一組」末の歌「君のミぞみむ」四回→「きみぞかぞへむ」五回反復

⑤歌詞一字違い

春日社　　　　　　　　　　　　　　　金刀比羅宮

「発題」二の歌「めずらしな」→「諸舞中段」二の歌「めずらしき」
「後段一組」初の歌「万代の」→「諸舞後段」初の歌「よろづよを」

以上を整理すると春日社と金刀比羅宮との顕著な違いは、

①歌譜の配列では、春日社の前段・中段・後段の「中の歌」と「白拍子」を分離して「白拍子舞」の中に「中の歌」と「白拍子の歌」を前後入れ替えたこと。

②歌譜の表現では春日社の「発題」一歌「若宮の」、「発題」三歌「かすがのはらに」、「前段一組」白拍子の歌「かすがやま」、「前段一組」中の歌「みかさやま」、「中段一組」初の歌「みかさやま」が金刀比羅宮では順に「於ほかみ」、「しのばざらめや」、「ことひらやま」、「かみやまは」、「よろづよも」、「かみやまの」、「たのみあり」、「きみぞかぞへむ」と、金刀比羅宮に固有の表現に変更しているという二点である。

他には各段の「末の歌」で繰返し回数が変更されており、冨田光美が春日社から金刀比羅宮に倭舞・巫女舞を伝習した際に差別化をはかるためにこのような改変をしたと考えられる。

ここで春日社・大山阿夫利神社・金刀比羅宮の倭舞・巫女舞の差異を整理してみる。

倭舞歌譜は、春日社と大山阿夫利神社との対比では春日社の「神主舞」が大山の「倭舞六位舞歌」へ、春日社の「幣歌」〜「直会歌」が大山の「倭舞歌」の前へ移動する相違があるのに対して、春日社と金刀比羅宮との対比では「立歌」の移動を除き同じ配列である。

巫女舞歌譜は、春日社と大山との対比では、春日社の「発題四首」が大山の前段・中段・後段に分割挿入され、「舞の初にまをす詞」と「舞はてゝまをす歌」とで初段・中段・後段を括るのに対して、大山の「舞の初舞」と「舞はてゝ申詞」は前段・中段・後段の各段で括る点が大きく異なる。これに対して春日社と金刀比羅宮との対比では、春日社の前段・中段・後段の各段が「初の歌」「白拍子の歌」「乱拍子の歌」「中の歌」「末の歌」の各歌がセットで構成されているのに対して、金刀比羅宮は「乱拍子歌」を省き、「初の歌」「末の歌」の組を第一項「八少女舞」とし、「中の歌」「白拍子の歌」の組を第二項「白拍子舞」と分割し、春日社の「発題四首」を第一項「八少女舞」に分割挿入したことが春日社と金刀比羅宮の顕著な相違である。このような違いは春日社の巫女舞を他社に伝習する時の差別化の措置と理解できる。

本田安次は、大山阿夫利神社に伝存する『倭舞歌譜』第二帖の奥書から、「保安本」が別に存在していて冨田槇子は元和二年（一六一六）にそれを写したのではないかと推論したが、冨田家の保安本もしくは原本の所在が不明で、それ以上の検証はできない。

第四節　春日社の倭舞・巫女舞を伝習した冨田家と冨田光美

冨田光美（一八三一～一八九六）は、春日社社家のうちの中臣系の一家である冨田家の第一三代目当主として幕末維新を生きた。

冨田家は古代大和の風俗舞である倭舞を伊勢より伝授を受け、一子相伝で伝承したと伝えられる。宝暦四年（一七五四）の大嘗会再興に伴う倭舞奏楽の際、冨田は宮中楽人へ伝授し、元治元年（一八六四）、公祭である春日祭旧儀再興の際に、冨田光美が家伝の倭舞を公開したとされる[18]。慶応四年（一八六八）三月の神仏分離令を受け、春日若宮社を差配していた興福寺門跡知心院・大乗院・一乗院を筆頭に、院家・学侶らは春日社への復飾を果たした。以後、春日社の神勤及び春日大宮祭・春日若宮祭は旧来神司と新神司とが合同で行い[19]、この時、古儀に倣う倭舞・巫女舞の伝習を冨田光美が行った。明治維新後の冨田光美は、「明治二年二月従三位宣下　明治三年四月大蔵省准十二等出仕　同年十月用度権大祐准席　明治四年五月諸社神官位階被止候　明治五年六月春日神社権禰宜拝命　同年十月教導職少講義拝命　明治六年九月寒川神社禰宜拝命」という経歴を持つ[20]。冨田は、春日社、禰宜を経て、大蔵省用度権大祐准席、春日神社権禰宜、教導職少講義、寒川神社禰宜となり、この時期に冨田光美は、倭舞伝習に関する著作を発行した。

明治三年（一八七〇）五月の『やまかづら』の内容は、寛延元年（一七四八）大嘗会の倭舞再興時に冨田家伝来の倭舞を「春日社倭舞傳来の事」、「冨田家蔵御饌歌古譜」（酒殿・御饌・御酒・大幣）などが「寛治七年行幸倭舞図」、明治二年（一八六九）の時の「神主和舞図」、「御巫神楽図」とともに記されている。(21)

明治三年九月『やまとまひ歌譜』の内容は、散位古川躬行・平忠秋の序文に続き、倭舞装束調度や歌の由来が付された歌譜二〇首で構成されている。(22) 古川躬行はこの両書に序文を寄せ、冨田光美の倭舞が古式に倣う舞として推薦した。

明治七年（一八七四）九月『藤のしなひ』は神宮祭主季知・権中教正本居豊頴の序文に続き、巫女舞歌一六首が巫女舞装束図・田舞歌・水谷神楽歌・再興古歌・鳥子名舞歌とともに記されている。『やまかづら』と『やまとまひ歌譜』の序文に白川家関東執役の古川躬行が寄せているのは、本居宣長が春日若宮社の神楽歌譜を『玉勝間』で評価したことが白川家・平田家の間で広く知られ、その神楽舞の伝承者が冨田光美であったことによる。

明治一六年（一八八三）三月の「倭舞伝習之式」は、倭舞伝授之式・倭舞及神楽舞相伝ノ事・神主和舞・諸司和舞・倭舞冨田家相伝之統・御巫神楽中興冨田相伝之統・諸社倭舞社伝之事・音楽始テ伝習ノ事・春日神社神楽ノ事・神楽再興ノ事など、冨田家・冨田光美による倭舞・巫女舞の再興を認め、かつ伝授、諸社への伝習など、多岐にわたる内容である。松原秀明はこの書のト書で、本書は善本と言い難く、記事の誤り、誤字、脱字も少なくなく「原本、もしくはよりよい写本の発見が望まれる」として本書を紹介している。(23) なお「倭舞伝習之式」は冨田光美が全国著名神社への伝習を終えた後の執筆である。

第五節　雅楽局設置と明治四年の太政官措置

明治元年（一八六八）一〇月の明治天皇の東幸と翌二年三月の再幸によって雅楽制度と家元制度は大転換が図られた。明治天皇が京都から東京に移ったことで、宮中行事をはじめ外国使節の謁見時や楠公祭・招魂祭（明治元年）、賢所御神楽・祈年祭・神武天皇祭の際には必ず雅楽の演奏が催されたためである。従来、京都の楽人によって京都で雅楽演奏を行われてきたものが、東京遷都により祭典の中心が移されたことから、雅楽演奏制度の解体と再編が並行して起こった。

明治三年（一八七〇）一一月、太政官内に雅楽局が東京に仮設置され、雅楽を演奏する大小伶人が置かれた(24)。同時に雅楽の伝承をしてきた琵琶道・神楽道・琴道・和琴道の各家元に対して、その相伝が停止された(25)。新たに設立された雅楽局は、

①神楽の人数は華族に限定せず熟達の者に開放し、大曲・秘曲は全て朝廷に返上する
②雅楽局の管理運営を四辻家から切り離し東京に雅楽長・助、西京に権助を設置する
③定員は大伶人一〇人、少伶人一〇人、伶生一五人とし、東西に各々配置する
④大祭・中祭・小祭ごとに勤仕人数・演奏曲数を編成する
⑤楽所では、神楽・大歌・東遊・倭歌・催馬楽・朗詠、琵琶・琴・和琴を錬磨する

などを定め、雅楽演奏体制の大編成が行われた(26)。この後、明治四年（一八七一）一月に雅楽稽古所が、同年四月には官制改革により式部寮が置かれ、伶人の職務・職制がさらに定められた。これらの再編の結果、家元制度のもと

で相伝されてきた雅楽演奏は明治政府が一元的に管理する体制に変革された。この変革は倭舞を相伝してきた冨田光美にも当然影響が及んだ。このころ冨田光美は大蔵省に出仕していたが、奈良県を通じて太政官弁官へ次の伺が出され、太政官より出された回答が以下の内容である。(27)

［史料6］

四年四月　冨田従五位倭舞相傳ノ處分

奈良県伺弁官宛

冨田従五位相伝倭舞ノ儀ハ御廃シ相成候処当人ハ勿論社家一同悲嘆別紙ノ通リ嘆願書差出申候古通冨田へ被仰付置候テ後日ノ害ニモ相成候事ニ御坐候ハ、不被為得止儀ニ御坐候得共左様ノ譯柄ニモ御坐アルマシク譬伶人ト二重ニ相成候テモ御差支ノ廉無之哉ニ奉存候間嘆願ノ通御採用相成候ハ、夫々面色艶ハシク人気モ進ンテ御祭事向行届候事故神慮ニ相叶ヒ可申儀ト奉存候已上　四年四月奈良県

冨田従五位倭舞願出タ家伝ノ称ヲ廃シ何レノ社ニ於テモ其社之伝ト可称　就テハ是迄和琴四辻家ヨリ伝受仕来候処自今被止候間舞以下一社中廣ク修練可為勝手此旨取計可致候事　但自来御下行并小忌　別紙闕

四辻家の和琴伝授を差し止め、冨田光美相伝の倭舞を春日社「一社中廣ク修練ナスベク勝手」とする特別措置が太政官より示された。この措置により冨田家が家元として相伝した倭舞は停止されたが、明治政府公認のもとに「春日社社伝」として冨田光美が社外へ伝習することが認められた。

明治四年（一八七一）一一月、大蔵省出仕を免職になった冨田光美は翌五年六月、春日社権禰宜の職に復帰し、冨田家が相伝してきた倭舞を同年一一月二七日の春日若宮祭から「春日社社伝の舞」として執行することとなった。

大山阿夫利神社の『倭舞歌譜』第二帖摘録（巫女舞）「奥書」に「明治五年十一月　奏進」とあるのは春日若宮社

で巫女舞が行われたことを指す。明治三年の雅楽演奏制度の再編措置を経た太政官公認の「公的」な伝習ということができる。このように冨田家相伝の倭舞が「春日社伝」神楽として明治政府の公認のもとに春日社社伝の神楽舞が諸社へ伝習された[28]。

第六節　教部省による伝統芸能の統制と雅楽・神楽の伝習解禁

明治元年（一八六八）以来、神祇・祭祀等を所管してきた神祇官は役割を終え、明治四年（一八七一）三月神祇省、さらに翌年には教部省へと組織替えされた。この教部省は神道・仏教及び国民教化を専ら管轄する中央官庁となり、皇室祭祀や儀式は式部寮に移された。教部省の職務は「教部省職務並びに事務章程」に定められ、神仏各派の教義内容、教則、社寺廃立などを管理するほかキリスト教解禁・女人結界禁止などを国内の宗教政策を一元的に統括した。中でも明治五年（一八七二）四月「三条教則」（敬神愛国・天理人道・皇上奉戴朝旨遵守）を定め、大教宣布の浸透を図るため大・中・小教院を通じて神仏合同布教運動による国民教化の大運動が展開されることとなった。

その一方で教部省は、大教宣布と「三条教則」の徹底のために、「人心風俗を乱す」と見なされる芸能を、国民教化を阻害するとして広範囲に統制する措置をとった[29]。

［史料7］

雅楽ヲ始都テ管弦舞曲ヲ以テ渡世致シ候者、以来左ノ条々取締可相立見込。

一　歌曲唄本古作新製ニ不拘、芝居仕組等ニ至ルマテ都テ風俗ヲ敗リ倫理ヲ乱リ候類、斟酌適宜ニ相改可申事。

一　時々被仰出之御布告筋幷地方ノ諸規則、教部省御旨意柄ノ趣等厚ク遵奉致シ、従来制外者等ト唱居候悪弊ヲ一洗シ、不作法不撿束ノ儀有之間敷候事。
一　淫泆放蕩ノ甚敷ニ流レ、奢靡醜猥ノ風習ヲ世上ニ染播致シ候儀堅ク相慎ミ、身分相応行誼相慎正路ニ渡世可相営事。
右渡世向ノ者共、毎藝何レモ其仲間内ニ於テ重立候者相選ヒ申出候ハヽ、右取締申付、時々呼出シ、達方相受、御旨意柄諸規則筋等仲間一統へ通徹方行届候様可致事。
右之通見込相立此段相伺候也
壬申四月　御用掛　江藤副議長・福羽教部大輔・嵯峨教部卿
正院御中

この他、教部省は社寺の宗教活動や民間宗教者の活動を厳しく統制する施策をとった。明治六年（一八七三）一月には梓巫・市子らの祈禱禁止(30)。「従来梓巫市子並憑祈禱狐下ケ抔ト相唱玉占口寄等之所業ヲ以テ人民ヲ眩惑セシメ候儀自今一切禁止候条於各地方官此旨相心得管内取締方厳重可相立候事」。また、明治六年八月には、黒住教・富士講・御嶽教・不動講・観音講などの神仏講の結社に対しては「教会大意」に照準して認可を下す達書を発令した(31)。


その一方で華族・旧楽人に限定されてきた神楽の伝習が、明治六年五月には一般人に対して解禁された(32)。「神楽伝習之儀従前華族及旧楽人ニ限リ候処、自今人民一般被差許候事。

但、志願之者ハ雅楽稽古所へ罷出指図ヲ可受、舞楽伝習之儀モ可為同様事」

この神楽の伝習に当たっては「雅楽稽古所規則」が設けられ(33)、戸長を通じて申請し、雅楽稽古所において稽古を積むことが条件であった。神楽伝習が一般に解禁されたとはいえ、神楽の内容いかんでもあった。

明治七年（一八七四）二月東京府下の郷神楽職惣代から、「神祇の筋をわきまえないで（神楽料）を貪るものがいるので郷神楽を取り締まる必要がある」との願書が出され、これに対して教部大輔の宍戸璣は、「其府下神社祭礼之節、於神前執行致神楽中、醜態有之趣ヲ以、別紙ノ通、警視庁ヨリ申越処、右等之所作致候向有之候テハ、大ニ敬神之本意ヲ失ヒ、其甚風教ヲモ害候次第ニ付、猥褻ニ渉リ候廉々ハ、於其府屹度御差止有之度、仍テ此段申入候也。明治七年五月二七日」[34]と回答している。あくまでも「三条教則」を逸脱しないことが、神楽伝習の条件であった。

このように、明治四年四月、太政官弁官より下された先の「冨田従五位倭舞願出タ家伝ノ称ヲ廃シ何レノ社ニ於テモ其社之伝ト可称」との達は、大教宣布運動を背景として雅楽伝習を一般人に解禁する布石とも解され「極めて特別な措置」であった。

教部省は、大教宣布をもとに「三条教則」を定め国民教化のために明治五年三月に神官・僧侶・民間宗教者を教導職に任命したが、冨田光美は同年一〇月にその教導職の「少講義」に任命されていた[35]。明治六年一月、国民教化の中央機関として芝増上寺に大教院[36]が開設され、以後、各府県に中・小教院が全国に設立されていったが、この大教院の神殿が完成した六月、冨田光美は芝増上寺・大教院において春日社伝の倭舞伝習のため上京した[37]。

冨田光美の倭舞・巫女舞は、大山阿夫利神社へ明治一五年（一八八二）一〇月、「倭舞・御巫女舞・雅楽伝習書」[38]が伝習された。本書は、全一二条で、第二条、舞楽舞は九課（倭舞・御巫女舞・倭琴・筝・唄・笛・篳篥・小皷・太鼓）三〇名、第三条は、社頭出仕人員一〇〇名で構成するというものである。その翌年、神楽料はじめ神楽執行の役割分担など全一一条「大御神楽連合取次規約簿[39]」が大山先導師九八名の連署により締結された。先導師は、慶応四年以前の大山御師で、明治六年以降、「大山先導師」に改称され、文政七年（一八二四）当時の御師書上帳「諸師職護摩取次寺印鑑写」(40)の総御師二〇九名の半数（46・5％）に相当する。

おわりに

1　冨田光美が倭舞・巫女舞を春日社から諸社へ伝習した魁は金刀比羅宮である。

金刀比羅宮へ伝習された倭舞は「大和舞」、巫女舞は「諸舞（八乙女舞・白拍子舞）」の名称で伝えられた。春日社と金刀比羅宮の倭舞歌譜はさきに対比したようにほぼ同じ内容である。冨田光美が明治九年（一八七六）に書写した大山の倭舞歌譜は、「神主舞歌譜」と「祭事舞歌譜」が「諸司舞」を間にして前後入れ替える違いはあるが、歌詞は同じであり、明治初年当時、冨田光美・冨田家が相伝していた歌譜そのものといえよう。

金刀比羅宮へ伝えられた巫女舞は「諸舞」と名を変え、春日社の一続きの巫女舞歌譜を「八乙女舞」と「白拍子舞」と区分し、「若宮」を「おほかみ」、「かすがやま」を「かみやま」など金刀比羅宮固有の歌詞に変更された。この金刀比羅宮の「諸舞」歌譜は「元和二年十二月冨田槙子書写」の春日社神楽歌に依っていることは明らかだが、大山に伝習された巫女舞歌譜と春日社神楽歌の歌譜では、春日社の「発題」が大山歌譜の前段・中段・後段の冒頭に分けて挿入する違いが最も大きい点であった。この大山阿夫利神社に伝習された「倭舞歌譜」の奥書にある「保安三年三月春日神宮改正之譜」と「御巫槙子写」との箇所から、冨田槙子が書写した親本が別に存在することを本田安次・岩田勝らから指摘された。これらの疑いは、冨田光美が、春日若宮社の巫女舞の創始を、保安三年（一一二二）三月一四日に春日大宮社で神楽が創始された同じ時期に置いたことに端を発している。春日社・大山阿夫利神社・金刀比羅宮のそれぞれの倭舞・巫女舞歌譜の対比と永田・本田・岩田らの指摘から、大山に伝習された倭舞・巫女舞歌譜は、保安三年当時の春日若宮社の歌譜をとどめていることが濃厚である。

2　春日若宮社の巫女舞始行を冨田光美が保安三年三月としている点を岩田勝は「冨田光美には、なんらかの錯覚か、特別な意図があったのではないか」としているが、(41) この指摘は冨田光美に以下のような背景があったと考えられる。

①春日祭が復活された当時、神道国教化の中で冨田光美は古儀に倣う神楽再編を要請される立場にいたこと。

近世末期、朝儀再興の一連の動きの中で賀茂祭・石清水祭に続いて慶応元年（一八六五）、春日大宮の春日祭が復興され、朝廷から楽人が近衛将監・将曹の資格で派遣された官祭としての復活であった。この前年、冨田光美は三四歳で従四位下大和守という春日大宮社の責任ある地位にあった。

②近世期、春日若宮社を支配していた大乗院・一条院らの復飾により、神仏習合時の倭舞・巫女舞を古儀に倣う祭祀に改変するため、『やまかずら』『やまとまひ歌譜』『藤のしなひ』など倭舞・巫女舞の伝習書を必要とした。

③雅楽局設置に伴う家元制度廃止により、冨田家家伝の倭舞存続を強く太政官へ願い出たこと。

東京遷都に伴い雅楽局が設置され京都・天王寺・南都の三方楽人が東京に集められ、堂上家・地下楽人の家元制度の廃止により、冨田光美は倭舞の一家相伝を差し止められた。冨田家による倭舞相伝は停止されたが、太政官の特別措置により、「春日社伝」と呼称することで冨田家・冨田光美が相伝してきた倭舞を春日社から諸国の神社に伝習することが公認された。明治五年（一八七二）一一月二七日春日若宮社への倭舞伝習はこれを受けての動きである。

明治五年十月二十日、冨田光美は教導職少講義に任命されるが、以後教部省の働きかけで大教院・中教院において、倭舞・巫女舞の諸国著名神社への伝習を開始した。他方で、教部省は、大教宣布、「三条教則」の浸透を阻害する諸芸能には厳しく統制する施策を講じていた。

3　幕末から明治前期、相模大山では、平田家国学者・舞楽者・大山御師との間で盛んな交流があり、冨田光美が伝習した倭舞・御巫女舞・雅楽は、明治一五年（一八八二）以降、元大山御師一八八名中の半数に及ぶ先導師九八名によって継承され、霊場の催事に神楽舞が演奏された。

註

（1）永田衡吉「大山阿夫利神社の神楽」神奈川県教育委員会編『神奈川県民俗芸能誌』所収、一九六六年、五一八〜五三八頁。

（2）本田安次「春日の八乙女舞歌」芸能学会編『芸能』三〇―九所収、一九八八年。

（3）財団法人春日顕彰会『春日大社社伝神楽調査報告』一九七五年。

（4）財団法人春日顕彰会『和舞・社伝神楽の伝承並びに比較調査報告書』、一九八八年。

（5）岩田勝「春日社における神楽祭祀とその組織」民俗芸能学会編集委員会編『民俗芸能研究』一三所収、一九九一年。

（6）財団法人春日顕彰会『和舞・社伝神楽の伝承並びに比較調査報告書』八五〜九二頁。

（7）前掲註（6）書、七二〜七五頁。

（8）財団法人春日顕彰会『春日大社社伝神楽調査報告』一三〜一九頁。藝能史研究会編『日本庶民文化史料集成』第一巻、神楽・舞楽所収「藤のしなひ」三一書房、一九七四年。

（9）松原秀明発表「倭舞伝習之式」『神道宗教』六四所収、一九七一年、金刀比羅宮図書館蔵。

（10）前掲註（2）本田安次論考、一四頁。

(11) 前掲註(1)永田論考、五三一頁、五三五頁。
(12) 財団法人春日顕彰会『春日大社社伝神楽調査報告』一九七五年、一三頁。
(13) 前掲註(5)一九頁。
(14) 「濫觴記」神道大系編纂委員会編『神道大系』一三、春日、一九八五年。
(15) 註(5)岩田論考、一四～一八頁。本田安次・岡本彰夫の引用は『和舞・社伝神楽の伝承並びに比較調査報告』二、一一〇頁による。これと関連する史料は冨田光美『倭舞伝習之式』中に「御神楽中興冨田相伝之統」・「神楽再興ノ事」があり、「神楽再興ノ事」では「近年衰微ニ付明治五年十一月二十七日若宮祭神楽ノ事教部省ノ許可ヲ受ケ古へ復シ行ハレケリ光美担当中モ更ナリ、妻志豆へモ大宮司水谷川忠起ヨリ今度当社神楽再興ニ付冨田家伝ノ神楽歌舞残ナク伝習致ベク、猶神楽殿へ出仕巫子教授方申付ラレタリ」と記され、巫中興元祖槇子が冨田光美の妻志豆に継がれたことを系図で示している。
(16) 金刀比羅宮社務所蔵『金毘羅庶民信仰資料集年表編』、一九八八年、四四～四五頁。
(17) [史料4][史料5]はともに『金刀比羅宮楽歌典』(正本)に依るが、この楽歌典には明治元年(一八六八)のものがなく、大正七年(一九一八)一二月琴陵光熙宮司によって改訂された歌譜によっている。御饌歌・御酒歌・御幣歌は明治元年、冨田光美より伝えられた歌譜で、祈年祭・新嘗祭・例祭時に奏楽されたことが注記されている。また、解斎歌は春日社になかったが、この改訂の時に加えられた。
(18) 岡本彰夫「冨田光美という人」四〇頁(奈良国立博物館『おん祭と春日信仰の美術』、二〇〇七年)。
(19) 辻善之助・村上専精・鷲尾順敬編『明治維新神仏分離史料』第八巻近畿編(二)(名著出版、二〇〇一年)。
御沙汰被為有候御旨趣奉敬承候、抑春日社之義ハ、自素社家禰宜之輩在之候得共、唯神前仕而巳之所役ニ有之、興福寺一派ニ於テハ、総而春日社ニ致関係、年中之神供米ヲ始、山木幷燈籠神鹿等之義ニ至ル迄、悉興福寺之差配、就中若宮祭祀之大営、薪能等之義ハ、悉興福寺一派ニ於テ差配、尤大乗院、一乗院之両門跡、相代リ別当職蒙勅許

(20) 寒川文書館「寒川神社文書一一一」。
(21) 前掲註(4)書、八五~九二頁。
(22) 前掲註(4)書、七二~七五頁。
(23) 冨田光美著「和舞伝習之式」(金刀比羅宮蔵)(松原秀明発表「倭舞伝習之式」『神道宗教』六四所収、一九七一年)。
(24) 塚原康子『明治国家と雅楽』一五、有志舎、二〇〇九年、三七頁。楽人は、雅楽を専門とする地下官人で、江戸時代は三方楽所に属していたが、雅楽局設置以降はこの旧楽人を伶人に移管した。
(25) 『太政類典』第一編四六巻九三条による。相伝停止の主な家と内容は次のようである。
①伏見宮家・菊亭家・花園家・西園寺家に対して、琵琶道伝授の停止
②綾小路家・持明院家に対しては神楽道などの伝授停止と曲所の廃止
③四辻家に対しては、神楽付物・琴道の停止と三方楽所執奏の廃止
④三方楽所の宮家・堂上家に対し、琵琶・箏・和琴・神楽道の伝授権を停止
(26) 前掲註(24)書、五五頁。
(27) 『太政類典』第一編四六巻一〇一条、国会図書館蔵。
(28) 冨田光美著「倭舞伝習之式」による諸国神社への伝習は以下の通りである。
明治四年一一月談山神社、明治五年枚岡神社、明治六年住吉神社、明治七年鹿島神宮・香取神宮、明治八年射水神社・田島神社・貫前神社・浅間神社、明治一〇年出羽三山神社・鹽竈神社、明治一一年大山阿夫利神社・筑波神社・三島神社、明治一二年熱田神社、明治一三年稲荷神社。
(29) 明治五年四月「雅楽・能狂言俗楽の教部省管轄」『日本近代思想大系　一八　芸能』二四〇頁。
(30) 「明治六年一月　教部省達第二号」(『法令全集』)。
(31) 「明治六年八月二四日　教部省達番外」。

(32)「太政官第一七五号」『太政類典』第二編五〇巻、国会図書館蔵。
(33)式部寮伺　雅楽稽古所規則書別紙之通致改正度候條此段相伺候也　五月二八日式部
伺之通　五月二九日　別紙
一神楽及ヒ舞楽以下伝習之儀雅楽稽古所へ出願候輩ハ其区戸長之添書ヲ差出サシムヘキ事
一神楽伝授（習を訂正）ノ儀ハ大伶人ニ限ルヘキ事
一舞楽以下伝授（習を訂正）ノ儀モ大伶人ニ限ルト雖トモ中少伶人補助ノ儀ハ不苦候事
一舞楽以下大曲ノ外者望ニ任セ教授致スヘキ事
一舞楽以下一技ト雖モ熟練スル者ハ其大曲相伝幷教授不苦候事
但、稽古所ニ於テ教授スルハ伶人ニ限ヘキ事
一教授幷大曲相伝ノ人員姓名月末ニ当寮へ届出ヘキ事　式部
(34)『日本近代思想大系　一八　芸能』、二五〇頁。
(35)寒川文書館「寒川神社文書一一一」。
(36)『太政類典』第二編五〇巻四六（国会図書館蔵）。
「大教院神殿建営成功ニ付本月中旬　御鎮座ノ節舞楽執行ノ儀ニ付別紙ノ通教部省ヨリ申出候右御許容相成候哉
此段相伺候也　六月二日　式部」。
(37)金刀平羅図書館蔵「八少女神楽入門名簿」の「大和国春日神社八少女神楽伝統」添書に次の内容が記されている。
明治四年一般世襲ノ職ヲ解カレタレドモ、古ヘニ定置タル神楽ノ業ハ神巫等モ能ク伝へ習ラヒテ今ニ絶ズ、
本社ニ行ハレケリ、猶明治五年十一月二十七日、春日神社宮司小（水）谷川忠起ヨリ今度当社神楽再興ニ付、
冨田家伝ノ神楽舞残ナク伝習教授方被申付、冨田光美、同静子倶ニ改正ノ事業ヲ遂ク、又明治六年九月各社
へ伝習致候様教部省ヨリ被命、大教院へ伝習ノ為ニ上東京ノ事
(38)神奈川県立文書館所蔵「手中明王太郎家史料目録」#一二四二。

（39）前掲註（38）同史料＃一二六七。

（40）神崎栄一家所蔵「坂本町別所町蓑毛　諸師職護摩取次寺印鑑写」『伊勢原市史』資料編　続大山所収、一九九四年。

（41）岩田勝、前掲註（5）書、一八頁。

第七章　能狂言・剣術と大山御師

はじめに

元禄一五年（一七〇二）五月、御師の権益をめぐる大山御師と子安村村人との争論が決着した（本文六五頁）翌年、大山御師は、紀州藩能役者の後継者、喜志又七郎から能・狂言を伝習され、以降幕末に至るまで大山能・狂言を継承した。大山の能・狂言は、永田衡吉が大山沼野家所蔵「御神事能狂言番組」を取り上げた研究により[1]、その内容が明らかになった。永田の研究は、喜志又七郎から能・狂言が大山御師に伝習されたことは明らかであるが、紀州藩能役者貴志喜太夫の後継者は不明である。本稿は、紀州藩石橋家日記『家乗』[2]を基に、伝承の経緯を検討する。

幕末期の関東の農村地域において治安の悪化が進み、富農層の心身鍛錬、農民間の自衛組織のため武芸稽古が活発化した。幕府は、関東の治安悪化を防ぐため幾つかの觸書を出し対処した。このような情勢のなかで、甲源一刀流、禅心無形流、理心流などの新流派が結成され、これら剣術流派に大山御師の関与がみられる。これら流派のうち甲源一刀流、禅心無形流に関し数馬広二は、大山御師の教線拡大と関係づけた研究を行った[3]。本章は、武蔵国における大山御師の檀家圏と広く関連づけ、剣術三流派の相違を検討する。

第一節　紀州藩能役者貴志喜太夫と喜志又七郎

神奈川県伊勢原市の権田公園に元禄一六年（一七〇三）二月、紀州家浪人喜志又七郎により大山能が伝習された墓碑が昭和三四年（一九五九）に建立されている[4]［図7-1］。碑文は次の通りである。

［史料1］貴志又七郎墓碑碑文

表面

能楽祖

喜志又七郎と大山能
大山寺六代の別当開蔵　山内融和
策として紀州家の浪人岸源次郎を
町方諸人に能の傳習を命さしむ
元禄十六年二月廿八日幕府の
允許を得て晴天九日間の神事能を
興行方大山能の元祖なり源次郎後
喜志又七郎と改む　宝永七年十日没す
仍其墓石を権田公園に移し以て後毘に伝ふ

［図7-1］　伊勢原市の権田公園に残る
喜志又七郎の墓碑

裏面

昭和三十四年十一月三日

追善能番組

能　女郎花

狂言　止動方角

大山阿夫利神社

大山能楽

大山観世乃会

開蔵は、元禄一三年（一七〇〇）五月二日、前住空弁の没後に大山寺六世別当を継いだ。「山内融和」とは、開蔵の別当就任二年後の元禄一五年二月～六月にかけて、牛王札発行や参詣者止宿権益をめぐり、大山御師と麓村百姓との間で発生した争論を指す(5)。

大山町方に能楽を伝習した岸源次郎、改名の貴志又七郎は、以下のことから、宝永七年（一七一〇）一〇月に当地で死去した紀州藩抱能役者の貴志喜太夫の子孫と考えられる。

紀州藩抱能役者の貴志喜太夫（一六六四～?）は、徳田隣忠『隣忠見聞集』所収「喜多七太夫事(6)」や同『御世話筋秘曲』所収「喜志喜太夫へ石橋御傳へ遊ばされ候品(7)」で、能役者となる経緯、獅子芸の特技、神事能一子相伝、鶴姫よりの取立などが説かれている。貴志喜太夫は、紀州藩初代藩主徳川頼宣により格別な取立や三代藩主綱教妻鶴姫の厚遇を得ていたが、元禄七年（一六九四）、喜太夫五一歳の時、師匠筋の観世太夫や綱教を欺き、大坂道頓堀の勧進能で「石橋」を演じた科で暇を下された。『隣忠見聞集』では「十四ケ所お暇と聞く。夫より江州大津に行きしと聞く。又、大山に知る人有りて先ず相模へ行き、後に大津へ引き籠りしと聞く」と記している。
和歌山大学紀州経済史文化史研究所所蔵『家乗』[8]による貴志喜太夫の上演記録は次の通りである。

［史料2］

猿楽（御能）万治三年、寛文九年五月、延宝元年八月、延宝二年六月、延宝三年一一月、延宝四年九月、延宝五年五月・九月、延宝六年九月、延宝七年六月

西岡直樹の『年中行事』所収「芸能記事一覧」[9]では、

［史料3］

藝（囃）寛文九年一一月、寛文一〇年二月、延宝二年九月、延宝三年一一月、延宝五年五月、貞享元年一月、貞享二年七月

また、土田衛「『家乗』芸能記事一覧」[10]では、

［史料4］

御能　元禄二年正月二六日、同二九日、二月五・七・一九日、元禄五年三月二二日、五月二六日、六月一一・二二日、七月二六日、九月一二・二六日

のようである。

万治三年（一六六〇）以降、貞享二年（一六八五）は紀州、元禄二年〜五年（一六八九〜一六九二）までは、江戸での上演である。貴志喜太夫は一六歳〜五〇歳の三〇年にわたり紀州藩お抱え能役者であったが、元禄七年、貴志喜太夫が大坂道頓堀の勧進能「石橋」を無断上演の科で追放となった。

『家乗』巻三では次の記載がある。

[史料5]

延宝七年　三月七日条　岳氏使于相州大山

同年三月一〇日条　岳氏帰自相州大山

『家乗』には、家臣の岳七郎兵衛と岳三次郎の二人が認められるが、三月七日条の岳氏が誰かは特定できない。大山への使者は藩主綱教が江戸詰中の記録である。また、『家乗』巻五には次の条がある。

[史料6]

元禄八年一二月一九日条　去一五日、貴志次郎兵衛見人號月俸三人料

『家乗』から、貴志喜太夫が追放される元禄一四年（一七〇一）以前に紀州藩家臣の岳氏が何らかの用向きで相州大山に四日間出向いているので、『隣忠見聞集』で触れられる貴志喜太夫は、そのつてによる動きと思われるが、喜太夫のその後の消息は不明である。『貴志川町史』(11)は喜太夫の子孫が紀州藩に再び仕えたとしている。『家乗』巻五の元禄八年（一六九五）一二月一九日条の「貴志次郎兵衛」（月俸三人料）が喜太夫の子孫で、[史料1]墓碑銘の喜志又七郎に繫がる人物と考えられる。

第二節　貴志又七郎と大山御師

[史料1]より古い喜志又七郎の墓碑が『伊勢原の金石文』(12)に記録されており、その墓碑銘が次の内容である。(13)

[史料7]

義法性尊居士

三月十日　追善能興行番組

老松　船弁慶

二千石　文立山

経政　富士太鼓

拘突　鐘の丶

三輪　葵上

連ゞゞ人

盛久　海士

当山能元祖大夫　俗名　喜志又七郎

宝永七寅秋九月十日寂

夫　喜志姓性道居士者紀甫産世踏舞家也(14)

(以下略)

舞術由白来不偶然丶丶秘曰此邦伝歳霜一百夢選夢遮莫遺風微九天(15)

文政第二竜舎　已卯春三月十日(16)

貴志又七郎が宝永七年(一七一〇)九月一〇日に大山で死去後、文政二年(一八一九)に大山御師が追善能八曲を上演し、喜志又七郎を追善したという墓碑である。新旧の墓碑は、貴志又七郎の死亡年月日は共通であるが、[史料1]は、①大山寺六世開蔵が山内融和を目的に紀州能役者岸源次郎から町方諸人に能を伝習させ、②元禄一六年(一七〇三)二月二八日から九日間、町方諸人により大山神事能を興行した、と伝えるのに対し、[史料7]は、文政二年に追善能八曲を興行したと伝える。

［史料1］の碑文「元禄十六年二月廿八日幕府の允許」に関し、大山沼野家に「御神事能狂言番組」の簿冊が家蔵されている(17)。本資料は、現在非公開であるが、永田衡吉がこの内容を『神奈川県民俗芸能誌』で紹介したので、本稿はこの論考に依って進める。元禄一六年二月二八日に上演された御神事能狂言が以下の内容である。

［史料8］

（能）

千歳　市三郎　＊（文松事後要介也）

大夫 翁　三番叟　七郎右衛門　是ハ江戸ヨリ来ル
面はこ　＊（鈴村）介太夫

大夫 高砂　＊靭負《ワタ》　＊後戸大夫 長兵衛　＊飯田 平太夫　助右衛門
＊伝左衛門《カンサキ》　＊仁大夫　佐野 小三郎　＊武 庄介

市三郎 田村　茂大夫先祖 ＊祐庵　＊武兵衛　＊平左衛門
長兵衛　＊永野 草之丞　佐藤 吉内

大夫 定家　金兵衛　＊石原 安兵衛　後実蔵坊 玄常　＊村山 半四郎
＊仁大夫　小三郎

（能）

大夫 唐船　＊奥村又三郎　唐子　千之介　＊平太夫　介兵衛
金兵衛　午蔵　＊彦太夫　＊（武）庄介

大夫 羽衣　＊（神崎）吉之丞　源介　＊桑田 楠兵衛　＊靭負
金十郎　草之丞　＊沼野 善大夫

大夫 鞍馬天狗　又三郎花三五人 ＊武兵衛　＊源田 平六　藤兵衛
＊岡田 文蔵　＊横山 利兵衛

己之介 猩々　是開蔵様弟後別家 シテ松智院　大谷五郎介弟後蔵全坊 ＊長五郎
安兵衛　＊相原 千介　半之丞

（狂言）三本柱・子盗人・朝比奈・柿山伏・花折

番組の「＊印」は、後出第八章（二一六～二一七頁）の「文政七年諸師職護摩取次寺印鑑写」で姓名が確認可能な演者である。[18]

この後、三月二五日～四月二日の間に、毎日能八曲、狂言五曲、合計能全六四曲、狂言全四五曲が上演された。能六四曲のうち五六曲のシテは喜志又七郎が勤め、大山御師への伝習が集中して行われたという。伝習対象を永田は「大山郷党」と表現しているが、延宝二年（一六七四）三月や元禄一五年八月の大山寺山法[19]ではすでに御師の活動や規範が規定されているので、これらの演者は御師またはその縁者と見る。このうち、初日と二日の演目が次である。

初日（能）翁・高砂・八島・江口・土蜘蛛・柏崎・一角仙人。

（狂言）末広がり・千鳥・乳切木・今参・舎弟。

二日（能）翁・白楽天・生田敦盛・松風・紅葉狩・かんたん・安宅・山姥。

（狂言）鍋八ぱち・入間川・昆布売・朝比奈・縄なひ。

又七のシテは宝永元年（一七〇四）五曲から宝永二年二曲へと次第に減り、弟子が次第に上達した。又七は宝永七年（一七一〇）二月二八日「翁・志賀・忠度・卒塔婆小町・松山鏡・千手・花月・大仏供養」で翁・忠度を演じたが、途中で気分が悪くなり、「千手」を市三郎が代演したという。この後、又七は九月一〇日死去した。又七没後の追善能は、以下のように挙行された。

観音寺にて正徳三年（一七一三）四月、三回忌「三輪・兼平・羽衣・舟弁慶・花かたみ・海士」上演。

御屋敷にて享保七年（一七二二）三月、十七年忌「中喰御振舞」とあり、能上演の衰退が見られる。

御下屋舗にて寛保三年（一七四三）八月、三十三年忌　能「雲林院・経政・羽衣・葵上・融」、狂言「名取川・鎌腹・ふくろふ山伏、右江戸大蔵弥五郎殿息子忠三郎指南」とあり、これが大蔵流狂言と大山能の濫觴とされる。「＊印」御師書上の初版は享保三年（一七一八）七月で、この御師書上が元禄一五年八月大山寺山法と同時期の人々である。貴志又七郎から伝習された貴志喜太夫流の能狂言は、寛保三年以降、
明和三年（一七六七）七月二六日、諏訪御遷宮、
明和九年（一七七二）八月一六日、本宮御普請の御祝儀能、
弘化五年（一八四八）三月一五日、大堂洪鐘御造営の勧進能、
のように上演され、演者の入れ替わりがあるものの、幕末までは大山御師によって継承され、近現代以降、大山先導師に受け継がれた。
次節では、幕末に発生した剣術新流派と大山御師との関与を取り上げる。

第三節　大山御師と新剣術流派

(1)　甲源一刀流・禅心無形流と大山御師

寛政八年（一七九六）当時、随筆『半日閑話』に、「武芸の免許皆伝は金次第」と風刺した落首があるが[20]、このような風潮の中、享和二年（一八〇二）五月、修行年数もわずかで未熟な武術修行者へ免許皆伝を与えることを警告する御触れが出された[21]。次いで、文化二年（一八〇五）五月、関東の悪党・無宿・博徒らの取締り・逮捕を目的とする関東取締出役が発令された[22]。

こうした状況から渡辺一郎は、剣術新流派が関東地方に興起した要因を、①離農他出による無宿・賭博の横行、②領主的支配の弱体化・共同体制の弛緩、③剣術流祖諸派による剣術技術の温存、④中世武士（北条・武田・上杉など）の帰農による武芸発達と指摘した。[23]渡辺は、剣術新流派の検討に資料『万延元年武術英名録』（以下『万延英名録』）を用いた。

『万延英名録』によると、関東剣術の諸流派二二派六三三名が存在し、門人二〇以上の流派は、多い順で柳剛流（一四九、うち武蔵九四）、北辰一刀流（一三六、うち武蔵忍五三）、神道無念流（六四、うち武蔵川越五三）、天然理心流（六四、うち武蔵四六、相模一六）、甲源一刀流（三一、うち武蔵二〇、上野一〇）、小野派一刀流（二七）、直心影流（二七）、一刀流（二六）、奥山念流（二三）の九派である。[24]これら剣術新流派の中の一つが甲源一刀流である。

埼玉県秩父郡小鹿野町小沢口に溝口派一刀流から剣術を学んだ逸見太四郎義年が明和年間（一七六四～七二）に新流派、甲源一刀流を開き、[25]門人に稽古を行ったのが耀武館である。義年は文政一一年（一八二八）九月八二歳で他界したが、生前義年は、寛政八年（一七九六）に三峰神社（同郡大滝村）へ「三峰山額門弟」を奉納した。[26]この門弟帳による門弟の出身地は、埼玉県秩父郡五六八名、比企郡一五二名、大里郡八一名、那賀郡八〇名、榛沢郡六七名、入間郡四九名、高麗郡二三名、児玉郡二〇名、群馬県黒岩村二名の総計一〇四二名で、秩父郡の門弟が最多である。この甲源一刀流の門人帳に相模大山御師二一名が記載されている。[27]その他水野村（越州）・上野村（群馬県各一名、村落不明者を含めた総計は一一〇三名である。寛政三年（一七九一）、第三代兵馬義豊は、妙見神社（三峯神社）へ門人額を奉納している。[28]

明治六年（一八七三）当時の御師檀家帳『開導記』[29]をもとに、埼玉県内八郡の甲源一刀流の出身地別に御師別檀家村数を作成したのが［表7-1］である。本表から、甲源流門人数の少ない入間郡（四九）は御師二八名・檀家保有数一八六村、高麗郡（二三）は御師一九名・一二三村に対し、門人数の多い秩父郡（五六八）は御師七名・檀家保有数六六村、比企郡（一五二）は御師一二名・檀家保有数一四八村と対照的である。これら八郡内に大山御師多数が檀家を保有したため、秩父・比企・大里・那須各郡には大山御師が甲源一刀流へ多く入門していた。また、この門人帳に載る二一名の大山御師と［表7-1］の御師姓名と一致する者は僅かである。門人帳と『開導記』の年代には七十余年の開きがあり、大山御師の教線拡大の変化や御師後継者、御師姓名の改変などによると考える。

多くの大山御師が甲源一刀流へ入門した動機は、護身用や心身鍛錬などが想定されるが、これを明かす資料を欠く。秩父郡はじめ現在の埼玉県各地に大山講が広く浸透していたことは確かである。

他方、『万延英名録』には不記載であるが、寛政一二〜文政二年（一八〇〇〜一八一九）当時、埼玉県越生町に剣術新流派の禅心無形流が存在した。

禅心無形流は、田嶋七郎左衛門源武郷が寛政一二年、埼玉県越生町で創始した剣術の流派で、この流派は武郷一代の二〇年余続いたという。この流派に甲源一刀流の大山御師二一名全員が転流している[30]。

武州入間郡越生町の春日神社に禅心無形流の奉納額があり（［図7-2］［図7-3］[31]）、その門人内訳は、越生町四六名、入間郡その他の一〇名、高麗郡三名、比企郡四名、秩父郡・大里郡・足立郡各一名、越州二名、上州・江戸・武州各一名、相模大山二一名である。数馬広二は、「武州における禅心無形流と相州大山についての一研究」において禅心無形流設立と大山御師の関係を捉え、左記のような点を明らかにした。

①禅心無形流は、甲源一刀流の逸見太四郎義年に一八年間学んだ田嶋七郎左衛門源武郷が独立し、入間郡越生町で寛政一二年（一八〇〇）に新たな剣術流派「禅心無形流」を設立した。

②門人の地域別多い順は、埼玉県入間郡越生地区四六、大山御師二一、その他入間郡一〇、比企郡四、高麗郡三、

［表7―1］　埼玉県八郡内甲源一刀流の大山御師別檀家村数

秩父郡(五六八)	66
三橋玉城	51
丸山安治	11
宮本宇之三郎	6
真下宮城	6
内海了太郎	6
5村以下2御師	

比企郡(一五二)	148
佐藤大広	47
相原秀美	32
山田仁作	26
武田水穂	14
岡部守見	10
丸山安治	9
和田八束	9
岡本安五郎	8
宮本宇之三郎	7
5村以下3御師	

大里郡(八一)	45
真理谷助三郎	29
猪股守衛	25
大木宮雄	23
小川大海	13
永野真守	10
岡部守見	6
高尾幸弓	6
5村以下7御師	

那賀郡(八〇)	13
丸山安治	10
5村以下3御師	

榛沢郡(六七)	64
吉川彦丸	31
真理谷助三郎	11
丸山安治	10
大木宮雄	8
和田喜三太	8
5村以下6御師	

入間郡(四九)	186
佐藤大広	62
神崎鋳三郎	52
浜田真佐衛	34
内海清吉	34
吉川彦丸	31
佐藤津多恵	23
大木宮雄	19
沼野一路	17
和田八束	16
小林順三	14
大木斎治郎	12
青木輝馬	12
佐藤衛三郎	11
鈴野鳴尾	7
相原武夫	7
津田茂穂	7
相原秀美	6
武田水穂	6
目黒久男	5
5村以下9御師	

高麗郡(一二三)	123
神崎銕三郎	23
佐藤津多雄	16
内海清吉	16
浜田真佐衛	16
小林重造	14
大木斎治郎	11
吉川帆澄	6
目黒久男	5
真下宮城	4
相原武夫	3
5村以下9御師	

児玉郡(一一〇)	66
高尾幸弓	22
真理谷助三郎	14
丸山安治	10
5村以下1御師	

註1　最右欄の漢数字は埼玉県内郡別甲源一刀流門人数。アラビア数字は郡別大山御師檀家合計数。
註2　2欄目以下は、埼玉県八郡別大山御師別の檀家村数。

越州二、秩父郡・大里郡・足立郡・上州・江戸・武州の六地区で各一の総計九二名である。

③大山御師二一名の全ては、甲源一刀流から離れ、禅心無形流の門人となった。大山御師の転流は、越生地区における大山御師佐藤元衛の大山講檀家が多く、田嶋武郷の分家に当たる田嶋代四郎家が大山講の世話人であった関係から両者の結びつきが強く、佐藤元英ら大山御師が大山講の拡大を図ったことにある。

④禅心無形流の門人で大山講参加者は、越生七、川越鯨井二、大里郡津田村一の総計一〇名である(32)。

大山御師が禅心無形流へ入門した理由は、このように大山御師の檀家拡張の目的によったとされる。大山御師と甲源一刀流・禅心無形流との関係は以上であるが、これとは別に天然理心流に名を連ねた大山御師がいた。

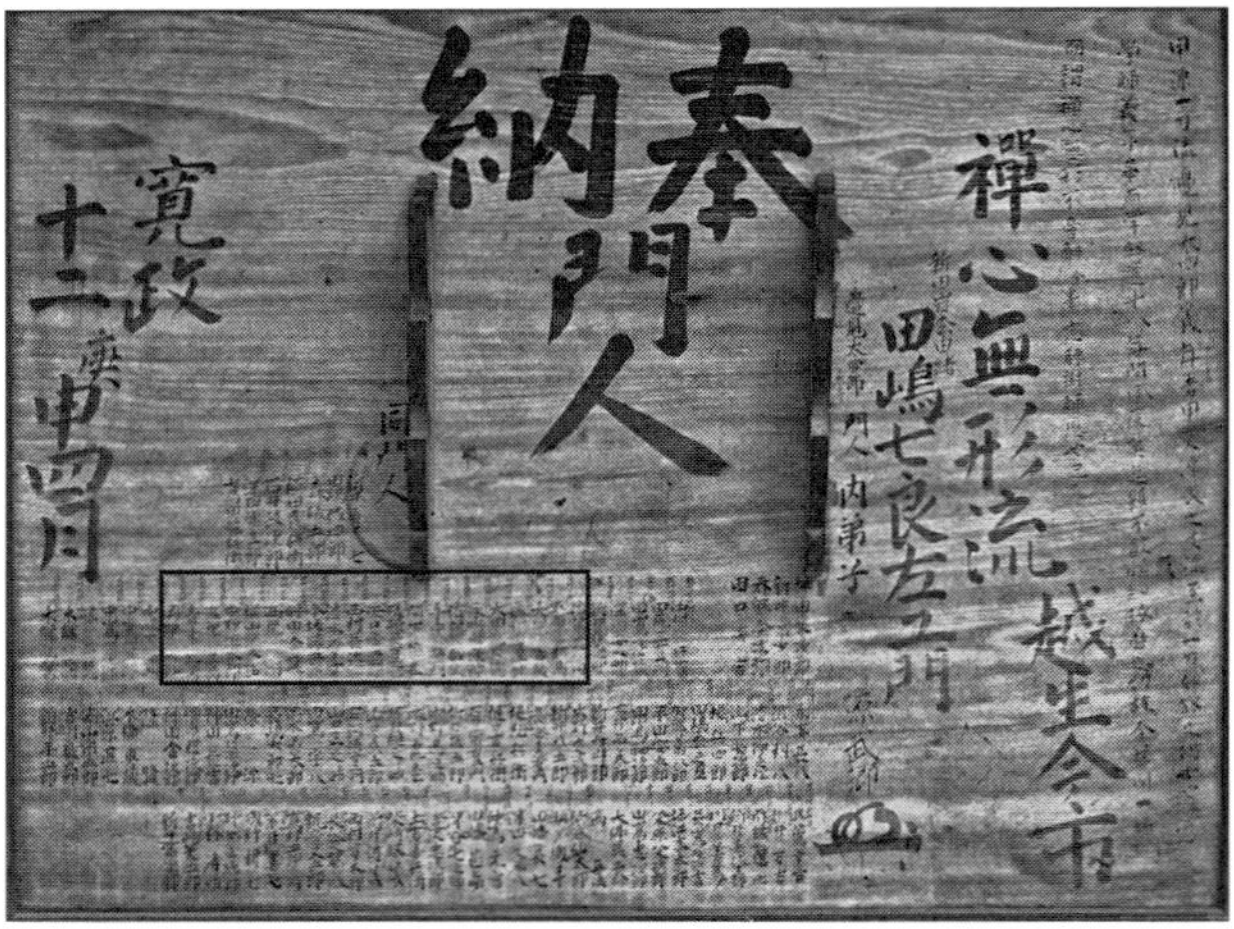

［図７－２］ 越生町春日神社奉納額（□内が大山御師）

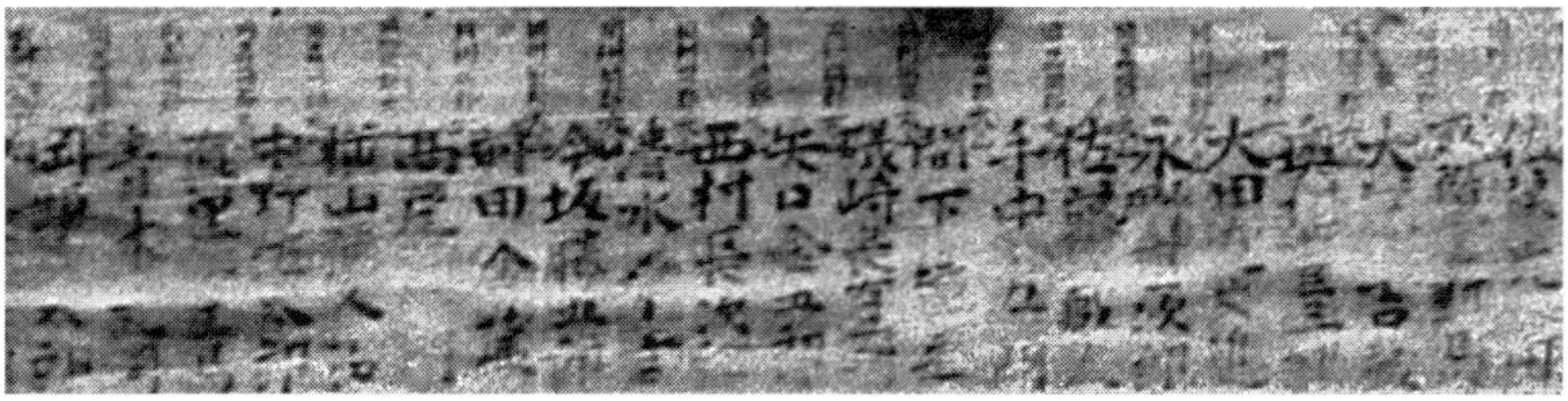

［図７－３］ 越生町春日神社奉納額（大山御師部分拡大図）

(2) 天然理心流と大山御師

天然理心流は、寛政年間（一七八九～一八〇一）に遠州国の近藤内蔵之助長が流祖となり、剣のほか柔術、棒術などを併せ教授した。剣の技法は、当世風の華美な小技を使わず、重くて太い握りの木刀を振るって、気力・気組みで敵を圧倒する、いわゆる実戦的な形剣法で「無心の心、無形の形、千変万化、臨機応変、もって理心の精妙、天然の誠気に至る」とされる。(33) 二代目は、八王子戸吹村（現八王子市）の近藤三助方昌で、八王子を中心に多摩郡、甲斐上野原、津久井郡、高座郡、日光方面に門人を有した。三代目は、多摩郡小山村（現町田市）出身の近藤周助邦武で、門人多勢に及んだ。四代目は、多摩郡上石原村出身で後に新撰組を結成した近藤勇昌宣である。(34)

『武術英名録』によると、この流派の門人は万延元年（一八六〇）甲州街道村二六名、八王子在八名、五日市在三名、府中在一の他、拝島村・青梅村・芋久保村宇喜田在・相原村・戸郷・萩田新田各一名、朔日場村四名、相州国一五名、不明二名の合計六五名である。(35) このうち、相模国大住郡の門人は大山御師の増田源之進・浜田徳太郎と子安村名主の大津元右衛門の三名が入門している。(36) 増田源之進は、下総国に一三四村、相模国に六三村、常陸国に三村総計二〇〇村の檀家を保有する。(37) 増田は下総国・相模国を中心に多数の檀家、浜田は相模国・武蔵国・伊豆国に少数の檀家を持つ。

大山御師と甲源一刀流、大山御師と天然理心流との相違は、剣術新流派の地域的影響力の差であり、禅心無形流の大山御師と天然理心流の大山御師との相違は、前者が大山講との結びつきが強いのに対し、後者は、精神鍛錬・護身用の必要性の差によると思われる。明治五年（一八七二）三月には高座郡福田村田中八幡宮に、(38) 明治一八年（一八八五）には大山寺遷仏式に合わせて明治二九年（一八九六）四月には同郡田代村勝楽寺に、(39)(40) 天然理心流の門人額が奉納され、天然理心流の影響力を今に伝える。なお、大山寺の奉納額には浜田徳太郎・増田源之進は見当たらない。

おわりに

本章を通じ以下の諸点を明らかとした。

1　御師の職分は、各自の檀那場を定め、参詣者の宿泊、牛王札の販売と霊場参詣の案内など行う一方、秋季には、檀那場の檀家に対しお札を配布し、初穂を集めることにある。大山御師は、生計を立てる畑地はなく、専ら御師の活動を生業としていたが、この他に能・狂言の上演や剣術修練が行われた。

これまで、永田衡吉の「御神事能狂言番組」の検討を通じて大山御師に伝習された能狂言が明らかにされ、紀州藩抱貴志喜太夫については、徳田隣忠の『隣忠見聞集』によって、元禄八年（一六九五）大阪道頓堀で発生した貴志喜太夫の「石橋」事件（一七七頁参照）が明らかにされてきた。これに対し本章では、紀州藩石橋家『家乗』の検討から、元禄八年一二月一九日条に貴志喜太夫の後継者と見做される貴志次郎兵衛が権田公園碑文の喜志又七郎に繋がる能役者であることを指摘した。貴志又七郎によって大山御師に伝習された能・狂言は、又七郎の三回忌、十七回忌、三十三回忌の都度や、本宮普請の御祝儀能、弘化五年（一八四四）洪鐘造営の勧進能などに上演された。

2　『万延英名録』によると、寛政年間、博徒はじめ不法者が関東に横行していたため、農民は心身鍛錬や自己防衛を目的として剣術修練を盛んに行うようになり、新たに二二の剣術の流派が発生した。甲源一刀流は、寛政八年（一七九六）「三峯山額門弟名前控帳」には門人一、一〇三名が書き上げられ、門人出身地は現埼玉県内八郡のうちの秩父郡・比企郡の二郡で七二〇名（70％）と大半を占める。この甲源一刀流に大山御師二一名が入門したのは、この八郡内に大山御師が入り込み多数の檀家を保有したためである。

また、『万延英名録』に載る天然理心流門人は総計六五名で、内訳は甲州街道村二六名、武蔵国二一名、相州国一五名、他三名である。この流派は、甲斐国・武蔵国・相模国の三国の広い地域に及んでいるが、大山御師は相模国の三名のみである。

これら流派の発生は、博徒・不法者の横行に伴い、文化二年（一八〇五）の関東取締出役設置以後、農民が護身用として剣術修練に向かった動きと捉えられる。

秩父郡をはじめ甲源一刀流の浸透地域へ大山御師二一名が入門した理由は、大山御師の檀家が競合し、護身用目的とともに檀家活動が展開されたところにある。天然理心流門人の増田耕三は檀家をおもに下総国に多数保有し、浜田徳太郎は武蔵国・相模国・伊豆国の広汎な地域の割には檀家保有少数の御師である。また、大津元右衛門は子安村名主で、これら三者は、檀家活動とは異なり、専ら護身用、心身鍛錬が入門動機と捉えられる。

3　禅心無形流門人と大山御師は、数馬論文で明らかにされたように、田嶋代四郎家と県内多数の檀家を保有する大山御師佐藤元衛との関係を利用して、禅心無形流門人拡大と大山講の拡張とが結びついた事例である。

幕末に発生した剣術三流派と大山御師とは、関東地方の世情不安を反映した点では共通するが、檀家拡張とは必ずしも一致するとはいえない。

註

（1）永田衡吉「阿夫利神社の能狂言」『神奈川県民俗芸能誌　下』所収、錦正社、一九六八年、八四五〜八五九頁。
（2）石橋生庵『紀州藩石橋家家乗』清文堂出版、一九八四年。
（3）数馬広二「武州における禅心無形流と相州大山信仰についての一研究」『武道学研究』二八―三、一九九六年。
（4）墓碑の形状は、基石を除き天地68㎝×左右60㎝である。

（5）大山寺御師惣代青木左大夫、和田宮内、佐藤玄栄、内海刑部大夫が、御師の権利である大山参詣人への牛王札販売や参詣人宿泊宿を侵犯するとして、麓村百姓の利兵衛、利左衛門、権之介を訴えた「元禄年中出入」である。『伊勢原市史』資料編　続大山所収、一九九四年、六七～七〇頁。

（6）『能楽史料』第二編、二四～三四頁、わんや書店、一九六七年。

（7）『能楽史料』第一編、四一～四四頁、わんや書店、一九七二年。

（8）前掲註（2）書、石橋生庵『家乗』清文堂、一九八四年。

（9）西岡直樹「三浦家文書『年中行事』「芸能記事一覧」『芸能史研究』九六所収、一九八七年。

（10）土田衛「『家乗』芸能記事一覧」『藝能史研究』八四所収、一九八二年。

（11）『貴志川町史』第三巻　史料編二「喜志喜太夫」八七九頁。

（12）伊勢原市教育委員会『伊勢原の金石文』第一輯、二頁、一九七二年。この翻刻と微妙に異なる翻刻が永田衡吉の「貴志又七と貴志喜太夫」『神奈川県民俗芸能誌』第六編続編八五二～八五三頁、一九六七年にある。

（13）貴志又七郎の墓碑の大きさは「丈六五、巾二六・五」とある。

（14）永田衡吉の翻刻。「夫　貴志性居士者紀南産也□瑞□舞家也」。

（15）永田衡吉の翻刻。「舞術由来不偶政書　若竹伝蔵霜一百発己夢重薫違風徹九天」。

（16）永田衡吉の翻刻。「西春三月十日」。

（17）半紙横二ツ折紙数百五十四枚。表紙表「　中央　御神事能狂言番組　両側　沼野氏　元禄十六年三月廿五日」表紙裏「当山御祭礼能初江戸表より喜志源次良又七事と中者大夫当所に参候所　開蔵法印様被御召抱　御公儀様江□□□其良より、御神事能ニ罷成候　寺務開蔵法印様　元禄拾六年辛未三月廿五日　坂本正本坊明キ屋舗ニテ勧進能興行御座候」。

（18）『伊勢原市史』資料編　続大山所収、一〇五～一一二頁、一九九四年。

（19）大藤直兄氏所蔵「延宝・元禄　御地法書」『伊勢原市史』資料編　続大山所収、一一三～一一七頁、一九九四年。

(20)「軍学皆伝惣免許、諸芸の見分むだ騒ぎ、武芸先生御役替、免許皆伝金次第」「寛政八年丙辰の頃江戸流行のもの」大田南畝『半日閑話』。『太田南畝全集』巻一、岩波書店、一九八八年。
(21)高柳眞三・石井良助編『御触書天保集成』下、五五〇一、岩波書店、一九四一年。
(22)前掲註(21)書、六二九〇「近来在方ニ浪人もの抔を留置、百姓共武藝を学ヒ、又は百姓同士相集り、稽古致候も相聞へ候、農業を妨候計ニも無之、身分をわすれ、気かさニ成行候基候得は、堅く相止可申候、勿論故なくして武藝師範致候もの抔、猥ニ村方え差置申間敷候、(中略)右之趣、村役人共常々申教へ、不作法もの無之様に心を附ケ可申候、若相背ものハ召連可訴出候　右之通可申付旨、関八州御料は御代官、私領万石以上之分ハ家来呼寄申渡、万石以下之面々えも可被達候」。
(23)渡辺一郎編著「幕末における剣術諸流派の存在形態」『幕末関東剣術英名録の研究』所収、渡辺書店、一九六七年、九頁。
(24)前掲註(23)書、三〇頁。
(25)今村嘉雄編『日本武道全集　第二巻　剣術二』四一頁、人物往来社、一九六六年。
(26)逸見知夫治家文書「三峰山額門弟名前帳」。
(27)逸見知夫治家文書「丙辰寛政八年十一月吉日　三峰山額門弟名前帳」による。大山御師の内訳は、佐藤元衛・弐階堂対馬・大藤吉蔵・奥村豊三郎・大田友之進・永野重次郎・佐藤蔵人・手中左門・間下織居・磯崎長左衛門・矢口金五郎・西村長次郎・清水宇吉・今坂勝五郎・前田金蔵・高尾弥門・横山弥久治・中野左太郎・真理谷主馬・青木元司・岡部新太郎である。
(28)酒井塩太『甲源一刀流』一九七七年、三六三〜三六五頁。
去ル寛政三年亥年、同郡小沢口甲源一刀流辺見太四郎と申者、当社え額奉納仕罷在候、然ル所右額破損仕候ニ付、同人孫兵馬と申者、此度致再興、是迄之通り奉納仕度由申出候、尤来月二日門弟。共召連、先年之通り致形額奉納仕度旨御座候間、此段御届申上候、以上

午三月二六日　　　　　　　　　　　　　　　　妙見神主　薗田筑前守

宇都木五助殿

木本祖右衛門殿

一、逸見太四郎殿孫兵馬殿、此度致被再興候額為奉納料と、金二拾五匁相被納申候（『薗田自記』）。

(29)『資料開導記』大山阿夫利神社『相模大山街道』所収、一九八七年。

(30)数馬広二「武州における禅心無形流と相州大山信仰についての一研究」『武道学研究』二八—三、一九九六年、二三〜三九頁。

(31)［図7—2］［図7—3］奉納額上段一〇人目以降二一名が大山御師である。画像は越生町教育委員会の提供による。

(32)越生：田嶋代四郎、田島宇八、森磯五郎、長谷彦右衛門、堤惣兵衛、石井政次郎、新井磯五郎　川越鯨井：瀬〆織平、田嶋長七　大里郡：田尻三右衛門。

(33)渡邉一郎『日本大百科全書』小学館、一九九四年。

(34)小島政孝「武術　天然理心流」『多摩のあゆみ』第八六、一九九七年、三三〜四三頁。

(35)真田範之介著・江川主殿輔編『武術英名録』万延元年序。

(36)『武術英名録』の相模国では、天然理心流一五名、真心影流一二名、北辰一刀流五名、小野流五名総計三七名と天然理心流が最多である。万延元年八月「武術英名録」（抄録）『厚木市史』近世資料編(3)文化文芸、九六八頁〜九七〇頁。

(37)前掲註（29）書。

(38)前掲註（36）書、『厚木市史』九七九頁。

(39)小島政孝「安井久敬と大山寺の剣術奉納額」『多摩のあゆみ』三六、一九八四年、七二〜七六頁。

(40)前掲註（36）書、九八八頁。

第二編　御師の身分

第八章　近世における相模大山御師の形成過程

はじめに

一九九〇年代末以降、それまで近世的身分の通念であった「士農工商の社会」を問い直す研究が塚田孝・高埜利彦・吉田伸之らによって展開された。近世のゐた身分・非人身分の研究を端緒に、公家・寺社を本所とする神職・陰陽師・修験・鋳物師などの研究から、都市の下層に暮らした鳶・髪結・日用・振売などを対象とする研究へ発展し、シリーズ『近世の身分的周縁』へ発展した(1)。

これら一群の研究のなかで、高埜利彦は、富士山御師駿河国駿東郡の須走御師(2)と甲斐国都留郡の川口御師(3)を事例に、御師の身分的転換の研究を発表した。高埜の研究は、富士山信仰における百姓・神職から御師に転じた者の身分を論じたが、これに対して本論は、近世初期以降、山伏・修験らの御師化、御師と寺院との身分関係とその変化について相模大山の一事例を明らかにする。

大山寺・御師に関する圭室文雄の「近世の大山信仰と御師の組織」がすでに公表されてはいるが(4)、これは山伏から御師への形成過程、大山寺との関係性の解明までには至っておらず、本章では、手中正所蔵「大山寺社稷丸裸」(5)や大山寺別当八大坊が下した山法を再構成してこれらの点を明らかにする。

第一節　妻帯・山伏の排除と御師の発生

(1)　徳川家康の掟書と山伏・修験者

天正一八年（一五九〇）、豊臣秀吉は全国制覇の総仕上げとして関八州支配をしていた小田原の北条氏を滅ぼした。その後、小田原攻めに勲功があった徳川家康により関東一円の支配が及ぶこととなった。秀吉の小田原攻め時に、大山寺山内に集住していた修験・山伏は北条氏政・氏直の戦力として参戦していた。家康は、関東支配の地歩として北条氏の戦いに加わった大山寺内の修験・山伏を排除し、大山寺別当実雄に硯学領を与えた(6)。

家康は、大山寺を古義真言宗寺院として再興するため、大住郡平塚の成事智院等覚寺出身の実雄を八大坊初代別当に就かせ、家康の掟書や高野山遍照光院の法度を相次いで発した。慶長一四年（一六〇九）八月二八日、大山寺別当八大坊に下した家康の「大山寺掟」は、次の内容の通りである。

[史料1](7)

　　　掟

一　従前不動上者、永代清僧結界之地堅可相守事

一　以前妻帯幷山伏在家居住之屋敷者、自別當八大坊清僧之分可申付事

一　十二坊ニ自前々付来諸檀那幷山林諸堂散銭等、一物無相違可為清僧進退事

右守此旨、向後偏可有佛法興隆者也

前不動は、山中の大山寺本堂・本地堂・明王堂が占める寺域入口と山下の坂本村との境に位置する寺である。この前不動より山上を清僧が専ら支配する結界の地と定め、妻帯僧・山伏・在家出家者などの立入を禁じた。それまで供僧十一か寺[8]に寄せられた檀那や山内諸堂の賽銭は全て八大坊清僧の支配として保障された。この掟により大山寺は徳川幕府の統制寺院となった。寺院に対する碩学領に関して幕府の宗教政策顧問の西笑承兌は、「学問次第で譲り渡し、一代限りでかつ碩学学問僧の再生産が期待されて付与する」と規定していた[9]。二条目の「妻帯幷山伏在家居住」については「大山寺社稷丸裸」によると、天正一九年（一五九一）当時、山中に山伏一二名、俗人四二名が居住していたとされる[10]。

同じ日、高野山遍照光院頼慶は、全七条の「大山寺諸法度」を大山寺八大坊に下した。その中の三条が次の内容である。

［史料2］[11]

一　毎月五日報恩講五問一答　十一日神明法楽講問論議　十五日鎮守法楽三問一講　二十一日報恩謝徳御影供　二十八日本尊法楽講問論議
　以上五カ日寺僧各出仕堅不可有懈怠事

一　自前不動上女人結界勿論也　然共於不動参詣之女人者自辰具至申具可許之事

一　本尊御供所之取次清僧坊之外不許可妻帯之手傳事

付　手長其他之御供若清僧之外欲取次者以誰可供之哉、堅押御供可及其沙汰、猶無承引者可拂坂本山中者也

二条目は、不動尊参詣のために午前八時より午後四時に限り女人立入を例外とした。三条目で本尊への御供所の取次は清僧に限定し、宗教的行為における妻帯・山伏の介入を厳禁した。

家康の「大山寺掟」・頼慶の「大山寺諸法度」は、大山寺坊中に集住していた旧勢力の妻帯・山伏・在家衆を排除し、大山寺を仏法興隆、学問励行の古儀真言宗寺院へ転換した。

頼慶は、同年十一月八日「改申諸法度之事」[12]を下し、正月修正の法事、正・五・九月大般若経奉納、二月神事之事、山内諸堂社散銭の進退等を清僧が勤めることを再度規定したが、この二月神事が次の規定である。

[史料3]

一　二月神事之時、近年山伏衆施儀理運ニ申懸、十二坊舎不便之儀上ニ雑掌令迷惑儀、(中略)然者山伏衆振舞可為如形、朝者惣次赤飯也、神木引終而後者木具土器一円停止也、飯膳者本膳三菜二之膳一汁菜點心一種吸物一遍酒前後五献　但、神木山伏者八木一駄鳥目一貫文可有祝儀也、此外六ケ敷儀一円不可用之(以下略)

掟書・法度類の中で、唯一、二月神事に限り結界内で山伏の関与を認めた。

(2)　幕府の統制寺院から祈禱寺院へ

大山寺の諸法度を作成した頼慶は、大寺の高野山にとどまらず東寺・醍醐寺などの支配を企図していたため、その性急な改革は、醍醐寺三宝院義演や高野山宝性院政遍らの反発を買い、慶長一五年(一六一〇)閏二月二四日、義演との公事裁決に発展し、頼慶は家康の信頼を損ない失脚し、[13]翌一六年伊豆般若院に蟄居し当地で死去した。大山寺中興一世実雄も、その五年後、元和四年(一六一八)二月二一日死去した。[14]

実雄の死後、高野山門主へ仲介した筑波山知足院光誉により実雄の弟子の実栄が同年一〇月一九日、第二世を継いだ。[15]実栄が別当八大坊に就いた二か月後の一二月七日、麓村の三之宮明神社神主の三宮信濃守が、八大坊と公事対決に及び、その結果、大山寺の神事を麓村の三宮明神社信濃守が執行する裁許を天海から得た。[16]ところが、実栄は七年後の寛永二年（一六二五）六月二四日死去し、以後八大坊別当不在のまま寛永一〇年（一六三三）まで八年間推移した。後継別当が選出されなかった原因は不詳であるが、仏法興隆・学問励行の拠点の大山寺は、西笑承兌の規定にもとり、元和元年（一六一五）の真言宗法度第五条にも抵触する事態であった(17)。

ところが、大山寺は、寛永一〇年二月の「関東真言宗古儀本末帳(18)」に「勅願寺、御朱印　一通　百石、八大坊寺領事、一通　五十七石、八大坊住持・碩学領事、一通　諸堂散銭・清僧進退事　大福山八大坊　常法談所」と書き上げられた。八年間の住職不在でありながら慶長一三年（一六〇八）に家康が発令した碩学領宛行は無効ではなかった。この末寺帳は、伊豆般若院快盛、国府津宝金剛寺秀政、箱根山金剛王院賢隆、鎌倉浄国院頼弁、手広青蓮寺、鎌倉荘厳院賢融の六か寺僧の署名があるが、大山寺別当の署名はない。この末寺帳作成直後、幕府の働きかけと思われるが、同年六月に箱根金剛王院の賢隆が大山寺三世に指名され就任した(19)。この経緯について賢隆は、仮名本大山寺縁起の「あとがき」で「寛永十年癸酉六月、家光公命二高野山両門主一糾明甚不而亦復賜二當山之寺務賢隆一固辞不ㇾ允果而去二箱根舊居一移住二大山寺一矣(20)」と大山寺別当への転出を不本意と記している。

賢隆就任後の寛永一六年（一六三九）、幕府は大山寺に対し、造営資金一万両を下賜し(21)、次いで寛永一八年（一六四一）一一月に大山寺諸堂舎が造営された(22)。この幕府資金の下賜と堂舎造営により、家康の「大山寺掟」による統制寺院から、幕府の祈禱寺院へ転化した。

(3) 大山寺と御師の初見

大山寺堂舎完成の二〇年後、寛文三年（一六六三）五月、大山寺別当第四世隆慶の代、大山寺領の地頭に対し山伏・修験・御師らが徒党を組む争論が発生した。争論の内容は不明だが、役人井河内・加々甲斐から八大坊に次のような処分が申し渡された。

[史料4][23]

相州大山寺別当八大坊と同所寺領之山伏并御師就争論申渡覚

双方令糺明処、山伏御師申立段、為指儀無之候ニ、対地頭大勢結徒党候罪科就難遁候、山伏教蔵・同駒形・同大重・同大宝・同福本幷御師吉兵衛・長右衛門・七郎右衛門・八郎右衛門・八兵衛 儀右衛門・大学、此拾二人令籠舎候事

従先年山伏於度々対八大坊及公事候間、此度八大坊寺領之内山伏共令追放候事、

藤之坊・篠之坊・繁昌坊、此三人者今度徒党之列ニ不相加候間、如本立修験道可罷有、但、向後惣領壱人ニ相譲修験道不可立別家事

一　駒形坊・同親浄慶・同弟三左衛門・角之丞　最教坊・吉兵衛、此六人大山之六里四方ニ不可罷有事

一　同所無動庵・正庵寺・大用寺、此三人寺令追放致事

この争論以前、別当二世実栄の代の元和四年（一六一八）に、年貢納入をする山伏三六坊名が坂本村に存在していた[24]。

山伏・御師らの訴えは不当として、山伏五名・御師七名は籠舎。藤之坊・篠之坊・繁昌坊を除く山伏は大山寺領から永追放、山伏の駒形坊以下六名は大山の六里四方立入禁止、無動・正庵寺・大用寺は追放とする処罰の内容である。[史料4]は大山関係の資料で御師・山伏の存在が確認できる初見である。

本節を通して、徳川家康と遍照光院頼慶の掟書や寛文三年（一六六三）発生の大山寺別当八大坊と山伏・御師との争論をみてきたが、次節では、大山寺別当が定めた山法を検討する。

第二節　大山寺山法の制定

寛文三年（一六六三）の争論は、別当八大坊が掟書・法度類以降も一定の勢力を残していた修験・山伏を大量処分したことと御師が存在したという点で注目される。この以降、御師による檀那の保有、檀那の資産化、檀那の売買の動きが活発になった。前不動下の坂本村の御師の佐藤蔵人は、寛文五年（一六六五）相模国都筑郡（横浜）、橘樹郡（川崎）付近に檀那を保有し、その当時一二村の四七〇軒を二二両、一軒当たり一九疋で売り渡し、その後もこの御師は、たびたび檀那の売買を行っている。(25)

寛文一〇年（一六七〇）四月、相模国三浦郡大津二二〇軒を一三両（一軒につき二四疋相当）

延宝三年（一六七五）一一月、西上総国峯下領旦那場四八八軒を二二両（一軒一八疋相当）

延宝五年（一六七七）八月、相模国三浦郡惣旦那場二三〇軒を六両（一軒一〇疋相当）

(1)　四世隆慶の山法

延宝二年（一六七四）三月、八大坊第四世隆慶は、御師の檀那掠奪の禁止、及び参詣者の宿泊は持分御師の有無の吟味などを課す全一〇条の山法を定めた。

[史料5](26)

師職之者其就数年之強訴遂吟味申付覚

一　他人之檀那を奪取、自分之楽となす条重科不浅候之間、往古ゟ其誡厳重也、自今以後猶以禁止置事

一　道者参詣之砌一憩信宿之競望有之時者、其仁御師有之哉否随分詮儀いたし、御師無之仁ニ明候者宿可仕各別御師有之道者ニ宿借シ候族者、為過料道者壱一人ニ付金子壱両宛其道者之御師処へ宿主幷五人組致持参可相渡、素麺蕎麦切等之店屋物商売茂右同前たる間、渥分御師之致穿鑿御師無之ニ落着之上家内へ請し入へし

一　御師無之道者ニ薪賃旅籠ニ而宿借候ハヽ、制外組御師有之否之吟味右同断

一　薪賃旅籠店屋ニ而宿借有之時、左右前後之家々門々ゟ其直段いたし、手招袂を引或者言語ニ騎詰を吐私欲を専ニ見苦敷消息、甚以比興至極一山之耻唇（ママ辱カ）ニ候之間、左様之無作法向後堅無用たるへし（以下略）

一　（祭礼時の出店・物売の場合の御師有無確認の規定。以下略）

この他には、他人檀那奪取や持分御師の吟味違反に関する罰則規定が三条目、無尽講に関しては御師の有無を問わない規定が二条目などである。この山法は、慶長一四年（一六〇九）の家康の「大山寺掟」や頼慶の「大山寺諸法度」以来、御師の行動規制する定めである。御師の成立に関する資料的文書は発見されていないが、寛文三年（一六六三）の争論の御師吉兵衛・長右衛門らの記録と延宝二年（一六七四）山法の文面から、御師の身分は、四世隆慶在任時（一六五四～一六八七）の早い時期に成立したとするのが妥当と考える。

御師が檀那場において他人御師の檀家を絶対に掠奪してはならないとするのが一条目である。この条目は、御師間の紛争を防止する基本的な定めとなる。この一条目の関連規定が、参詣者宿泊時に持分御師有無の吟味を義務づける二条目である。二条目の参詣者の持分御師有無の吟味を原則に、付随規定が三・四・五条目となっている。寛文三年以降、大山参詣が盛んになるにつれ、御師の檀家保有の利権化が進み、それに伴い参詣者の宿泊をめぐる客引きが激化し、元禄一五年（一七〇二）、再び山法が作成された。

(2) 六世開蔵の山法

隆慶の山法制定後、元禄一五年八月九日、六世開蔵は、新規に五項目の山法を定めた。一条目は、参詣時の馳走代・高宿泊賃の抑制、三条目は、不伝神道幷諸祈禱之禁止、四条目は諸商売高値の抑制規定である。次の山法は、二条目と五条目である。

[史料6][27]

一 有来り候諸祈禱之取次、弥正路ニ可相勤之事附、御供料金子壱分、旦方より遣之候節、御供軽クいたし候儀ハ不可然候、自今以後左様節者護摩料之通当番坊中へも遣之、尤御膳相備供師罷出候義依其品相頼可申事

一 他之檀那押留メ候儀、先規之通一切可為停止幷牛玉札旦方江相配候外、乞売商之儀堅可為停止事

二条目は、各地域の檀那からの諸祈願を請けた御師は、「当番」の十一供僧寺を通して大山寺へ手長御供・護摩御供を取り次ぐ仕組を「正路」と規定した。五条目は、四世隆慶の山法第二・六・七条目の再規定である。

この山法制定の直後、宝永四年(一七〇七)当時の前不動における祈禱料は次のように設定された。

[史料7][28]

護魔金百疋、神馬金百疋、御前三膳金三百疋、大般若金三両弐歩、手長供金三両弐歩、手長神楽金七両弐歩、大手長金五拾両、太々手長金七拾五両

檀那または参詣者が奉納する諸祈願祈禱料は、前不動を経由し供僧一一寺院を通じ、八大坊へ上納されたが、諸祈願祈禱の中でも手長供・手長神楽の奉納金は、いささか高額である。

この山法の成立要因を、同年二月に大山御師惣代の青木左大夫・和田宮内・佐藤玄栄・内海刑部大夫らが、坂本村に隣接した子安村百姓の利兵衛・利左衛門・権之助を奉行所に訴えた争論に求めてみる。

[史料8][29]

一　相州大山八大坊寺領師職共之儀、田地一円無御座、先規ゟ相定候旦那者不及申、其外参詣道者宿坊仕、手長御供護摩等取次仕大勢之者共渡世相送、例年神事祭礼等相勤申候、然ニ近年大山入口子安村百姓共新旅籠屋を仕立、大山道筋馬士駕籠兒等ニ内々ニ而手引を拵、師職之様ニ申なし参詣道者留［　　］ル

（中略）御吟味之上子安村者共前々通田畑濃《ママ》業相勤旅籠屋一切御停被遊、寺領之師職相立候様ニ被為仰付被下候ハヾ難有可奉存候、以上

大山御師の家屋は、前不動下の大山川河岸に沿う参詣道両側に建ち並び、後ろは山が迫る立地で田畑がない坂本村にある。したがって、檀那保有、参詣者の宿坊、大山寺への手長御供護摩取次を御師の生業としていた。ところが、近年隣接する子安村百姓が新規に旅籠屋を仕立て御師もどきの商いをしているので止めさせるよう訴え出た。訴えられた子安村百姓らは、翌三月に次のような反論を奉行所に提出した。

[史料9][30]

乍恐返答書以御訴詔申上候事

一　大山子安村之儀者、八大坊領坂本町迄入会、惣而町通廿町余之所、家員弐百五拾軒余御座候、依之先規代々ゟ旦那場所持仕御師致来候、其外之者共ハ大山参詣之道筋之町宿先規ゟ仕来、手長御供護摩之儀前々ゟ八大坊領町之者共同前ニ山上十二坊取次仕渡世送来候所ニ、坂本・別所・新町之者共［　　］思立先規古来ゟ之儀を新規之様ニ偽［　　］申掠迷惑ニ奉存候事

（中略）

一　大山子安町之者共、八大坊領ニ御師御座候而牛王札取初尾等納来候由申上候、此儀も偽ニ御［　　］又子

安町ニ而山上之牛王札等売買仕候由□子安町ニ而右之儀売買仕候者無御座候（以下略）以上

大山寺寺領には元来町数二〇町余、家数二五〇軒余あり、前々より子安村の中にも檀那を保有する御師がいて活動していた。子安村百姓は、大山寺領内で以前から手長供・護摩供を行っており、山上の一二坊に対して取り次ぐ渡世をしていた。大山御師の言い分は、まったくの迷惑である、と全面的に反論した。さらに、山上の牛王札の売買こそしてはいないが、山下では牛王札を配り初穂を納めてきたことであり、重ねて大山御師の言いがかりと強調した。[31]

子安村百姓の反論「八大坊領坂本町迄入会、惣而町通廿町余之所、家員弐百五拾軒」は家康の「大山寺掟」の安堵による。争論の対象地域は、前不動以下の坂本村・上子安村・下子安村である。御師訴状の大山入口は、新町と上子安村との境を指し、子安村百姓の反論の入会とは、寛文七年（一六六六）の洪水により新町は流地となったため上子安村の飛地と替地したことを指す。[32]これら村の石高は、坂本村七万二七〇〇石、上子安村三五万三五一三石、下子安村一六万九七六五石である。[33]坂本村御師と子安村との御師争論の背景には、大山寺領内における権益、村石高の差、替地などの事情があったと思われる。

この一件は、吟味により翌四月、子安村百姓の全面的な敗訴で決着した。開蔵の山法によって、御師の専権として百姓の介入を排除し、諸祈願祈禱を十一坊を経由して行うことを「正路」取次に規定した点で重要な山法である。これにより子安村百姓は、御師権益の剝奪、牛王札の版木は取り上げられ、大山御師の参詣人の宿泊禁止など、宗教行為が禁止された。

(3) 六世開蔵の追加山法

六世開蔵は、享保六年(一七二一)九月に山法五条を再度制定した。その一条目がその内容である。

[史料10][34]

一御師職之儀、農にあらす工にあらす商ニ而もなく誠に遊民之類にして、神仏之遺風を守り相応之祈願祝禱を勤在々所々旦那を定、参詣之節者、是を止宿せしめ或者折々牛玉札守遣シ初尾受納せしむるを以家業とす、其師檀相濫せす自他之家業相奮(ママ奪カ)ハさるを以本意とす、然に縁を求、内通を頼他之旦那を侵取んとする事理不尽之至其科不軽候、右之類者其職を召放領地之内可令追外事

御師の職分として、檀那場の祈願祝禱を請負、檀那を定め、参詣者の宿泊、牛王札守の配札、初穂の受納を家業とする規定は、近世の御師に共通した規定であるが、参詣者獲得の上で寺僧・御師の協調が不可欠な御師に対し、「遊民」と表現するのはいささか隷属視した表現である。[35]

同時期、関東地方で競合した他山における御師の身分規定を比較してみる。

駿河国駿東郡須走村の富士山御師は、延享四年(一七四七)一二月、浅間神社小野一学と須走村御師一四名とが御師の身分と権利に関する決議をし、小田原藩寺社奉行に願い出て、御師の六項目の権利を認めさせている。その内容は、①御師人数の固定、②浅間神社での神拝伝授には御師は袴・脇指を着用、③御師以外には御札を出させない、④浅間神社で神拝伝授される注連は他で用いない、⑤道者宿の大看板は御師と旧記の百姓に限定、⑥牛王宝印(護符)は御師と対談の上、売買するなどである。須走村の富士山御師は、山岳霊場で確固とした身分を小田原藩から得ている。[36]

下総国市原地区では、月山・湯殿山・羽黒山の出羽三山信仰が、宝永~享保期(一七〇四~三六)にかけて盛ん

となり、近世期を通じ、養清坊・正傳坊・神林・大江坊・西蔵坊・石井坊・勝木坊・大進坊などの八御師の檀家一万一五六六軒が書き上げられている。(37) これら八御師は羽黒山修験の一山組織では、関東地方の檀那場の道者に対して出羽三山参拝の先達、宿泊が認められた「平門前」といわれる人びとである。羽黒山は、別当宝前院が羽黒山・月山の司祭権、湯殿山の入会祭司権を持ち、清僧衆徒三二名（大先達・看坊・能林院・院代・手為・小姓頭など）、妻帯衆徒麓三六〇坊を擁する組織である。(38) 麓三六〇坊は、守札発行権と宿坊権を持つ「在庁」、檀那場を有し、末社・王子を賜り帯刀を許され格式が高い「御分」、在庁の発行した守札を持って檀廻するとともに道者の三山参詣を先達する「御師」、関東の檀那場を開拓する「平門前」（＝御師）のほか、霞場・檀那場は有しない二三四軒で構成される。(39) 下総国市原地区に檀那場を持つ平門前は、出羽三山参拝の先達、宿泊に限られた人々である。

須走村の富士山御師や出羽三山の平門前に対する身分・職分規定に対し、四世隆慶の他人檀家奪取の禁止・持分御師有無の吟味義務、六世開蔵の諸祈願祈禱における「正路取次」の制定、御師身分の「遊民」呼称など、御師に対する支配・統制の厳格さが特徴である。大山寺別当四世隆慶や六世開蔵と御師とは、他所に比して少なからぬ緊張関係にあったと考えられる。

第三節　大山寺別当・供僧寺と御師の祈禱取次

前不動以上の霊場を結界地と定め、それより山下を俗人の居住区域と定めたことは第一章で触れた。手長供は、慶長一四年の頼慶の「大山寺諸法度」、「改申諸法度之事」の中で繰り返し触れられた祈禱行為であるが、結界域や本尊への手長供の定は、妻帯・山伏・在家ら修験・山伏を僧侶の支配領域から排除する目的で下された。元禄末〜

享保期、修験・山伏が御師化するにつれ、別当八大坊の支配が浸透した。

檀那場における御師と檀那、坂本村における参詣者（檀那）と御師、前不動における御師と供僧寺院・大山寺別当の宗教的な仕組みを検討する。

(1) 大山寺門前町御師の推移

大山寺門前町は、坂本上分三町（坂本・稲荷・開山）と坂本下分三町（別所・福永・新町）の六町で構成され、大山寺の山内組織、門前町の住民、御師構成に関する資料は次の三種である。

①享保二〇年（一七三五）、高野山高室院の「相州川西檀廻帳」は、大山門前町と子安村の住民に関する書上。[40]
②天明六年（一七八六）、手中家資料「大山寺社稷丸裸」[5]は、大山寺別当支配の山内組織と御師に関する書上。
③文政七年（一八二四）、「坂本町別所町蓑毛諸師職護摩取次寺印鑑写」は、大山寺への護摩取次に関する仕組みと階層の書上（後出［表8-2］）。

①「相州川西檀廻帳」の資料では住民の構成は次のようである。

大山門前町坂本上分三町（坂本・稲荷・開山）総員二四六名
　姓名持　五四名（うち四〇名御師該当）
　名前のみ　一〇七名
　商人・職人　八五名（職人二五名、屋号有商人二九名、茶屋三一名）
大山門前町坂本下分三町（別所・福永・新町）総員一七五名
　姓名持　七九名（うち五六名が御師）

名前のみ　　五九名
商人・職人　三七名（職人一〇名、屋号有商人二七名）
元右衛門支配子安村総員七六名
姓名持　　三八名
名前のみ　三〇名
商人　　　八名
子安村総員九七名
姓名持　　八名
名前のみ　八九名

「相州川西檀廻帳」から、坂本上分三町の姓名持住民は、坂本下分三町より少数であるが、商人・職人は二倍以上の多数である。また、元右衛門支配の子安村姓名持住民数は、子安村姓名持住民数に対し五倍近く多く、商人数八名に対し子安村はゼロである。この居住者数の差異は、坂本上分三町が大山寺にもっとも近接し、坂本下分三町、元右衛門支配子安村へ下がる立地に関係するためである。

［表8−1］は、大山門前町に居住した①・②・③の書上を御師別・年代順に一覧したものである。表中の上から5・6・7・8段欄は、②「大山寺社稷丸裸」に基づく情報、スミアミ部は、天正・元和・享保・天明・文政年間に確認される御師である。護摩取次欄の記号は、後出［表8−2］大山寺の護摩取次寺印鑑に対応する記号である。

②「大山寺社稷丸裸」は、大山寺塔頭・役人・御師・役僧の書上で次の内容である。

大山寺別当　八大坊（当時御室御所支配・明王院兼帯）

［表8-1］ 大山門前町坂本上下町・蓑毛御師

坂本上分三町御師（坂本・稲荷・開山）

享保	天明	文政	御師名	天明	天正	元和	出自	護摩取次
	1	1	瀧守坊	本坊			東林坊	H
	2	2	柴田楠太夫	御師			商人	C・D
3	3	3	武栄太夫	御師			昔駒形坊	D
4	4	4	箱崎佐太夫	御師			山伏	D
5	5	5	根岸権太夫	御師			山伏	D
6	6	6	小川大膳	御師			山伏	C
7	7	7	佐藤中務	御師			元大隅・神家	D
8	8	8	佐藤大学	御師			山伏大石坊	J
9	9	9	井上内蔵助	御師			山伏	E
	10	10	浅田式部	御師			山伏正本坊	D・L
11	11	11	浅岡修理	御師			山伏	C
12	12	12	石黒大蔵	御師			石黒坊	C
13	13	13	和田仲大夫	本坊			滝之坊・大門坊	J
14	14	14	原田平陸	御師			平陸坊	K
	15	15	佐藤津太夫	御師			酒屋・新御師	H
	16		佐藤万大夫（林大夫）	御師			新御師	J
17	17	17	逸見舎人	本坊			梅本坊事寿命院	C
18	18	18	青木将監	御師			只御師	E
19	19	19	真下多宮	御師			郡太夫事・豆腐商	C
20	20	20	佐藤図書	御師			山伏	F
21	21	21	佐藤織部	御師			山伏	G・J
22	22	22	永野弾正	本坊			観行院	B
23	23	23	間下彦大夫	御師			山伏	B
24	24	24	太田菊太夫	御師			豆腐商人	F
25	25	25	佐藤蔵人（弾正）	御師			山伏	C
	26	26	真里谷主馬（源長坊）	本坊			一楽院吉祥坊	I
27	27	27	猪俣儀太夫	御師			新御師	B
28	28	28	佐藤主水	御師			山伏	D
29	29	29	村山頼母	御師			只御師・神人	K
30	30	30	下山治部太夫	御師			山伏	B
31	31	31	古宮幾太夫	御師			新方御師	B
32	32	32	佐久間宇太夫	御師			柴焼・林光坊	C・D
33	33	33	大藤玄蕃	御師			本坊・覚善坊事高松坊	F・H
34	34	34	佐藤大住	御師			山伏	C

享保	天明	文政	御師名	天明	天正	元和	出自	護摩取次
35	35	35	大木宮内	御師			山伏	G・H
	36	36	水嶋内匠	御師			山伏桜井坊孫	D
37	37	37	相原主殿	本坊			杉之坊	D
	38	38	藤之坊	本坊			亀井氏・本山修験・良弁滝支配	D
39	39	39	武蔵助之進	御師			山伏武蔵坊	C・G
	40	40	渡部伴左内	御師			山伏三学坊	H
41	41	41	新見治太夫	御師			山伏南泉坊	G
42	42	42	尾崎主計	本坊			知行院・寛永一八年免許	D・J
43	43	43	吉川領太夫	御師			山伏宝蔵坊	E
	44	44	酒屋孫右衛門	町人				G
	45	45	常歓坊	御師			山伏光明坊	B
46	46	46	久保藤内	御師			山伏沢之坊	G
47	47	47	木村播磨（友之助）	御師			山伏観正坊	F
48	48	48	津田武太夫	本坊			甚学院	I
49	49	49	神崎文内	本坊			新御師	I
50	50	50	小芦五太夫	御師			新御師	G
51	51	51	永野重太夫	本坊			満蔵坊	B
	52	52	丸山要助	本坊			貞蔵院・実蔵坊	A・B

坂本下分三町御師（別所・福永・新町）

享保	天明	文政	御師名	天明	天正	元和	出自	護摩取次
53	53	53	相原但馬	本坊			東学坊・大倹院	D
	54	54	奥村屋敷也	本坊			福寿院跡なし	G
55	55	55	目黒久太夫	本坊			西林坊・金剛院・西覚坊	J
56	56	56	奥村庄太夫	御師			商人又三郎事	G・J
57	57	57	岡本喜内	御師			なか茶屋三郎兵衛事	B
58	58	58	浜田徳太夫	御師			只御師	D
	59	59	蔵金坊	本坊			峯本坊柴本又七	B
	60	60	金泰坊	本坊			真鏡坊	D
61	61	61	大谷安之進	御師			新方御師・酒屋	E・F
	62	62	鈴野勘太夫	御師			新方御師	I
63	63	63	小川隼人	本坊			賢城坊	D・E
64	64	64	佐藤奥太夫	御師			山伏大泉坊屋敷跡に居住	B
	65	65	小林甚大夫	本坊			新御師	I
66	66	66	願成坊	本坊			城源坊孫・一山年行事役	B・G
	67	67	小笠原右京（右膳）	本坊			真蔵坊孫	D
68	68	68	逸見民部	本坊			密蔵坊孫	D

享保	天明	文政	御師名	天明	天正	元和	出自	護摩取次
69	69	69	鈴野善太夫	本坊			天岳院	B
70	70	70	神崎茂太夫	本坊			大徳院・東陽坊	B・L
	71	71	平田喜太夫	御師			元酒屋・平田屋久兵衛	B・I
72	72	72	神崎富太夫	本坊			常光坊孫	B
73	73	73	和田靭負	本坊			山本坊孫	H・I
74	74	74	石井長太夫	御師			柴焼山伏花藏坊	B
75	75	75	佐々木久太夫	本坊			山之坊孫	B
76	76	76	今坂徳之進	御師			商人みのや徳兵衛	D
77	77	77	岡田伊太夫	御師			山伏・新御師	D
	78	78	石原安太夫	御師			新御師	G
79	79	79	平田政太夫	御師			新御師	A
80	80	80	沼野掃部	御師			新御師	C・D
81	81	81	増田源之進	御師			新御師・元八大坊代官	B
82	82	82	瀧淵坊	御師			山伏・新御師	C・F
83	83	83	伊東右近	御師			商人いせ屋半助	E
	84	84	府川幸太夫	御師			柴焼山伏菊本坊	D
85	85	85	武藤左近	御師			山伏東円坊孫	H
86	86	86	山田平馬	御師				F
87	87	87	神崎半太夫	本坊			月蔵坊孫	F
88	88	88	江藤伊織	御師			松村坊	D
89	89	89	下山吉太夫	本坊			東善坊孫	C
90	90	90	村山八太夫	御師			新御師・半四郎事	C
91	91	91	和田岩太夫	御師			山伏大教坊孫	F
92	92	92	須藤尉大夫	御師			山伏柳坊之孫	E
	93	93	中村小四郎	御師			新御師・小四郎事	K
94	94	94	長野仁大夫	御師			長沢仁助	H
95	95	95	笹子嘉太夫	御師			伊勢屋半助手代	C・D
96	96	96	須藤内膳	御師			新御師	B
	97	97	和田増太夫	御師			元名主	B・G
98	98	98	善祥坊	御師			元内海祐慶・改名宮本戸大夫	E
99	99	99	新宮数馬	御師			商人橘屋	D
100	100	100	高尾左仲	本坊			悦善院孫	J
101	101	101	芝平内	本坊			大意坊孫・元塗師	E

享保	天明	文政	御師名	天明	天正	元和	出自	護摩取次
	102	102	(沖津)萬善坊	本坊			如法院孫	I
103	103	103	中山内記	御師			元中山因幡	D
104	104	104	和田金太夫	御師				A
	105	105	金子右内	御師				A
106	106	106	反田松太夫	御師			正楽院孫	A
107	107	107	内海式部	御師			名苗ふれ御師	B
108	108	108	内海三太夫	本坊			常善院・吉本坊	E
109	109	109	矢野出雲守	御師			吉田神帳ニ出雲守	E
110	110	110	大木利太夫	御師				D
111	111	111	磯部要夫	御師			新方御師	D
112	112	112	原市太夫	御師				D
113	113	113	笹之坊	本坊			本山修験	C・D
114	114	114	岡部岡太夫	本坊			秀光坊中室院	L
115	115	115	成田縫之助	本坊				C
116	116	116	飯田平太夫	御師			山伏円明坊孫	I
	117	117	横山惣太夫	御師				C
	118	118	小川監物	御師			明王太郎子孫	G
119	119	119	鈴村兵庫	御師				B
120	120	120	青木左京	御師			山伏	L

享保	天明	文政	御師名	天明	天正	元和	出自	護摩取次
121	121	121	大高斎宮	御師			大山子安分	H
122	122	122	和田主水	本坊			三光坊孫・承応二年免許	H
123	123	123	内海平大夫	御師				D
	124	124	宝泉坊	本坊			大学院	B
	125	125	高橋七朗大夫	新御師			商人素麺屋	B
	126	126	和田菅大夫	新御師				C・D
	127	127	小笠原勝之進	新御師			豆腐屋伝兵衛	G
	128	128	和田銀大夫	新街師				E
	129	129	和田杢太夫	新御師				G
	130	130	沼野多内	新御師				G
	131	131	沼野嘉内	新御師			豆腐屋弥兵衛	B
	132	132	佐藤中務	神主				D
	133	133	内海刑部大夫	神家				B
	134	134	内海兵部太夫	神家				D
		135a	山口見理					F

享保	天明	文政	御師名	天明	天正	元和	出自	護摩取次
		135 b	鹿目長太夫					L
		136 a	岩本坊					B・E
		136 b	井上清大夫					B
137		137	内海勝太夫					C・K
138		138	加藤林太夫					E
		139	内海万太夫				林太夫兼帯	J
		140	石森多内				文化九年復古	E
		141	太田紋太夫				当時太田丹後	A・D
		142	成田庄太夫				文化四年復古	A
143		143	武市之進					H
		144	村井弥太夫					A
		145	安田勘太夫					A
		146	小嶋藤太夫					J
		147	溝呂木十太夫					E
		148	草柳外記				元草柳源太夫	I
		149	三橋六太夫				別当所	A
次通御師（文政七年別所分護摩取次）								
		150	新兵衛					E
		151	喜兵衛後家					E
		152	三右衛門					F
		153	八兵衛					E

享保	天明	文政	御師名	天明	天正	元和	出自	護摩取次
		154	太治兵衛					E
		155	久右衛門					K
		156	藤右衛門					H
		157	伝左衛門					C
		158	久兵衛					B
		159	喜兵衛					F
		160	治左衛門					C・K
		161	庄治郎					B
		162	太郎右衛門					E
		163	長左衛門					J
		164	勘兵衛					F
		165	権左衛門					F
		166	重右衛門					F
		167	膳七					F
		168	戸塚孫右衛門					I・K
		169	伊兵衛					G
		170	七郎右衛門					C
		171	四郎右衛門					C
		172	石森多内					E
次通御師（文政七年坂本分護摩取次）								
		173	伊兵衛					E

享保	天明	文政	御師名	天明	天正	元和	出自	護摩取次
		174	又太郎母					C
		175	六郎兵衛					C
		176	勘兵衛					B
		177	太兵衛					F
		178	勘兵衛					I
		179	吉左衛門					E
		180	権兵衛					G
		181	又兵衛					C
		182	吉左衛門					C
		183	金左衛門後家					C
		184	八郎右衛門					B
		185	喜右衛門					B
		186	五平治					D
		187	平八郎					A
		188	内海平太夫					D
蓑毛御師（文政七年護摩取次）								
		189	金蔵坊					D
		190	大正院					D
		191	密正院					C
		192	長福院					C
		193	円鏡院					C
		194	光宝院					C
		195	車屋平兵衛					B
		196	理兵衛					F
		197	少将					B
		198	九兵衛					C
		199	六郎兵衛					B
		200	庄兵衛					B
		201	柏木九太夫					B
		202	相原藤太夫					C
		203	根岸政太夫					C
		204	杢左衛門					B
		205	理右衛門					B
		206	大満坊					B
		207	岡部甚太夫					B
		208	千代満坊					B
		209	本大坊					B
		210	源八					B
		211	太兵衛					B

坊中衆徒一一院坊（上之院・養智院・橋本坊・大覚坊・常円坊・喜楽坊・広徳院・実城坊・宝寿院・中之院・授得院）

脇坊六坊（開蔵の代取立…神力坊・長順坊・泉岳坊・祐順坊・宝光坊・光円坊）

他に、勧進僧大観（勧）進、時鐘役大部、別当・檀那寺来迎院

名主二名　中山金兵衛・和田数右衛門

以後、八大坊家来代官二名、目付二名、名主六名、年寄六名

神楽司四名（佐藤中務・内海刑部大夫・内海兵部太夫・内海式部太夫）

巫覡五名（若満坊・閼伽井坊・＊大満坊・＊浄満坊・＊本大坊、＊印は、蓑毛在住）

候人四家（祐泉坊〔御師兼帯〕・源長坊・正本坊・岩本坊）

滝守五（大滝・滝淵坊、前不動滝・滝守坊、良弁滝・藤之坊、本滝・武栄太夫、愛宕滝・願成坊）

役寺五寺（観音寺・西光寺・西岸寺、成就庵・大仙寺）

天明六年「大山寺社稷丸裸」の御師・本坊一三四名を一表にしたのが［表8-1］の「大山門前町坂本上下町御師一覧」である。享保二〇年「相州川西檀廻帳」の大山門前町坂本上分三町・同下分三町の住民をこの表と対比すると、重複住民九七名で享保二〇年から天明六年にかけて三七名の増加である。「大山寺社稷丸裸」の前書きには、修験に関する次の記載がある。

［史料11］(41)

一　三拾六坊居屋敷之義ハ免状頂戴有之候得共、下山已来者寺務八大坊江年貢相納メ申候、古来記録由緒具ニ有之候得共、一百年已前八大坊修験中出入有之及公訴、修験中一同ニ俗御師とや成申候、無是非事ニ年を歴ル者也

一　相州大山寺修験三拾六坊　ニ脇坊弐拾四坊・柴焼山伏・惣御師・新御師名前如左

5段欄は御師八五名、本坊三八名（本坊は前書の修験三六名を指すと思われる）、新御師七名、神家三名、町人一名の総計一三四名の構成である。しかし、8段欄の出自には山伏（柴焼含む）三三名が御師に転じた者や新御師（只御師・新方御師含む）二九名が注記され、天明八年書上の御師の前身が記録されている。また、商人出身者も九名いる。

6段欄のアミフセ部は、天正一九年（一五九一）書上の山伏一二坊[42]と俗名前三五名[43]及び屋敷持[44]と重なる御師で、7段欄のアミフセ部は、元和四年（一六一八）書上の三六坊と重なる御師である。

③［表8-2］「文政七年（一八二四）坂本町別所町蓑毛諸師職護摩取次寺印鑑写」は、大山寺別当が作成した姓名持御師一九名、名のみ御師三六名、蓑毛御師二一名、総計二一九名の書上である。［表8-1］の九段目の記号A〜Lは、御師全員が［表8-2］の大山別当寺・供僧十一院（B〜L）の下に、上通・中通・下通の三階層の取次回路に組織されたものである。

「相州川西檀廻帳」と「大山寺社稷丸裸」では、姓名持御師は九九名から一三四名へ三五名の増加、「大山寺社稷丸裸」と「坂本町別所町蓑毛諸師職護摩取次寺印鑑写」とでは、姓名持御師二〇名、名前のみ御師七九名で総計九九名の増加である。享保二〇年（一七三五）から文政七年比では御師総数は倍増の計算である。なお、護摩取次寺印鑑には「相州川西檀廻帳」の姓名持御師三名が含まれる。

「大山寺社稷丸裸」の御師の構成員は、元修験・本坊三八名、元山伏三三名、元商人一一名が書き上げられる。護摩取次寺印鑑では、坂本上下分では名前のみ御師三八名、蓑毛御師では院坊を名乗る御師一〇名、名のみ御師六名が書き上げられ、御師の出自は一様ではない。

［表8-2］　文政七年（一八二四）坂本町別所町蓑毛諸師職護摩取次寺印鑑写

坂本上分三町（坂本町・稲荷町・開山町）

種別	記号	寺名	上通御師	中通御師	次通御師	小計
別当	A	八大坊	＊52			1
供僧十一院	B	中之院	22・＊23・30・51・＊52・68・★136a	27・31・45・136b	158・161	13
	C	大覚坊	＊2・6・11・17・19・＊祐泉坊	12・25・＊32・＊34・＊39・＊126・137	157・160・170・171	17
	D	授得院	＊2・3・4・5・7・＊10・28・＊34・37・38・＊42・132	＊32・36・＊126		15
	E	宝寿院	9・18・101・＊136a	＊43・67・128・138	150・151・153・154・162・172	14
	F	橋本坊	20・135a	24・＊33・47	152・159・164・165・166・167・180	12
	G	常円坊	＊21・＊35	＊39・41・46・50	173	7
	H	養智院	1・＊35・成就院	15・＊33・40・＊43	156	8
	I	広徳院	26・48・49		＊168	4
	J	喜楽坊	8・13・＊21・＊42	139	163	6
	K	上之院	＊祐泉坊	14・29・137	155・160・＊168	7
	L	実城坊	＊10			1

坂本下分三町（別所町・福永町・新町）

種別	記号	寺名	上通御師	中通御師	次通御師	小計	蓑毛御師	小計	総計
別当	A	八大坊		79・104・105・106・149	187	6			7
供僧十一院	B	中之院	59・*66・69・*70・*71・72・81・96・*97・107・119・133	*23・57・64・74・75・124・*131	*62・125・184・185	23	195・197・199・200・201・204・205・206・207・208・209・210	12	48
	C	大覚坊	*80・*82・89・90・*113・115・*141・142	*95・117・144・145	174・175・181・182・183	17	191・192・193・194・198・202・203・211	8	42
	D	授得院	53・60・*63・67・68・77・*80・88・103・*113・134・*141	58・76・84・*95・99・110・111・112	123・186	22	189・190	2	39
	E	宝寿院	9・*63・98・108	*61・83・92・109・147	173・182	11			25
	F	橋本坊	*82・87	*61・86・91	177	6	196	1	19
	G	常円坊	*56・*66・*97	78・118・129・130・98	180	9			16
	H	養智院	*73・94	85・121・122・143	156	7			15
	I	広徳院	*71・*73・102・116	*62・148	178	7			11
	J	喜楽坊	55・*56	100・146・100	163	6			12
	K	上之院		93・137	155・160・*168	5			12
	L	実城坊	*70・114・120	135b		4			5

(2) 護摩取次と大山御師

前不動は、別当八大坊と供僧寺院が専ら支配する結界の境に位置し、前不動上は、清僧以外の立入禁止区域である。檀那及び霊場参詣者は、門前町の大山御師を通して供僧一一か院を経由し、別当八大坊への諸祈願・祈禱を行った[45]。その仕組みを［表8-2］「坂本町別所町蓑毛諸師職護摩取次寺印鑑写[46]」により八大坊・一一供僧寺別・御師所属階層別・坂本上下三町別に表したものである。本表は、八大坊・一一供僧寺への帰属を上通・中通・次通の三階層に設け、坂本上・下分別にされている。ただし、蓑毛御師については上中下の階層はなく一一供僧寺への所属別である。

表中の数字は、［表8-1］の御師№を八大坊・十一供僧寺院別にそれぞれに対応させた。表中の名前と坊名は、天明六年以降、新たに発生した御師である。「＊」印の御師は、供僧寺院へ重複帰属する。供僧寺院単位の取次御師は、中之院五〇、大覚坊四五、授得院四七、宝寿院一八、橋本坊一九、常円坊一九、養智院一六、広徳院一六、喜楽坊一一、上之院八、実城坊五で延合計二五四名に達する。中でも中之院・大覚坊・授得院の三供僧寺院は、多数の御師を配下にしている。

［表8-2］「坂本町別所町蓑毛諸師職護摩取次寺印鑑写」の作成年は、文政七年であるが、本史料の奥書には「享保三戊戌年七月、同十五庚申（戌カ）年正月両度改之[47]」と明記されており、この護摩取次は、享保三年（一七一八）七月当時に最初に作成され、享保一五年（一七三〇）に改訂後の作成とされる。この護摩取次の仕組みは、他人檀家の奪取を厳禁する延宝二年（一六七四）の「山法」や、諸祈禱の正路取次を定めた元禄一五年（一七〇二）八月「山法」を経て成立したもので、［表8-2］の大山寺護摩取次寺印鑑は、享保六年（一七二一）山法と一体の仕組みと考えられる。［表8-1］の「大山門前町坂本上下町・蓑毛御師」は天明六年のものであり、［表8-2］の大山寺護摩取

次寺印鑑による御師書上が古くからすでにあり、［表8-2］の御師書上は後代の情報である。享保年間からおよそ一世紀の間に御師の改廃が多くあったと推測できる。

おわりに

本章では大山寺の山法の成立過程や争論を取り上げたが、以下のような点を明らかにした。

1　慶長一四年（一六〇九）八月、徳川家康の「大山寺掟」と高野山遍照光院頼慶の「大山寺諸法度」により、結界地では清僧に仏法興隆・学問励行が義務づけられ、本尊への手長御供の取次は清僧侶の専権と定め、修験・山伏の介入も排除された。これらの掟書・法度により大山寺は、古義真言宗寺院の拠点として、幕府の統制寺院となった。しかし、頼慶や一世実乗は死去し、後継僧二世実栄も元和四年（一六一八）に死去し、以後八年間、大山寺は別当不在が続き、寛永一〇年（一六三三）六月、箱根金剛王院の賢隆が別当三世を継いだ。寛永一六年（一六三九）、大山寺造営資金一万両の下賜、同一八年（一六四一）一一月に大山寺堂舎再建によって、大山寺は、幕府の祈禱寺院になった。

別当二世実栄から三世賢隆の時期、大山寺別当支配が弛緩し、寛文三年（一六六三）、大山寺別当と山伏・御師との争論により、山伏・御師が処分されたが、その当時、檀那場の御師による檀家売買が活発化していた。

2　延宝二年（一六七四）、別当四世隆慶は、檀那場における他人檀家掠奪の禁止や参詣者の宿泊時に持分御師有無の吟味義務など、御師活動に関する山法を制定した。隆慶は承応三年（一六五四）に別当を継ぎ、［史料4］より、寛文三年当時に「御師」が存在したと考えられる。

3　六世開蔵は、元禄一五年（一七〇二）八月と享保六年（一七二一）に二種の山法を定めた。元禄一五年八月の山法は、大山寺への諸祈願・祈禱の在り方を「正路」取次と規定したこと、他人檀家の略奪厳禁を骨子とする内容である。この山法の六か月前、大山御師は、麓村の村民が、檀家保有、参詣者の宿坊、手長御供取次など御師の権利を侵害していると奉行所に訴え、麓民は反論をしたものの大山御師の訴え通りとなった。元禄一五年八月の山法制定にはこのような背景があった。

享保六年九月、開蔵は、御師職の身分を農民・職人・商人でもない「遊民」と規定する山法を制定し、同時に、御師の職分を、檀家の祈願祈禱に努め、参詣者を止宿し、折々牛玉札守を遣わし初尾を受納することを以て家業とする山法を定めた。この時の山法は縁を通じて他人檀家を強奪するような行為を厳禁する条目も併設し、祈願・祈禱を一元化する仕組みを正路取次と定め、御師の身分と職分を厳格にした。こうした山法の再三の制定には、御師の檀家奪取の活動が依然として盛んであり、御師の統制が不可避であった。

4　天明六年「大山寺社稷丸裸」は、大山寺の組織が、別当八大坊を頂点に、供僧一一院、脇坊、神楽司・巫覡、候人及び修験・山伏などの出自を付した御師一三三名で構成されることを示した。これに対し、文政七年「大山寺護摩取次寺院鑑」は大山寺の護摩供の取次を別当八大坊・供僧寺以下、上通・中通・次通の三階層に御師二一三名を組織化したことが特徴である。この二種の御師書上により、御師は大山寺に対する檀家の諸祈禱・祈願を取り次ぐ制度となった。

註

（1）　久留島浩他四名編、シリーズ近世の身分的周縁　六『身分を問い直す』吉川弘文館、二〇〇〇年。

（2）高埜利彦「移動する身分」朝尾直弘編『日本の近世』七巻所収、中央公論社、一九九二年。
（3）西田かほる「川口村における富士山御師の成立とその活動」高埜利彦監修、甲州史料調査会編『富士山御師の歴史的研究』所収、山川出版、二〇〇九年。
（4）日本山岳修験学会『山岳修験』一八、一九九六年。
（5）「天明六年丙□大山新町小川氏大山寺社稷丸裸　大山寺宮大工手中明王太郎景直花押」神奈川県立公文書館蔵、マイクロフィルム。
（6）「慶長一三年一〇月四日　大山寺実雄宛碩学相模国中郡之内小蓑毛之郷五拾七石、全可寺納、幷山林境内諸役令免許訖者、守此の旨勤学勤行等不可有怠慢者也、仍如件」貫達人編『改訂新編相州古文書』第一巻所収、角川書店、一九六五年。
（7）貫達人編『改訂新編相州古文書』第一巻八六、角川書店、一九六六年。
（8）八大坊の供僧寺院は、大覚坊・上之院・中之院・常円坊・橋本坊・宝寿院・実城坊・授得院・養智院・廣徳院・喜楽坊を指す。『大山史』石野瑛編著『相模大山縁起及文書』所収、五七頁、名著出版、一九七三年による。
（9）慶長十年十一月二十八日「碩学之衆も永代不相渡候、一世之已後者学問次第非渡儀候処可為昇進候」『西笑和尚文案』三七五号所収、思文閣出版、二〇〇七年。
（10）註（5）前掲史料中の「天正一九年辛卯御縄帳」による。これは三〇葉の簿冊である。筆者は大山宮大工の手中明王太郎景直である。手中明王太郎は、大山寺の宮大工で、伝説上は文観を初代とし大山寺との関わりが深く、宝亀四年（七七四）から昭和二三年（一九四八）に及ぶ資料が継承者の手中正氏のもとに五一一二点所蔵される。
（11）註（8）前掲史料六一頁。本寺遍照光院頼慶「大山寺諸法度事」。
（12）註（8）前掲史料六五頁。頼慶印判同文書の高札文に「一　諸堂の散銭納物等宿防（坊）取次として私に請取儀堅可停止事」「一　手長幷諸御供等たんなより請取て宿々に押置儀堅可停止事」と掲示。
（13）辻善之助『日本仏教史』第八巻近世篇二、岩波書店、一九五三年、一八八～一八九頁及び一九六～一九七頁。

(14) 「一世実雄法印元和四年二月二日没　二世実栄法印　寛永二年六月二四日没」石野瑛編『相模大山縁起及文書』所収『大山史』、名著出版、一九七三年、一二六頁。

(15) 『本光国師日記』元和二年一〇月一九日条。鈴木学術財団、一九七二年。

(16) 『舜旧記』第五　元和四年一二月七日条。『史料纂集』七所収。三宮信濃守は、坂本町・子易村に隣接する麓村の神主である（『新編相模風土記稿巻』第三巻、九八頁）。

(17) 『西笑和尚文案』三七五号。「若有二法流中絶之儀者一、不レ求他流二可レ糺自門濫觴一自由之企於在レ之者、寺領可二改易一事」（『江戸時代宗教法令集』一九二四年）。

(18) 『諸宗末寺帳』上『大日本近世史料』九所収、東京大学出版会、一九八六年。

(19) 『箱根神社大系』上、箱根神社社務所、一九三〇年、四一頁。

(20) 「当山寺務賢隆書」『相州大山寺縁起幷明王太郎来由書』三六丁、国立公文書館所蔵。

(21) 『徳川実紀』三編　寛永一六年四月七日条、『国史大系』吉川弘文館、一九三〇年。

(22) 神奈川県立公文書館所蔵。寛永一八年「大山大工棟梁手中家資料目録」資料ＩＤ13・16による。桁行・梁行の規模別では、不動明王を安置する不動堂（一二間二尺一寸×七間四尺六寸）が最大で、楼門（七間五尺×六間）、本地堂（五間四尺四方）、鐘楼堂（五間×四間）、相殿①明王・石尊・鹿島（五間×五間）、相殿②山王・熊野（四間二尺×三間五尺）、前不動（四間五尺×四間五尺）、本宮（三間一尺×四間一尺）である。これら堂舎には大山寺の名称はないが、大山信仰では、これら堂舎を包摂して大山寺と通称されている。

(23) 佐藤良次氏所蔵「寛文三年五月別当八大坊と山伏・御師争論につき申渡覚」『伊勢原市史』資料編　続大山、一九九四年。

(24) 前掲註（5）「大山寺社稷丸裸」の元和四年山伏書上は「岩之坊・西之坊・雲之坊・西林坊・城源坊・真守坊・繁昌坊・山之坊・山本坊・密蔵坊・月藏坊・新坊・賢城坊・森之坊・三光坊・守大坊・大泉坊・慈眼坊・泉光坊・光蔵坊・草円坊・東陽坊・員林坊・重泉坊・正林坊・秀光坊・常光坊・実蔵坊・教蔵坊・室之坊・東学坊・真蔵

坊・満蔵坊・正光坊・藤之坊・南蔵坊」の三六坊である。

(25) 内海正志氏所蔵「寛文五年八月檀家永代売渡証文」前掲註(23)同書。

(26) 大藤直兄氏所蔵「御地法書」前掲註(23)同書二四頁。

(27) 前掲註(26)同書二三頁。

(28) 宝永四年丁亥十一月廿三日「當山旧事抜書」手中家所蔵資料MF第一巻七〇、神奈川県立文書館所蔵。

(29) 佐藤良次氏所蔵「元禄年中出入一件宝暦二年〆出入願書追訴証拠書」前掲註(23)同書六七頁。

(30) 前掲註(29)六八頁。

(31) [史料2]「大山寺諸法度」三条目。寛政四年『大山不動霊験記』第一巻の祈禱年中行事に、護摩供は本尊前にて毎日行う定がある。

(32) 坂本村は、家数三一一軒、坂本町・稲荷町・開山町を上分三町、福永町・別所町・新町を下分三町で構成され、地元民は、村名を用いず、大山町と称したという。この坂本村の新町に隣接して上子安村家数七一軒、下子安村五一軒があった。この新町は寛文七年(一六六六)七月の洪水により、谷筋の大山川(鈴川)の氾濫により川辺の崩れ地が出来、上子安村の飛地を替地して誕生した(『新編相模風土記稿』第三巻大住郡巻五十一、雄山閣、一九九八年)。

(33) 『元禄郷帳』内閣文庫所蔵史籍叢刊、五六巻、汲古書院、一九八四年。

(34) 前掲註(26)「御地法書」。

(35) 仮名草子『清水物語』上⑭・⑮(『仮名草子集成』第二二巻所収、一九九八年、東京堂出版)では、「士農工商の、四民ハ。国の宝、なくて、かなハぬ、ものなり。そのほかに、用にも、た丶ぬものを、ゆうミん、と、申候。ゆうミんの、おほき国ハ、すいひするものにて候」と表現されている。開蔵の念頭に本書の認識があったと思われる。

(36) 高埜利彦「移動する身分―神職と百姓の間―」朝尾直弘編『日本の近世七　身分と格式』中央公論社、一九九二年、三六〇頁。

(37) 對馬郁夫「市原市の出羽三山信仰に関する研究」『市原市地方史研究』第一五号、一九八八年、八九～一一三頁。
(38) 戸川安章「一山寺院の本坊としての宝前院の機構」『出羽三山の修験道』岩田書院、二〇〇五年。
(39) 「麓三百三拾六坊跡調帳」『出羽三山修験道資料』二八三頁。
(40) 「相州川西壇廻帳」（寒川町史編集委員会『寒川町史調査報告書2（―高野山高室院資料(2)―）』一〇〇～一〇三頁、一九九三年）。この檀廻帳は、高野山高室院の使僧が相模国の檀那を廻檀した享保二〇年（一七三五）当時の姓氏名一覧である。
(41) 前掲註（5）書。
(42) 連鐘坊・吉之坊・真如坊・籠泉坊・来存坊・真光坊・吉祥坊・正玄坊・大蔵坊・成田坊・悦善坊・上泉坊。
(43) 官名一七名、姓名二名、姓のみ九名、名のみ七名。
(44) 八大坊・山之坊・上之坊・大勧進・大用寺。
(45) 『伊勢原市史』別編　社寺、一九九四年、四七〇～四八二頁。
(46) 神崎栄一氏所蔵「坂本町別所町蓑毛諸師職護摩取次寺印鑑写」前掲註（23）同書、一〇五～一一二頁。
(47) 『伊勢原市史』資料編　続大山、一一二頁。

第九章　幕末における大山御師と古川躬行

はじめに

慶応四年（一八六八）三月一七日の神祇事務局達、同月二七日の太政官布告によって、以後全国の寺社において神仏分離の実際の行動が展開された。幕府の祈禱寺院として一貫して庇護を受けてきた相模国大住郡の大山寺の神仏分離令に対する対応は実に迅速であった。

慶応四年閏四月二八日、大山寺第一八世実乗は、江戸城西の丸へ呼び出され、総督府役人大河内潜から、今後は不動堂を阿夫利神社に代え、僧侶・不動堂以下は全て引き払うよう申し渡された。この総督府の達を受けた実乗は、早くも五月五日、人足を動員して大山寺・供僧寺院の仏具をはじめ什物・ふすま・障子に至るまで山外へ持ち出す行動を起こした(1)。以後、不動明王の霊場から阿夫利神社を首座に据える山岳霊場へ転換することになった。この措置により山内の体制は、実乗の弟子で復飾神主の大山勇と、白川家・平田家門人が主力を占める大山御師とによる体制に転換した。

廃仏毀釈の展開については、安丸良夫・宮地正人及び柴田道賢の見解があるが(2)、柴田は、神仏分離の展開を府藩県行政の自主性の差異によって、①神葬祭型、②水戸藩追随型、③津和野方式型、④権力強行型、⑤下からの突上げ型に分類した。相模大山の場合は、この分類に従うと⑤の下からの突上げ型に該当すると考えられ、相模大山の神仏分離に関して本章は、

①大山寺が廃絶され、阿夫利神社に転換へ向かう二〇年間、大山寺別当八大坊とその支配下にあった大山御師との間に内部的な力関係がどのように存在したのかを明らかにする

②同時にその過程で外部的要因がどのように働いていたのかを明らかにする

の二つの点に焦点を当て、相模大山の神仏分離の性格を検討する。

相模大山の神仏分離に関する先行研究としては、松岡俊の「幕末明治初期における相模大山御師の思想と行動―神仏分離を中心として―」という、大山御師の白川家・平田家への入門経過から、神仏分離過程、分離後に発生した家格争論に至る論考がある(3)。他に、白川家関東執役古川躬行に焦点を当て、白川家と平田家の関係を展開する中で、相模大山御師を取り上げた遠藤潤の「気吹舎と白川家」の研究がある(4)。

これら二つの論考は、相模大山の神仏分離についての画期的に優れた論考であり、松岡論考は大山御師の白川家門人内の序列化に、遠藤論考は大山御師と古川将作(躬行、以下同)との関係性については触れられているが、本章では、御師の身分的変化を以下の史料に基づいて考察する。論考に際し『大山寺宮大工手中明王太郎日記』(5)、『大山寺日記仮控』(6)、平田家『気吹舎日記』(7)、東儀文均『楽所日記』(8)などを資料として用いる。

第一節　大山御師の白川家・平田家入門

(1)　神祇伯白川家・国学平田家入門歴の相違

関東において、神祇管領吉田家と神祇伯白川家との両家で、神職や御師に対する神道裁許をめぐる競合関係の中であった。寛政三年（一七九一）吉田家は、関東での支配強化のために江戸役所を開設した。白川家もこれに対抗して、天保一一年（一八四〇）に関東学寮を創設した。この五〇年間に、白川家へ一斉に入門した山岳御師の事例がいくつか挙げられるが、宝暦九年（一七五九）の甲斐国川口村御師九九名、享和二年（一八〇二）の武州御嶽山神社御師一九名、安政年間（一八五四〜一八六〇）の相模大山御師三四名の事例が挙げられる。

白川家への集団入門時期は、甲斐国川口村富士山御師、武州御嶽山神社御師、相模大山御師の順となっている。これら山岳御師の中に国学平田家へ入門した者が存在するが、これを入門時期別に比較すると、相模大山御師は、弘化四年（一八四七）から安政四年（一八五八）の間で七人、文久二年（一八六二）五人の計一二人、武州御嶽山神社御師は、文久二年から慶応元年（一八六五）の間で一〇人、富士山御師は、文久元年（一八六一）から慶応四年（一八六八）にかけて三人の順となる(9)。

相模大山御師の平田家への入門が他二所と比較して早期で、しかも白川家・平田家への入門時期が同時もしくは近接している点が、幕末における御師の選択や行動を考える上で重要である。

(2) 相模国大住郡への白川家の拡張

大山寺の谷あいには、門前町内筋を相模湾に注ぐ鈴川が流れる。この川に沿って大山街道の子安村・上糟屋村地域にまたがって西側に三宮比々多神社が、東側に子易明神社が存在する。子易明神社は、神祇管領吉田家から、三宮比々多神社は神祇伯白川家から、それぞれ神道裁許状を得ていた。[史料1]は、子易明神社の神主鵜川直賢が享保八年(一七二三)吉田家から得ていた神道裁許状である。

[史料1](10)

相州大住郡七五三曳村子易大明神之神主、大隅守藤原直賢恒例之神事参勤之時、可着風折烏帽子紗狩衣者、神道裁許之状如件

享保八癸卯年四月十一日

神祇官領長上従二位占部朝臣(花押)

この後、大山御師の矢野清大夫が享保一四年(一七二九)、佐藤中務が安永五年(一七七六)、吉田家へ入門したことが、白川家関東執役の古川躬行が、万延元年(一八六〇)に、大山寺八大坊による大山御師白川家入門不許可をめぐり松平伯耆守に宛てた願書から判明する。(11) この佐藤中務は、足利の代、大山寺別当職に就き、御師兼帯の神職の家柄である。(12) 当時のこの地域は、吉田家の影響の下にあった。

[史料2]は、比々多神社神主の大貫氏胤が、享和二年(一八〇二)同郡堀之郷山下村(現秦野市)八幡宮神主村上式部とともに白川家関東執役に就任した時の記録である。相模国の白川家入門者が顕著となるのは、この時期を境とする。

[史料2](13)

享和二戌年十二月

一、冠絹斎服

大住郡白根郷三宮村

比々多神社神主　大貫氏胤　男

大貫圖書　大中臣廣明

同郡堀之郷山下村

八幡宮神主　村上廣通　男

村上式部　源　直長

右貮人、此度父大貫氏胤・村上廣通両人共、関東執役被仰付ニ付、神主職辞退、依之男継目之入門也

比々多神社の大貫氏胤、八幡宮の村上広通の二人が白川家関東執役に推挙されたため、両神社の神主には息子の大貫広明、村上直長が継目入門し、冠絹斎服の着用を認められた。この時期、相模国大住郡三宮村比々多神社は、大住郡の二宮村川勾神社とともに白川家の触下支配の拠点としての役割を果たしていた(14)。

(3)　大山門前町の白川家入門

大山寺門前町で最初に白川家に入門したのは、安永二年（一七七三）四月、大山寺宮大工の手中明王太郎が白川家より神号「明王工門霊神」の添状を得た以降である(15)。手中明王太郎（以下明王太郎）は代々大山寺の造営や修理を一手に担った大工棟梁である。[表9-1]「大山宮大工・御師の白川家入門履歴」及び［表9-2]「御師の平田家入門履歴」は、大山門前町における手中明王太郎と大山御師の入門履歴を白川家『白川家門人帳』及び平田家『誓詞帳』『門人姓名録』をもとに年次別に作成した表である。『白川家門人帳』は、①入門年次、②初入門・継目

［表9-1］　大山宮大工・御師の白川家入門履歴

門人名	苗字	年号	月	日	入門理由：初入門	入門理由：継目	神拝式	上棟式	冠絹斎服	冠帛斎服	紫平絹差貫	浅黄差貫	風折烏帽子浄衣	立烏帽子布斎服	礼金	登録職業	ⓐ笏持冠絹斎服	ⓑ笏無冠絹斎服	ⓒ立烏帽子斎服	ⓓ風折烏帽子浄衣
手中明王太郎景直		安永2	3		○		「明王工門霊神添状」授与													
手中明王太郎景喜		安永3	2			○	○					○		○		工門				
手中明王太郎景喜		安永6	12			○				○										
手中明太郎信景		文化8	2	7		○		○				○	○		1000疋	大工				
手中明太郎景定		文政4	6			○		○				○	○			番匠				
手中明王太郎敏景		文政10	8			○		○				○	○			番匠				
手中明王太郎景元	忌部景元	嘉永7	10	25		○		○	○			○			3両3歩	師職				
手中明王太郎景元	忌部景元	安政6	1			○					○									
増田源之進	藤原　篤	文化15	3		○								○		500疋	大山寺御師		○		
内海式部大夫	藤原怒応	文政11	6		○								○		1両2歩	師職		○		
内海刑部大夫		天保8	9		○		○						○		500疋	祠職				○
須藤内膳	藤原重雄	弘化4	11	9													○			
内海式部大夫	藤原照応	弘化4	11	24														○		
増田源之進	藤原篤弘	安政2	7	4		○	○		○						3両	祠官		○		
宮本平太夫	大神芳郡	同	6	24	○		○						○		500疋	師職・祠官		○		
青木将監	藤原暉秀	同	6	24	○		○						○		500疋	師職・祠官		○		

（神拝式～登録職業：安永2～元治元年白川家許状種別・礼金等／ⓐ～ⓓ：慶応元年6月白川家許状種別）

奥村三郎太夫	藤原永清	同	6	24	○		○						○		500疋	師職・祠官	○			
逸見民部	源　義広	同	6	24	○		○						○		500疋	師職・祠官	○			
成田縫殿介	藤原尚章	同	7	4	○		○						○		500疋	祠官			○	
尾崎主計	藤原盈行	同	同	同	○		○						○		500疋	祠官			○	
成田庄太夫	藤原直賢	同	同	同	○		○						○		500疋	祠官			○	
宮本平太夫	大神芳郡	安政3	9	28	○		○		○						5両2歩	祠官				
二階堂若満	大神親義	同	同	同	○		○		○						5両2歩	祠官		○		
長野仁太夫	平　武昭	同	同	同	○		○							○	3両	祠官	○			
山田平馬	藤原篤躬	同	同	同	○		○							○	3両	祠官	○			
目黒久太夫	藤原喜長	同	同	同	○		○							○	3両	祠官				○
相原但馬	藤原則寿	同	同	同	○		○							○	3両	祠官				○
新宮数馬	藤原意郡	同	同	同	○		○							○	1両2歩	祠官				○
反田松太夫	源　厚好	同	同	同	○		○							○	1両2歩	祠官				○
内海三太夫	藤原延照	同	同	同	○		○							○	1両2歩	祠官				○
沼野掃部	藤原公譔	同	同	同	○		○							○	1両2歩	祠官				
和田靭負	平　由慶	同	同	同	○		○							○	1両2歩	祠官			○	
神崎富太夫	藤原敦往	同	同	同	○		○							○	1両2歩	祠官			○	
武藤左近	藤原好古	同	同	同	○		○							○	1両2歩	祠官				○
笹子嘉太夫	脩蔭	同	同	同	○		○							○	1両2歩	祠官				○
岡田伊太夫	藤原厚尹	同	同	同	○		○							○	1両2歩	祠官			○	
平田喜太夫	平　義寿	同	同	同	○		○							○	1両2歩	祠官				○
根岸権太夫	藤原満久	同	同	同	○		○							○	1両2歩	祠官			○	
神崎半太夫	源　豊顕	同	同	同	○		○							○	1両2歩	祠官				○

今坂徳之進	藤原守智	同	同	同	○		○							○	1両2歩	祠官				○
小川大膳	藤原道広	同	同	同	○		○							○	1両2歩	祠官				○
佐藤津太夫	藤原周良	同	同	同	○		○							○	1両2歩	祠官				○
永野重太夫	藤原宣孝	同	同	同	○		○							○	1両2歩	祠官				
佐久間宇太夫	藤原清春	同	同	同	○		○							○	1両2歩	祠官				○
佐々木文太夫	源　敦意	同	同	同	○		○							○	1両2歩	祠官				○
丸山要太輔		同	同	同	○		○							○	1両2歩	祠官				○
小笠原右京	源　義友	同	同	同	○		○							○	1両2歩	祠官				○
和田増太夫	藤原充福	同	同	同	○		○							○	1両2歩	祠官			○	
中山内記	藤原依信	同	同	同	○		○							○	1両2歩	祠官				○
和田金吾	平　標強	同	同	同	○		○							○	1両2歩	祠官				○
須藤内膳	源　重雄	同	11	11	○		○								200疋	祠官	○			
宮本平太夫	大神芳郡	同	12	11																
山田平馬	山田宿祢 篤躬	安政4	9	1													○			
佐藤中務	藤原猶茂	同	5		○		○						○		2両	祠官				○
太田菊太夫	源　秋英	同	9		○		○						○		500疋	祠官				
逸見民部	源　義広	同	9											○	1000疋	祠官	○			
沼野掃部		同	9											○	1000疋	祠官	○			
平田喜太夫	平　胤英	安政5	2	30																
平田播磨	改平胤英	同	4											○	1両2歩	祠官				
内海式部大夫	藤原照応	同	5	25						○					5両2歩	祠官				

内海行部太夫	政則	同			○		○						○		500疋	祠官				
逸見民部	源義広	同	6	5																
神崎富太夫	敦往	安政6	3	4																
青木将監	藤原暉秀	同	6	6						○					2000疋	祠官				
濱田徳太夫	博弛	同	同	同	○		○						○		500疋	祠官				○
青木伊豫	藤原暉義	同	8	7		○	○						○		500疋	祠官				
二階堂若満	大神親義	文久2	8	6																
内海刑部大夫	政雄	元治元	10	26																
吉川領太夫	大江治興	同	同	同																
猪俣儀太夫	藤原豊政	慶応元	10	19																
成田縫殿介	藤原尚孝	同	10	23																
武　市之進		同	6	18	○		○													○
鈴村兵庫		同	同	同	○		○													○
高尾左仲		同	同	同	○		○													○
神崎茂太夫		同	同	同	○		○													○
横山惣太夫		同	同	同	○		○													○
鈴野善太夫		同	同	同	○		○													
神成主膳		明治元	同	同	○		○													
柏木雅楽		同	同	同	○		○													
武藤石見		同	同	同	○		○													
新倉大炊		同	同	同	○		○													

註　近藤喜博編『白川家門人帳』清文堂出版、一九七二年、及び『新編平田篤胤全集』別巻、名著出版、一九八一年より作成。

［表9-2］　御師の平田家入門履歴

門人名	苗字	元号	入門月	入門日	入門年齢	紹介者名
須藤内膳	藤原重雄	弘化4	11	9	22	守屋稲穂
内海式部太夫		弘化4	11	24	29	不詳
宮本平太夫	大神芳郡	安政3	12	11	41	角田忠行
山田平馬	山田宿祢篤躬	安政4	9	1	29	角田忠行
平田喜太夫	平　胤英	安政5	2	30	33	宮本芳郡
逸見民部	源　義広	安政5	6	6	29	宮本芳郡
神崎富太夫	敦往	安政6	3	4	30	宮本芳郡
二階堂若満	大神親義	文久2	8	6	不詳	宮本芳郡
内海刑部大夫	政雄	元治元	10	26	22	山田篤躬
吉川領太夫	大江治興	元治元	10	26	29	山田篤躬
猪股儀太夫	藤原豊政	慶応元	10	19	31	神崎敦往
成田縫殿介	藤原尚孝	慶応元	10	23	24	藤原重雄

（出典　『新編平田篤胤全集』別巻、名著出版、一九八一年より作成）

入門別、③神拝式・装束別裁許、④御礼金額、⑤職種、⑥門人名・呼名・苗字などの情報が適宜添付される。これに対し、平田家の［表9-2］は①出身地、②入門年月日、③年齢、④苗字（花押）、⑤紹介者、⑥門人名が記載内容である。

寺社の造営・修理に際して、地鎮祭や上棟式の祭儀は、一般には神主によって行われるが、手中明王太郎は代々大山寺宮大工棟梁を世襲し、そうした祭事のために白川家より神拝式、烏帽子・浄衣・差貫など装束着用の権威を得た。手中明王太郎景喜の安永三年（一七七四）以降は継目入門である。景喜の安永三年、浅黄差貫・立烏帽子布斎服、安永六年（一七七七）の冠帛斎服、信景の文化八年（一八一一）、浅黄差貫・風折烏帽子浄衣、景元の嘉永七年（一八五四）、冠絹斎服・浅黄差貫、安政六年（一八五九）の景元の紫平絹差貫へと格上げされ、大工棟梁としての地位を不動のものとしている。安永六年・嘉永七年の明王太郎の冠絹斎服を、最寄りの比々多神社神主と比較すると、神主と同等の権威であり、安政六年の紫平絹差貫はそれを超える権威と見られる(16)。

これに対し、大山御師による白川家入門は、文化一五年（一八一八）の増田源之進以後である。この表から大山御師の白川家入門の特徴点を探る。

白川家入門は、文化一五年三月、増田源之進が初発で、その三七年後の安政二年（一八五五）八名の入門以降、安政三年三一名、安政四年五名、安政五年五名、安政六年四名と集団入門に繋がった。内海式部大夫・内海刑部大夫の両名は神家の家柄で、増田源之進とはやや遅れての入門ではあるが、初期的入門といえる。

大山寺別当一五世照道は、安政二年（一八五五）六月、宮本平太夫（芳郡）外八名の入門に対して、彼らの入門を認めなかった。その資料が『白川家門人帳』の次の記載である。

［史料3］(17)

右宮本平太夫以外八人、別當八大坊添翰無之候得共、意味合有之ニ付、各許状江戸執役迄差下し置

安政二年以降、万延元年（一八六〇）までに白川家へ入門した御師は五〇名に達している。当時の大山御師の総数は、享保二〇年（一七三五）の高野山高室院「相州川西檀廻帳」によれば一一七軒、天保一二年（一八四一）成立の『新編相模風土記稿』によれば一六六軒に及ぶ(18)。天保一二年を参考にすると大山御師全体に占める白川家入門者の割合は30％を占める。

安政二年の、大山御師の白川家への集団入門申請を受けて、白川家関東執役にあった古川将作（躬行）は、万延元年（一八六〇）七月、松平伯耆守に対して、大山寺別当八大坊が白川家入門に必要な添翰を発行するよう働きかけた(19)。

［史料4］

（前略）當正月中八大坊より別紙之通師職一同江申渡、支配之権勢可相拒様も無之、受印差出に付而ゟ者、當家旧来之由緒も空敷相成、神事式尓も差支難儀至極ニ付、別當江旧復之懸合致呉候様頻ニ相歎、難捨置迷惑之

至ニ御座候（以下略）

この古川将作の働きかけが功を奏し五年後の慶応元年（一八六五）二月に至り、次のように八大坊照道は、大山御師の白川家入門を正式に認める添翰を発行した。

［史料5］[20]

別紙四十八人之もの共、拙寺配下師職ニ有之候處、今般御入門相願候間、宜御取斗可被下候、尤此儀ニ付自他故障之儀無之候、依而副翰如斯御座候　以上

相州大山寺別當
八大坊　印

丑二月

白川殿　御家司中

相模国大住郡における白川家門人の拡大には、三宮村比々多神社神主大貫氏胤や山下村八幡神社神主村上広明の影響があったと考慮されるが、内部的要因として、大山寺別當八大坊の支配に対する反発が醸成されていたとみられる。この一因が、大山御師の須藤重雄が嘉永二年（一八四九）に著した『阿夫利神社古傳考』の一節である。[21]

［史料6］

別當六代目開藏（もと如瓣）と云は、元禄十三辰年當國石川村法性寺より移轉して師匠空瓣が後を継き八大坊に住職して、享保十六亥二月廿八日六十六歳にて寂れりと云。此間三十二年なり。一山種々の規則を定めたり。すへて此より前項は舊来の祠職を権威を以て押隕す事のみなりしを、この僧の代になりてほとりに制度を掟つゝ、諸人を懐け務しとそ其時代の記に見えたれとも今委くハ物せすなむ。

八大坊第六世開蔵法印の代の三〇年余間に定められた種々の山法は、「祠職を権威を以って押隕する」と大山寺別当八大坊の支配に対する御師の不満が少なからず蓄積されていることをにじませる。[22]

(4) 大山御師の平田家入門

相模国から平田家へ最初に入門したのは、文化一一年（一八一四）鎌倉郡瀬谷村の守屋稲穂（通称忠蔵）で、次に守屋の申次で文化一五年（一八一八）、大住郡の三宮神社神主大貫兵部介である。大山御師の初期入門は、弘化四年（一八四七）一一月、須藤重雄である。須藤は、『阿夫利神社古傳考』の附言の中で「或人の説とはハ己が同學なる相模國鎌倉郡瀬谷村の産にて江戸に住居し、はやく文化一一戊年より師の教を受賜れる守屋稲穂の説なりけり」と述べ、同書の刊行には、守屋稲穂の教示を受けたことを明かしている。平田家門人帳の『誓詞帳』の申次には守屋の名はみられないが、須藤重雄は、守屋稲穂入門の影響を受けて入門したことは確かといえる。守屋稲穂と阿夫利神社とに触れた書に、文化一〇年（一八一三）、伴信友『神名帳考証（土代）』[23]があり、その内容が阿夫利神社に関する次の史料である。

［史料7］

〇阿夫利神社　今世ニ稱スル大山コレナリ〇篤胤云、門人守屋某云、大山ヲ其所ノ人ハ雨降山ト云フ。不動アリ。此地ニ在リシ八大龍王社ヲ別當八大坊ノ門前ナル高處ニ移シテ、額ニ大山地主ト記シ有リト云リ。此ニ依テ按ルニ、當山ノ神ハ元山上ニ坐シタルヲ、所謂石尊ヲ祭ル時、地主神ヲバ山下ニオロシ奉リタルナラム。サテ八大龍王トハ例ノ佛者ノ言ニテ、實ハ雨ノ神ニゾオスラメ。雨降山ト云ヲ思フベシ。

平田家門人で相模国出身者は守屋姓はなく、門人守屋某云は、平田家へ須藤を紹介した守屋稲穂を指す。この頃より相模大山寺が支配した霊場域に対する国学者側からの批判の狼煙が萌していた。

［表9-2］が、大山御師の平田家入門履歴である。大山御師の平田家への最初の入門者は、弘化四年一一月、須藤内膳（重雄）と内海式部大夫の両名である。後続の入門者は、安政三年（一八五六）一二月、宮本平太夫である。須藤重雄と宮本平太夫の入門は、一〇年の開きがある。宮本平太夫を平田家へ紹介したのは、信濃国佐久郡長土呂村出身、安政二年（一八五五）八月に平田家へ入門したての角田忠行である。[24] 翌年、角田忠行は、山田平馬を平田家へ紹介し入門させ、このあと、宮本平太夫は、平田喜太夫、二階堂若満、神崎富太夫の三人を、山田平馬は、内海刑部大夫、吉川領太夫の二人を、神崎富大夫は猪俣儀太夫を、須藤内膳は成田縫殿介をそれぞれ入門させた。

須藤重雄は、弘化四年（一八四七）一一月、平田家へ入門以来、年に一度の割合で平田家江戸役所を訪問していることが『気吹舎日記』に記録されている。[25] この日記では用向の内容は書かれていないので不明だが、須藤重雄は、嘉永二年（一八四九）に、平田鉄胤が跋文を寄せた『阿夫利神社古傳考』を著した。反面、内海式部大夫の記録は『気吹舎日記』には登場しない。須藤重雄と角田忠行とは気吹舎で知己を得ており、大山御師の平田家への後続の入門を促すキーパーソンの役割であった。

(5) 平田家・白川家二重入門

須藤重雄・内海式部太夫両名の平田家入門と安政二年（一八五五）以降の大山御師の白川家集団入門には一〇年の開きがあるが、須藤重雄を通した平田家への入門と白川家集団入門とは密接に結びつく。白川家初期入門の大山御師で神職の内海式部太夫・内海刑部大夫や増田源之進らは職務的権威化・地位向上を、須藤重雄は大山寺支配下に置かれた阿夫利神社の権威化を著書から主張した点で、両家への入門は相互に関係している。白川家への集団入門の動機は須藤重雄の『阿夫利神社古傳考』にみられるように、大山寺支配に対する大山御師内部における不満の蓄積が醸成されていたとみられる。

この点が富士山御師や武州御嶽山神社御師の白川家・平田家入門の時期との相違点である。

(6) 白川家装束許状に見られる大山御師間の序列化

宮大工手中明王太郎の白川家への初入門は安永二年（一七七三）で、安政二年以降の大山御師の白川家入門とは、八〇年余の開きがあり、明王太郎の入門は影響はないとみられる。

［表9-1］の安政二年以降、大山御師間に祠官としての装束許状をめぐって序列化が見られる。［史料8］は、安政三年（一八五六）に白川家に提出された大山御師の入門礼金に関する取り決めである。

［史料8］(26)

覚

一、風折　　金五百疋　外ニ御祝録　金百疋
一、立烏帽子　金千疋　　外ニ御祝録　金弐百疋
一、冠　　　金貳千疋　外ニ御祝録　金弐百疋
右者初入門幷継目ニ不拘、定之通御礼録可献候
安政三年辰七月　相州大山
惣代　増田源之進　印
内海式部太夫　印

須藤内膳　　印

安政二年の時点では、冠絹斎服と風折烏帽子浄衣との二段階で、安政三年は、冠絹斎服と立烏帽子斎服の二段階で入門礼金に差をつけ差別化している。ところが、次の四名が昇格して許状を得た。

増田源之進は、文化一五年（一八一八）の風折烏帽子浄衣から安政二年（一八五五）の冠絹斎服へ。

宮本平太夫は、安政二年の風折烏帽子浄衣から安政三年（一八五六）の冠絹斎服へ。

逸見民部は、安政二年の風折烏帽子浄衣から安政四年（一八五七）の立烏帽子布斎服へ。

内海式部大夫は、文政一一年（一八二八）の風折烏帽子浄衣から安政五年（一八五八）の冠帛斎服へ。

この動きは、文化一五年以降、慶応元年までの序列化であるが、慶応元年、大山寺別当八大坊と白川家正式入門が決着した直後、装束許状の再編成が［表9-1］中の「慶応元年六月白川家許状種別」[27]のように行われ、さらに白川家門人内の序列化が進んだ。すなわち、ⓐ「古の笏」持ち冠絹斎服、ⓑ「古の笏」なし冠絹斎服、ⓒ立烏帽子斎服、ⓓ風折烏帽子浄衣の四段階の装束免許状の再編成である。この慶応元年六月に形成された序列化が、のちの明治二年（一八六九）正月、祠職七等家格争論へ発展した[28]。

本節を小括すると、

①大山御師の白川家入門と平田家入門は、一見離れているが、須藤重雄の平田家への関わりを兼ね併せると、白川家集団入門と平田家入門は同時期的とみなされる。

②大山御師内で白川家神職許状をめぐり、安政二～三年（一八五五～五六）にかけて御師は三階層に、慶応元年（一八六五）にはさらに四階層への身分的序列化が進行していた。

③大山御師の平田家入門には角田忠行がキーマンとして介在していた。

④松岡俊は、大山御師の平田家入門に関して「大半が二十代であることから個人による意識的選択に基づいた国学的政治言語のもとに展開した」、「平田家門人であることも新しい秩序形成に何らかの補完的役割を果たし得た」[29]と規定したが、須藤重雄・古川躬行の関与を勘案すると、大山御師の平田家入門は、身分的転換を目指す、より政治的、積極的意志による行動と捉えられる。

安政二年（一八五五）を端緒に生じた大山御師の白川家集団入門では、大山寺八大坊の状況はどのような立場にあったか、次節でその経過を追う。

第二節　安政大火と大山寺別当第一六世覚昶

(1)　大山大火

安政元年（一八五四）当時の大山寺の別当は第一五世照道法印であったが、在職中、山内に大紛擾があり、そのことが原因で大山寺を退院したと伝えられているが、内容は不明である[30]。安政元年当時、別当不在の折、一二月二九日に山内で大火が発生した。その当時の様子が、大山寺大工棟梁手中明王太郎景元が残した日記には次のように記されている。

[史料9][31]　安政元年寅極月日の条

大晦日　晴ノ大風　正九ツ時出火、尤前廿九日より野火有之候、其火、事ノ外大風ニ候居（折）、小川隼人家の棟飛火致、左ニ町中上下へ吹キ返し、下屋敷材木小屋火事、土蔵都合四ツ落チ壱ツ残リ、米百拾弐表残り申候。

二日　晴天　尤大風ニ者有之候（略）然ル処正午時ニ岩本坊分より出火、八方へ火立チ前不動ヨリ末社不残、来迎院次ニ仁王門ニウツリ次ニ上屋敷へ相ウツリ廣徳院・宝光坊・常園坊・實城坊・養智院・宝寿院・経（楼）門・橋本坊・大覚坊・中ノ院・シトク（授得）院・中之院（ママ）、（中略）次ニ上の院ニウツリ十二坊六坊残無之　十九ケ院之内弐ケ寺残り候。

安政元年一二月二九日に発生した火災は翌年一月二日まで燃え続け、大山寺本坊および供僧寺院・脇坊の堂宇が焼失した。この火災の直後、大工棟梁手中明王太郎景元によって大山寺の再建が直ちに開始され、焼け出された本尊不動明王を仮殿へ安置する様子が次の条である。

［史料10］(32)　安政二年乙卯一月二日条

七日　快晴　尤昼より風有リ、御本尊御備（仮）殿御入尊朝正六ツ時御座ニ直し、立会人箱根山権現旧別当六十才ニテ大山入山、山主相成、雨降山別当職覚昶法印始メ廣徳院様・大覚坊様・一老職宝寿院様・上之院様・常圓坊様、上屋敷納戸役内海幸次郎様・普請方今坂今輔・岩本坊・正本坊・泉坊・手中明王太郎右十三ニて御身ヲ白綿ニてマキ縄ニてれん（蓮）台に備ヱ、弥御仮殿へ御入殿ニ相成。

御本尊を白綿で包み、縄で一三人にて蓮台に備え、との説明からこの時に焼け出された本尊とは、鉄造製の不動明王と考えられる。この日記の条は、別当不在のところを箱根金剛王院から大山寺別当第一六世として覚昶《かくちょう》が赴任したことを示す。大山御師の白川家集団入門は、この大火発生という混乱期に発生した動きであった。

大山寺八大坊別当に就いた覚昶の喫緊の課題は大山寺再建の資金集調達にあった。覚昶は大山寺再建のため幕府へ「大権現様は御代々様御由緒御座候へは、出格之以御沙汰先規御再建之堂舎廿五ケ所之内十九ケ所焼失之分、何卒御再建代被下置候様偏に奉願上候　安政四丁巳九月　八大坊」と寺社奉行に願い出で(33)、その結果、安政五年（一八五八）に再建手当として銀五〇枚が下賜された。

(2) 安政四年の大山

『大山寺日記仮控』は安政四巳年正月より閏五月を含む一年余に及ぶ八大坊別当第一六世覚昶在任中の日記である。[34]

大山寺の運営は八大坊別当覚昶のもと次の一二名の執行体制で行われていた。これら役員の内＊印の者はすでに白川家への入門を行った者である。

目代　村山八太夫　目付　佐藤主水・＊和田増太夫

名主　真下多宮（坂本町）・沖津條輔（福永町）・＊内海刑部大夫（新町）・原田平陸（開山町）・大木宮内（稲荷町）・＊成田庄太夫（別所町）

年寄　佐藤大住（坂本町）・＊和田靭負（別所町）

小蓑毛村年番　市右衛門

別当八大坊覚昶は、山中の本堂（上屋敷）と山下の下屋敷を登山、下山しているが、一月二日年頭出府、四月一一日は用向で出府、九月二七日は再建願で都合三回出府している。なお、九月二二日の条から覚昶は疝痛を患っていた。

［史料11］[35]

一、御朱印

右者今般藤沢宿於御旅宿、御渡被下候趣御達御座候ニ付、拙院為頂戴可罷筈之所、当月上旬ゟ持病之疝痛差発平臥罷出、今以起居難出来候間、無拠為代僧中之院差出候間、何卒此僧ニ御渡可被下候様偏奉願上候、以上。

大山寺別当として御朱印受取という寺務の最重要な用事を中之院に代行させるほどの健康状態であった。再建に関しては四月一九日、木材調達のほか、年貢徴収・朱印受領以下祭礼執行・借金問題・跡目相続・旦那場・盗難等々山内の諸案件を寄合で処理し、多忙を極めていた。

覚昶は大山寺再建願いのため九月二七日に幕府に出府するが、［史料12］は出発前の九月二五日に年番の真下多宮・沖津條輔宛に下した三〇項目に及ぶ掟書の冒頭部分である。

［史料12］(36)

公儀法度幷旧来山法是迄度々申達、請書印形雖取置之、近頃相弛心得違之者間々有之、別而去ル寅年卯年両度之大焼以来町方一同人気不穏、彼是我情相募動もすれば争論引起し、或者新規非例異様之儀申立、掛り役人共之教諭を茂不取用、役人共及迷惑候儀者勿論、毎当所之厄介ニ相成候中ニ者御制禁ニ相拘リ候筋茂有之趣相聞、公辺御役手江御苦労懸候儀も有之歟誠ニ以恐入候次第、畢竟諸人之帰依を専らと致し候山之儀ニ候所、右体之風説世上江流布候而者、第一不信之基与も可相成不弁冥理不埒之心得方ニ有之、且亦今般大堂始諸堂社炎焼之分御再建之儀。

公儀江願立ニ相成候太切之折柄、自然心（得脱カ）違之者有之、公儀之御苦労ニ相成候所、出来候歟、又者如何敷風説達御聞候而者忽願立筋之妨ニ相成候者必定之儀ニ候得者、山内一同公儀御制禁者勿論、山法仕来堅相守萬事致静謐、末々ニ至迄不拘他之善悪銘々身分相慎、争論ケ間鋪儀決而不致質素倹約を旨とし、只管御再建願筋成就之事耳可相心懸、依之已来心得違之者為之無是迄申達置候。

安政二～三年の大火以来再建途上に置かれているため山内の平穏・静謐を保ち、公儀に対して迷惑を及ぼすような行為は厳に慎むべき状況であり、「冥理を弁えず不埒の心得者がある」ので公儀法度と山法を厳に守るようにと強調している。「山法仕来堅相守萬事致静謐、末々ニ至迄不拘他之善悪銘々身分相慎」はその核心部分で、それを逸脱する心得違い者が山内にいることが繰り返し強調されている。「身分相慎」は、安政二年〜四年の大山御師による白川家入門を名指しし、そのことを憂慮していることが明白である。第二項以降、山内引き締めのための法度三〇項目が通達されている。

「一、博奕賭事の禁止／一、御師による他人檀那奪取の禁止／一、うさんなる者への家貸の禁止／一、大山寺領内の盗木の禁止／一、諸祈禱は八大坊へ正路取次の厳守／一、諸伽藍への奉納物は規定に従い本山報告の義務／一、大山寺内塔頭・門前町住人による他所越年の禁止／一、御師の本堂参詣服務は上通者は本人・嫡子が内陣まで、中通者は案内人の指示に従う／一、門前町参詣者に対して本堂三社の札・船札・牛王札以外の販売禁止／一、御師・地侍の家督は古法順守・男子初祝・祝儀付合・神事・祭礼・吉凶は質素に行う／一、新規非礼は禁止」（以下略）などである。大火以後の再建直後、大山寺別当八大坊の支配が大きく動揺し始めていた。覚昶が大山御師の白川家入門に際して「添翰」を白川家に発行しなかった安政二年（一八五五）七月は、大山寺が再建渦中の掟書である。

本節は以下のようにまとめられる。

①安政元年以来の大山大火で大山寺再建の途上にあり、覚昶自身も病に見舞われていた。

②山内引締めのため、他人檀家の奪取、山法の逸脱、身分を慎まない心得違者の横行など、山内の風紀、規律が甚だしく乱れた中で新たな山法三〇項目にわたる掟書を下した。

③これらのことから、大山寺別当の支配体制は大きく動揺を来たしていた。

安政二年七月、大山御師による白川家への入門を認めなかったが、他方では、大山御師の宮本平太夫・角田忠行・古川将作らの親密な関係が生まれていた。その点を以下検討する。

第三節　安政期における大山御師の選択と平田家門人の交流

(1)　大山御師の気吹舎入金

本節では、大山御師の宮本平太夫と、角田忠行や白川家関東執役の古川躬行（将作）とのつながりがどのようなものであったかの点を、平田家の天保一四年（一八四三）～明治七年（一八七四）「金銀入覚帳」から探ってみる。(37)

［表9‐3］「大山御師の気吹舎（平田家）への入金額比較」は、『気吹舎日記』の「金銀入覚帳」から抽出した①須藤内膳、②内海式部太夫、③山田平馬、及び④角田忠行、⑤宮本平太夫、⑥古川将作の入金明細の比較表である。

須藤内膳と内海式部太夫は弘化四年（一八四七）の同時期入門で、安政三年（一八五六）までの一〇年間、二人は書籍代他でほぼ毎年入金している。この表からは大山御師が安政二年以降集団入門する以前すでに、須藤内膳と内海式部太夫は平田家と金銭を含めた関係が成立していた証となり、以後の動きに影響を及ぼした要因と考えられる。

平田家門人角田忠行の紹介によって入門した④角田忠行と⑤宮本平太夫との入金比較をみると、安政三年～万延元年（一八五六～六〇）までは角田の入金頻度が高く、安政四年（一八五七）～万延二年（一八六一）以降は、反対に宮本の入金頻度が角田よりはるかに高く、入金額は角田の一〇倍に達する。この金額は同じ大山御師の須藤・内海・山田と比較してもはるかに突出する金額である。角田・宮本の入金名目は両者とも書籍代が多数を占める。ちなみに、平田篤胤の『鬼神新論』（二巻）は「壱分弐朱」、『天説辯〻』（二巻）と『三神山考』（一巻）は「壱分三朱」で、特殊な書物を除けば、二〜三朱内外が写本の料金相場と思われる。[38] 宮本平太夫の書籍代以外の入金名目は不明である。

⑤と⑥が宮本平太夫と白川関東執役古川躬行との入金比較である。宮本は入金総額の比較では古川躬行までには及ばないが、一人の大山御師の入金額としては古川に比肩するほどの多額の入金である。とりわけ、安政四年中の金額に対して万延二年以降慶応四年（一八六八）にかけての金額が極めて多い。総じて、平田家への入金目的は、平田篤胤の『古史伝』『玉襷』をはじめとする一連の出版物の購入によって国学平田家門人の勧誘に用いられたと思われる。これら気吹舎への出金明細の多寡から、宮本平太夫と角田忠行、古川躬行らのつながりを探ってみる。

(2)　宮本平太夫と角田忠行との交流

角田忠行（由三郎）（一八三四〜一九一八）は信濃国佐久郡出身で、藤田東湖に師事し、安政二年船橋殿縫之介の紹介で二二歳の時に気吹舎に入門した。角田は、安政三年一二月宮本平太夫を紹介し、その翌年に、大山御師の山田平馬を紹介し、気吹舎に入門させた。この山田と宮本がさらに大山御師を紹介したことで平田家への入門者の増加に繋がる。角田は大山御師以外にも平田家へ相次いで紹介し、全国の門人二四名を入門させている。[39] 一方、宮本平太夫も大山御師以外に、慶応二年（一八六八）以降、上野国五人、明治二年（一八六九）以降武蔵国五人、常陸国二人の一二名を紹介者となって入門させている。角田忠行と宮本平太夫は平田篤胤の著作宣伝を通して平田家門人の獲得を活発に展開して、他の大山御師以上に両者は密接な間柄であった。

［表9－3］　大山御師の気吹舎（平田家）への入金額比較

①須藤内膳

年号	西暦	月	日	金額	適用
弘化4	1847	11	9		入門
嘉永2	1849	11		1歩	
嘉永3	1850	4	25	1両	
嘉永4	1851	5	19	2朱	書物代
安政3	1856	3	28	13匁5分	
安政5	1858	5	23	2朱	菓子代
安政6	1859	2	2	19匁	
安政7	1860	5	27	1分141文	内祝
同年		11	12	1両2朱	
文久元	1861	3	21	1朱	
		9	19	100疋	
		12	28	1分	書籍代
文久2	1862	12	27	2朱	書籍代
文久3	1863	2	27	13朱	
慶応元	1865	10	21	2朱	
		10	25	2分3朱ト1匁	
		10	25	2分5厘	
慶応4	1868	2	7	2朱	
明治7	1874	7	24	2朱	

計	
	金　5両3朱
	銀　33匁7分5厘
	銭　1貫文

②内海式部太夫

元号	西暦	月	日	金額	適用
弘化4	1847	11	24		入門
嘉永元	1848	10	24	2朱	
嘉永2	1849	4	24	12匁	
		6	10	1分2朱	書籍代
		11		1歩	
嘉永3	1850	2	5	1分2朱	
		4	25	1両	
嘉永5	1852	5	7	1分	
安政5	1858	4	21	2分100文、1朱	ご肴料
安政6	1859	5	11	100疋1朱	神崎富太夫入門分
		9	27	1朱、50疋	扇子料
安政7	1860	1	23	1分ト2匁	内海照応分
	1860	1	22	2朱	
文久元	1861	9	19	100疋	
元治元	1864	4	7	1両3分2朱	

計	
	金　5両5朱
	銀　14匁
	銭　2貫600文

③山田平馬

年号	西暦	月	日	金額	適用
安政4	1857	12	4	4朱	9, 12月
安政5	1858	5	23		
		9	12	13分	
	1859	5	11	50疋	
元治元	1864	5	13	2朱	
慶応元	1865	8	21	2朱	肴代
慶応3	1867	10	16	3匁5分	書物代

計	
	金　3両14朱
	銀　3匁5分
	銭　500文

④角田由三郎（忠行）

元号	西暦	月	日	金額	適用
安政2	1855	8	10	1分	入門
安政3	1856	4	21	1朱	肴代
		5	14	15匁8分	書籍代
		5	23	1分	さつび
		5	29	2朱	書物代
		6	4	5匁	書物代
		9	8	100疋	
		10	4	3朱	
安政4	1857	1	1	100疋	歳暮
		7	13	100疋	
		12	30	1分2朱	歳暮
安政5	1858	1	2	100疋	書物代
		3	13	100疋	角田但馬分
安政6	1859	1	1	1両	
安政7	1860	1	23	100疋	
万延元	1860	4	30	2分2百文	
		10	7	2分2朱ト380文	書物代
文久元	1861	4	21	1両3朱	おせいそう
		4	23	2分2朱216文	書物代
文久2	1862	5	13	1分3朱	
		11	22	1両1分	書物代
文久3	1863	11	7	1分	書物代
元治元	1864	5	4	2両	
		7	22	1両	
		9	12	2分	
		12	6	2朱	
慶応元	1865	9	18	2分	
慶応3	1867	4	11	1両	
慶応3	1867	閏4	11	2朱	肴代
明治7	1874	12	14	1分	

計	
	金　15両12朱
	銀　29匁8分
	銭　2貫796文

⑥古川躬行（将作）

元号	西暦	月	日	金額	適用
嘉永 5	1852	9	26		入門
		10	27	2 分	
		12	21	50 両	
嘉永 6	1853	3	12	25 両	
		7	8	10 両	
		8	2	5 両	
安政 3	1856	7	3	3 分 2 朱	
安政 4	1857	9	4	2 分 2 朱	
安政 7	1860	1	17	1 分	
		1	23	2 朱	
万延元	1860	1	23	100 疋	
		2	11	10 両	京図入用
		閏 3	23	1 分	書物代
		4	19	1 分 3 朱	
		7	14	7 両 1 歩 2 朱	彫刻料
		7	29	1 両	
		8	14	4 両	
		9	7	2 両	
		10	4	3 両	
		10	8	3 両	彫刻料
		10	10	2 両	
		12	28	1 両 1 分	
文久 2	1862	1	23	100 疋	
		6	27	1 分 1 朱 ト 150 文	書物代
		9	1	1 両ト 10 匁	
		9	19	100 疋	
文久 3	1863	9	19	100 疋	
文久 4	1864	1	23	1 分	
元治元	1864	9	22	20 匁	
		10		1 分	
元治 2	1865	1	26	1 分	
		2	17	7 両 2 朱ト 3 匁 2 分 7 厘	書物代
		2	17	10 両	京、伊勢久
		3		4 両	京、川瀬
		5	2	10 両	古川、川瀬、池村、書物代
慶応元	1865	閏 5	16	1 両 1 分	檀那さまより
		6	11	10 両	書物代
		7	11	5 両 1 分	
		8	30	3 分 3 朱	
		10	17	12 両	伊勢久、川瀬分
		11	7	7 両	書籍代
		11	17	5 両 1 分 5 厘	
		11	25	10 両	伊勢久、川瀬分
		12	6	10 両	川瀬
慶応 2	1866	2	5	21 両 2 分	川瀬
		9	19	1 分	霊前
		12	9	10 両	伊勢久、川瀬
		12	24	3 両 2 分	
慶応 3	1867	5	28	10 両 3 分 弐朱	古川より池村の川瀬
		9	1	1 分	御神酒代
		10	3	15 両	古川より　伊勢久江　為替
		11	10	5 両	
		11	24	10 両	
明治 5	1872	1	21	壱分	御霊祭ニ付

計	
	金　298 両 13 朱
	銀　37 匁 6 分 7 厘
	銭　3 貫 150 文

⑤宮本平太夫

元号	西暦	月	日	金額	適用
安政 4	1857	12	4	百疋	
		12	11		入門
安政 6	1859	9	27	13 朱	書物代
万延元	1860	8	19	1 両	書物代
		11	2	1 両	書物代
		12	27	6 両	
万延 2	1861	2	1	1 両	とし玉
文久元	1861	4	23	1 両 1 分 1 朱	
		9	19		
		10	24	8 両	
		11	12	5 両	
		12	12	2 両 1 分 2 朱	
文久 2	1862	2	16	5 両	
		5	12	1 両 1 分 1 朱	1 朱肴代
		5	30	7 両	
	閏	8	4	2 両 3 分ト 132 文	
		12	20	100 疋	書物代
文久 3	1863	7	11	5 両	書物代
		9	4	3 両 1 分 2 朱	
文久 3	1863	12	21	1 朱	
文久 4	1864	2	6	6 匁 5 分	
元治元	1864	3	23	1 両 1 分	
		4	7	4 両	
		6	7	4 両	
		12	9	12 両	
元治 2	1865	2	1	1 両	
		2	3	1 両 1 朱ト 100 文	
慶応元	1865	4	15	4 両	
		5	4	1 朱	肴代
		6	19	5 両	書籍代
		9	8	1 両	
		9	10	1 両	書籍代
慶応 2	1866	3	7	20 両	書籍代
		3	18	1 朱	肴代
		6	22	17 両 2 分	
		8	21	1 朱	肴代
		12	2	15 両	
慶応 3	1867	6	13	2 分 1 朱ト 364 文	
		11	1	6 両	
慶応 4	1868	2	23	5 両	
		3	7	200 疋	ご祝儀

計	
	金　153 両 12 朱
	銀　6 匁 5 分
	銭　592 文

(3) 古川躬行と宮本平太夫との交流

古川躬行（一八一〇～一八八三）は、江戸の出身。通称素平、将作、美濃守ともいう。幕末維新期の国学者・神職で、嘉永六年（一八五三）、白川家第七代関東執役に就任した。国学の他、管弦を好み、横笛・琵琶にも堪能であった。明治六年（一八七三）枚岡神社、明治一〇年（一八七七）大神神社の大宮司を務め、明治一五年（一八八二）琴平神社に神官教導のために招聘され、翌年同地で没した[40]。

古川躬行と宮本平太夫が関係を深めたことがわかるのが、［史料13］の『気吹舎日記』安政五年（一八五八）二月条である。

［史料13[41]］

十日晴　八王子内藤常蔵[42]来、同道甲州前田与右衛門と云人来、周助（輔）[43]実父也、古川将作、右古川・前田縁談之事なり。

十八日晴　河野久之丞・稲垣進又来、古川之娘来、甲州内藤主膳来、泊、八丁堀鈴木え火事見廻ニ遣ス　相州大山宮本平太夫来。

十九日雨　内藤主膳帰る、相良甚之丞・角田但馬来。

廿五日晴　御使者相勤、内藤常蔵より縁談之金弐拾五両受取、夜古川将作来、内藤常蔵来。

晦日晴　甲州前田周助初て来、同人古川将作之養子となりて、今日此方より古川え引移、御両親様御媒也、万事御世話被遣、相州宮本平太夫来、同人紹介ニて、同処平田喜太夫入門、右宮本と内藤常蔵両人、古川縁談之世話人也。

三月朔日晴　因州近藤恰来、大山宮本平太夫・八王子内藤常蔵来、古川より昨日之御礼として内海氏礼ニ来。

二日晴　此節角田但馬日々来。

大山御師の宮本平太夫は、安政五年二月二五日、古川躬行の娘と、内藤常蔵の紹介で平田家門人になった前田周助との縁談の世話役として内藤常蔵とともに関わり、宮本平太夫と古川躬行はこの時、すでに特別な関係が生まれた。古川躬行の娘との結婚により前田周助はこの日に養子として古川躬行の後を継いだ。この日記の前後にも宮本平太夫は度々気吹舎を出入りしている。

角田忠行と宮本平太夫は、平田家への門人勧誘について、ともに大山以外の地方で積極的に行動していたが、気吹舎への入金は、[表9-3]で示したように、宮本平太夫のほうがはるかに多額である。宮本平太夫の入金額は、古川躬行の入金額には及ばないが、それに準ずる多額の入金を宮本平太夫はしており、入金時期が文久二〜三年（一八六二〜六三）にかけて集中していることが特徴である。この時期、尊皇攘夷派の角田忠行、古川躬行、権田直助ら、国学平田家門人が京都に結集した政治的状況にあり、宮本平太夫の入金額とがこの政治的動向と無関係とはいえない。

古川躬行は、文久二年（一八六二）一一月、自身の復古構想を著した建白書を関白内覧の近衛忠熙に提出した(44)。[史料14]は、古川躬行が白川家関東執役の立場で関係していた経験から、関東、とりわけ大山の御師・祠官を明らかに念頭において建白したと想定される第九項の内容である。

[史料14]

於関東諸社有位之神官地下之官人御摂家堂上方之御家士有官之仁ニテモ、推並へ武家之家臣ニ等シク被取扱諸侯モ、無会釋腕門ヨリ被令出入候ハ　天朝之叙任ヲ悉ニ貶黜候様ニ而、自然不恭之御所置ニモ相當リ可申歟、

（中略）以後者都而神官地下官人之補任ヲ毎年関東へ被　仰知候ハヽ、是等之嫌疑ニモ相渉リ可申可然哉、殊

ニ神官者神道復古之大端ニ相拘候事ニ有之、総而大禮ニ致関係義者変革相成候様仕度奉存候。

と、関東の諸神社に仕える有位の神官、地下の官人の地位は不遇であるので京都での補任を幕府へ通知すれば改善されると、白川関東執役の経験から神職の地位挽回を上奏している。

(4) 古川躬行と楽人、倭舞伝習者との交流

古川躬行は白川家・平田家との親交以外に、京方・南都方・天王寺方で構成される三方楽所の天王寺楽人で篳篥・右舞・笛を家業とする東儀文均(一八一一〜一八七三)と春日社社伝倭舞・巫女舞伝習者の冨田光美らとの交流を持っていた。

古川躬行は、この天王寺楽人で横笛と左舞を家業とする岡昌好(一八二〇〜一八六九)[45]の弟子で、京都の東儀文均の家を訪ねて雅楽を一緒に練習したことが、東儀文均が天保一五年(一八四四)正月から明治五年(一八七二)まで記した『楽所日記』第八冊の嘉永三年に記されている。[46][史料15]はその一部である。

[史料15] 嘉永三年(一八五〇)

一月廿二雨乙卯日 昌好門人関東古川素平上京、入来。金百疋、肴料持来。
　同廿三日晴丙辰 致合奏事、夕飯差出。
二月廿六戊丑日 四辻殿江条殿、尾州浄信寺。南都葛房丈ゟ書状当来之事。昼後、古川入来。
三月五日晴丁酉 本願寺當番季光丈ト差替ル事。古川、高原稽古入来。古川ゟ金百疋譜面挨拶。
　同八日晴庚子 古川今日發足付、暇乞奉、本願寺江出席。

また、京都で活動していた三方楽所楽人の東儀文均は嘉永六年(一八五三)二月、江戸の武家に対して雅楽伝習

のため関東に下向したが、この時、古川躬行も白川家関東執役に就くため東儀に同行していた(47)。古川躬行は、東儀文均と関東下向の途次で雅楽の合奏をする間柄にあった。［史料16］は、『楽所日記』第一一冊、嘉永六年（一八五三）二月の条の内容である。

［史料16］

二月九日　卯半刻、古川同道発足、美濃路廻、申半刻守山着、守山泊。
十日　寅半刻発足、関ケ原より文均、高須道へ、未刻吉田に着、夕飯の地合奏稽古、古川は垂井本道へ。
十三日　一統より金百疋謝儀、辰半刻比尾州浄信寺へ着。古川本町駒庄ニ而滞留、文均と同宿する。
十四日　昼後、浄信寺へ参、父子稽古、夜楽会、古川も出席。
十五日　大道寺主人稽古、夕方管絃、古川も出席。
十六日　寅刻発足、申半刻三州藤川驛泊。
十七日　卯半刻藤川発足、申刻比新居関所通、薄暮遠州舞坂着、泊。
十八日　卯半刻舞坂発足、天竜川舟渡、見付驛申刻着、泊、古川ト合奏。

以後、古川の名は記されていないが、一行は二月二四日品川高輪にて昼食をとった。東儀文均は、復路は嘉永六年（一八五三）五月九日江戸を出発し、五月二六日京都帰着となっている。古川は、白川家・平田家へ入門する以前に楽人としての技量を有し、雅楽方面の交流を持っていた。

慶応元年（一八六五）、古川躬行は、下役の監督不行届の責任を問われ白川家関東執役を解かれるが(48)、その後、奈良春日社を通じて春日社社伝の倭舞・巫女舞を伝習する冨田光美とも深い交流を重ねている。古川は、春日社社伝の倭舞・巫女舞神楽の普及に関心を寄せ、明治三年（一八七〇）四月、冨田光美が著した「大嘗会倭舞御再興の事」「春日社倭舞伝来の事」を内容とする『やまかづら』と同年九月に著した『やまとまひ歌譜』のいずれにも古川躬行が序文を寄せて後援している[49]。本節を通して次のことを明らかにした。
①平田家「金銀入覚帳」から、宮本平太夫の積極的な門人獲得と古川躬行との関係が明確となった。
②復古構想を持っていた古川躬行は平田派門人との人脈を保つ一方で、雅楽者・倭舞伝習者との人脈を持っていた。
③遠藤潤は、白川家関東執役古川躬行を平田家との関係性において重要な役割を担ったことは明らかにしたが、本節では古川は、楽人・倭舞伝習者達など芸能方面に広い交流を有していたことを明らかにした。

おわりに

本章から幕末期の相模大山御師の選択を関東執役古川躬行との関係から、以下のように明らかにした。
1　近世期を通して古義真言宗大山寺の支配下にあった大山御師は、外部的には白川家・平田家の人脈から影響を受け、内部的には大山寺別当の支配に対する御師の不満が醸成され、御師の権威化、地位向上を目指す意識変化が生まれ、両家に対する選択と実際の行動に転化した。須藤重雄の『阿夫利神社古傳考』は近世的神仏習合関係を覆す上で影響を与えた。
2　白川家・平田家への二重入門の中で、宮本平太夫は両家の門人獲得のキーマン的役割を果たし、白川家関東執役の古川躬行とは、娘の縁談、気吹舎への入金関係、別当覚昶の他家への入門不許可を通じて両者の強い協力関係が形成され、幕末・維新期の状況に影響を及ぼした。
3　[史料5]のように、慶応元年（一八六五）二月、大山寺別当覚昶は、大山御師の白川家入門を結果的に承認したが、その翌月七日に死去した。後継者は、慶応二年（一八六六）四月七日、左学頭で江戸市ヶ谷亀田八幡宮より第一七世応住が赴任したが、慶応三年（一八六七）九月五日、同じく応住も死去した。次の後継者は、慶応四年（一八六八）三月四日、第一八世実乗が高野山縁海院より大山寺別当に赴任した。(50) 幕末期、大山寺別当は三代交代した事情があり、白川家・平田家への大山御師の選択と相まって慶応四年三月、神仏分離令が発令される直前に、大山寺八大坊と大山御師との力関係は、それまでの身分関係を逆転した。

4　古川躬行は、平田家内における大国隆正・福羽美静とは一線を画す国学復古派門の角田忠行らとの交流を持つ一方で、三方楽人の東儀文均や春日社伝の倭舞・巫女舞を伝える富田光美らなど芸能関係人脈を有していた。

註

（1）「阿夫利神社留記　辰四月吉辰」手中明王太郎景元『大山宮大工　明王太郎日記　二』手中正蔵、一九九三年。

（2）安丸良夫は、廃仏毀釈に関して「平田学や水戸学を信奉する人々が地域の政治的実権を握って改革を強行するところに特徴があったが、中央政府は寺院の廃併合や廃仏毀釈が他の政策に突出して推進され、新政府批判の気運と結びつくことを危惧していた」との見解を示している（「廃仏毀釈とキリシタン問題」『宗教と国家』五一二頁、岩波書店、一九八八年）。

宮地正人の場合は、廃仏毀釈運動の激烈な展開は、神道国教化政策を進める明治新政府の方針と在地平田派国学者の極めて積極的な運動によって説明されるが、その当時、多くの藩が廃仏毀釈の運動に力を入れた背景には、「士族授産と士族帰農のため、社寺地とりわけ無檀無住の寺院地を入手しようとする現実的狙いがあった」とする（前掲安丸論文、五六九頁）。

柴田道賢の見解は『廃仏毀釈』（公論社、一九七八年）による。一五三～一七四頁。

（3）松岡俊「幕末明治初期における相模大山御師の思想と行動―神仏分離を中心として―」『伊勢原の歴史』五、伊勢原市、一九九〇年。

（4）遠藤潤「関東における白川家門人の拡大」『平田国学と近世社会』所収、ぺりかん社、二〇〇八年。

（5）手中明王太郎景元『大山寺宮大工手中明王太郎日記』一・二、手中正所蔵、一九九三年。

（6）『大山寺日記仮控』『伊勢原市史』資料編　続大山、伊勢原市史編集委員会所収、一九九四年。

（7）『気吹舎日記』『国立歴史民俗博物館研究報告』一二八所収、二〇〇六年。

（8）南谷美保「江戸時代の雅楽愛好家のネットワーク」（『四天王寺国際仏教大学紀要』四〇所収、二〇〇五年。

（9）甲斐国川口村富士山御師、武州御嶽山神社御師、相模大山御師の白川家、平田家の入門者数の集計は、近藤喜博『白川家門人帳』一九七二年、及び平田家「誓詞帳」「門人姓名録」（『新修平田篤胤全集』別巻収録、名著出版、一九八一年）をもとに算出した。河口湖御師は、西田かほる「川口村における富士山御師の成立とその活動」（甲州史料調査会編『富士山御師の歴史的研究』、二〇〇九年）、武州御嶽山神社御師は、斎藤典男『武州御嶽山史の研究』（隣人社、一九七〇年）による。

（10）上糟屋・鵜川正所蔵「神道裁許状」『伊勢原市史』別編社寺、一九九九年、九三頁。

（11）「万延元年七月十三日関東執役古川躬行、松平伯耆守宛申立書　…且他流入門之義者従古来不相許旨有之候得とも、師職之内矢野清太夫と申もの、享保十四年吉田家へ入門之節八大坊より添簡差出、幷佐藤中務安永五年同家へ入門致候例も有之、其外師職同列同所ニ天台宗本山派修験も打交り居候得以下略。」近藤喜博編『白川家門人帳』一八四頁所収、清文堂出版、一九七二年。

（12）石野瑛編著「大山史」第十五章（『武相叢書』第三編所収、名著出版、一九七三年）による。「徳川氏の時に及んで他の修験者と共に下山を命ぜられしかど常に神家として別に一等地を著し慶安五年（一六五二）吉田家より既に神祇道の免状を下附されたり。當時の佐藤氏を相模正信と云り。」と記される。

（13）近藤喜博編『白川家門人帳』所収、五〇四頁、清文堂出版、一九七二年。

（14）土岐昌訓「白川・吉田の神職支配―近世に於ける武蔵・相模の両国を中心に―」『國學院雑誌』八〇―三所収、

一九七九年。

(15)『手中家資料目録』中三九点の「白川・吉田家関係」の解題では次のように記される。「手中明王太郎景直は、安永二年（一七七三）、大山大工棟梁として必要な浄衣着用・上棟式次第の免許を得るため吉田家へ「奉願」したが、吉田家からは回答が得られなかった。同年四月、景直は先祖の由緒を記して白川家許状を「奉願」したところ、景直は一千年の孝孫として「明王工門霊神」の勧請を許可された。」

(16) 前掲註（13）書、一七五頁。

(17) 前掲註（13）書、一八〇頁。

(18) 圭室文雄「近世伊勢原地域における高野山信仰」『伊勢原の歴史』八、一九九三年、『新編相模風土記稿』第三巻、二〇頁。

(19) 前掲註（13）書、一八三～一八四頁。

(20) 前掲註（13）書、一七八頁。

(21) 須藤重雄著『阿夫利神社古傳考』神道大系編纂会『神社大系』神社編一六所収、一九八〇年。須藤は、本書で、『延喜式神名帳』、『日本書紀』、『古事記』、賀茂真淵『祝詞考』などの古典をもとに、阿夫利神社が官社、祭神は大山積神であり、「大山縁起」「大山事記」の記載は誤りであると説き、それらの書を批判した。

(22) 開蔵法印の代には、元禄一五年（一七〇二）八月、正徳三年（一七一三）五月、享保六年（一七二一）九月の三度にわたる山法が定められた後、享保三年（一七一八）七月には大山寺支配の階層を規定した「諸師職護摩取寺院鑑写」が作成された。これ以降、大山寺八大坊を頂点とした供僧寺院、取次御師の上通・中通・次通の序列が組織化された。

(23) 国書刊行会『伴信友全集』巻一所収、ぺりかん社、一九七七年。

(24) 平田家『誓詞帳』『平田篤胤全集』別巻所収、五三頁、名著出版、一九八一年。

(25)『気吹舎日記』嘉永元年一一月一三日、嘉永三年正月二八日、嘉永四年一〇月二三日、嘉永五年五月一二日、同

年一〇月二三日、嘉永六年二月五日、安政三年三月二三日に須藤は訪問した。
(26) 前掲註(13)書、一八四頁。綴込文書。
(27) 前掲註(13)書、一八八頁。慶応元年六月十八日条。
(28) 神崎栄一氏所蔵「明治二年正月　一山祠職の家格につき念書」『伊勢原市史』資料編　続大山、一九九四年。
(29) 前掲註(3)書、一六一頁。
(30) 『大山史』石野瑛編『武相叢書』三所収、一九七三年、一二〇頁。
(31) 前掲註(5)。大山大工棟梁手中明王太郎忌部敏景を継ぐ明王太郎忌部景元が、嘉永二年(一八四九)より明治三六年(一九〇三)の五五年間一〇二冊『大山宮大工明王太郎日記』全五巻中の第一巻である。現在、手中明王太郎文書の継承者である手中正氏に所蔵される。日記の解読と筆写は伊勢原市教育委員会小野鋠郎氏・郷土史家安田三郎氏による。
(32) 前掲註(5)書。
(33) 前掲註(30)『大山史』一二三頁。
(34) 前掲註(6)書。
(35) 前掲註(6)書、六三三頁。
(36) 前掲註(6)書、六三五頁。
(37) 宮地正人「平田国学の再検討　3」『国立歴史民俗歴史博物館研究報告』一四六、二〇〇九年。
(38) 「著述書写本目録幷筆紙料覚」(国立歴史民俗歴史博物館図録『明治維新と平田国学』四〇頁所収、二〇〇四年)より。
(39) 平田家『誓詞帳』『門人姓名録』から文化元年(一八〇四)より明治五年(一八七二)までを集計した紹介者数。
(40) 『国史人名辞典』、『神道人名辞典』『大神神社史料』三。
(41) 前掲註(7)。

(42) 前掲註(24)。甲斐国巨摩郡江原邑出身。嘉永七年(一八五四)八月、田中年胤の紹介で入門。二八歳、昌美。

(43) 前掲註(24)。甲斐国八代郡岩崎邑出身。安政四年(一八五七)四月、内藤昌美の紹介で入門。義素。

(44) 近衛家書類第一ノ八、文久二年十一月「古川躬行建白書」内第十一項、国会図書館蔵。

(45) 「日本雅楽相承系譜」『日本音楽大辞典』所収、平凡社、一九八九年。

(46) 国会図書館蔵『楽所日記』第八冊。

(47) 国会図書館蔵『楽所日記』第一一冊。

(48) 前掲註(9)書『白川家門人帳』三九二頁。

(49) 冨田光美と古川躬行との間柄は本書第七章。「冨田光美が相模大山に伝えた倭舞・巫女舞」(『佛教大学大学院紀要』文学研究科篇四一所収、二〇一三年)で触れている。

(50) 前掲註(31)。

第一〇章　相模大山寺の廃寺復興

はじめに

大政奉還がされた翌年の慶応四年（一八六八）は、復古思想を背景に天皇のもとで祭政一致を行う体制によって近代化を図ろうとした変革の年である。その変革に際し仏教諸派の僧侶と堂舎を神官・神社から分離する施策が優先され、三月二八日の神仏分離令が出された。

この布告をめぐり各地の寺社では神仏分離が様々に展開されたが、最も端的なものが廃仏毀釈であり、この結果失われた寺院の数は計り知れない。

神奈川県内では鶴岡八幡宮、箱根権現、大山寺などの実態が『新編明治維新神仏分離史料』で明らかにされている(1)。

鶴岡八幡宮は、幕末までは、八幡大菩薩を祭神、本地仏を阿弥陀如来とする新義真言宗の名刹であったが、神仏分離によって、十二か院の寺僧は悉く還俗し神官に転身した。寺域を神社様式に転換するため梵鐘は取り潰され、仏像・仏具ともども古物商の手に渡った(2)。鶴岡八幡宮は、神仏分離に伴う名刹の転換の一例である。

古義真言宗寺院の大山寺は、山頂に石尊権現を山腹に不動明王を安置し、病気平癒、火難除け、雨乞いなど庶民にご利益のある山岳霊場であった。神仏分離令により寺僧は退き、御師が神職へ転身して阿夫利神社へ転換した事例である。[3]

近世期における大山信仰の研究は、門前町の集落、御師檀家圏、参詣道などが多数蓄積されている。[4] 神仏分離に関しては松岡俊や手中正の論考、[5][6] 明治前期の経済生活には鈴木道郎と丹羽邦男などの研究がある。[7][8] 大山寺は明治元年（一八六八）に廃絶され、寺僧は山内西谷に移転し本尊の不動明王を確保し、麓村民の発願により不動堂を明治一八年（一八八五）に復興させたが、[9] この復興に関する研究は等閑視されている。[10]

本稿は、神仏分離に伴い廃寺とされた大山寺が二〇年足らずで復興された要因が何処にあるか、その意義を問うことを目的とする。対象の時期は明治二年（一八六九）以降、明治一八年までとし、分析対象は、大山寺の宮大工を累代継承した手中明王太郎景元の日記『大山宮大工　明王太郎日記』と『相模国大山大工棟梁手中家文書』を使用する。[11][12]

第一節　大山寺廃寺に対する御師と麓民の対応

(1)　廃寺通告

慶応四年（一八六八）閏四月二四日、総督府役人大河内潜は、江戸城西之丸において大山寺別当一八世八大坊実乗と供僧に対し、大山寺支配を停止し、今までの地に阿夫利神社を立てるので即時立退くように通告した。[13] この通告により実乗は、五月五日には小田原の隣村、国府津村の人足を集め堂舎から仏具・什器を運び出す行動を始めた。[14]

実乗は、慶応四年三月四日に高野山縁海院から着任した直後であった。前住の一七世別当応住は、慶応二年（一八六六）四月、市ヶ谷八幡宮から就任したが在任一年五か月で没した。それ以前は約一年間別当不在の期間があり、さらにその前は一六世別当覚昶が支配していた。この覚昶の代の安政四年（一八五七）以降、多くの大山御師が神職許状を求め神祇伯白川家へ集団入門した。覚昶はこれら御師の白川家入門を認めず緊張関係が続いた。その覚昶は慶応元年（一八六五）三月に没していた。すなわち安政四年以降一〇年間、大山寺別当の支配が低下し御師勢力が増大する情況にあった。実乗が大山寺別当に就任した時にはこのような状況にあり、実乗の仏具・什器持出の決断は時流に従ったとみられる。

翌五月六日、子安村・上粕屋村役人は、この実乗の対応に驚き、本尊不動明王の他所移転を阻止するため総督府大河内潜へ願い出たが、この嘆願は留保された[15]。

神仏分離をめぐる展開に関して松岡俊は、強力な指導者を持つことなく行われた下からの神仏分離の事例と捉えた[16]。これと反対に手中正は、この地域の変革は、政府・地方官の権力という外部圧力によってもたらされたとする見解を示した[17]。筆者はこの神仏分離の背景に、大山御師の宮本平大夫と白川家関東執役古川将作との深い関係があることを明らかにした[18]（第九章）。

同年（明治元年）一〇月一八日、実乗は、大山寺廃寺と引き換えに幼年の弟子教順を復飾させ、大山勇と改名させて阿夫利神社神主に就かせ、自分は八大坊を明王寺と改めて下寺に本尊を引き取る、とする内容の願出を東京府寺社役所に提出し正式に認められた[19]。この後、実乗と御師惣代との間でこの大山勇を阿夫利神社神主とし、夏山祭礼による諸収納金の配分などの合意が成立し、これ以後、御師はすべて禰宜へ転身した[20]。

(2) 不動仏の山外移転反対の嘆願

実乗と新たな禰宜との合意に対し、麓民は大山山内から本尊の不動明王が他所へ移転されることに危機感を抱き、翌明治二年(一八六九)一月、麓村の伊勢原村寄場組合二五か村のうちの九か村の名主・惣代らが、次の嘆願書を神奈川県役所へ提出した。

[史料1](21)

乍恐以書付御嘆願奉申上候、(前段略)一体石尊之儀者、六月二十七日ゟ十六日迄、僅ニ廿日之間祭礼与唱参詣有之、平常者不動仏而已参詣、諸国諸人信仰多、就中当国之儀者、厚蒙霊験候而已ならず、山内幷ニ麓私共村々、参詣之旅人通行之利潤ヲ以て営候もの不少、然ル処此度、不動仏場所替ヲ茂被仰候而者、仏慮滅徳者勿論、自然信仰軽薄ニも相成候而、組合村々者不及申、道筋稼之人民、人気治り方ニも拘り、殆当惑罷在候間、前件御趣意之御廉相立候上者、不動仏之儀者、是迄通御安置、坊中守護平穏鎮座ニ相成、組合村々潤沢出安心相続相成候様、左之村惣代以連印、不顧恐多奉嘆願候間、何卒出精ヲ以、御賢慮御慈悲之御沙汰偏に奉願上候、以上

明治二巳年正月十九日

相州大住郡廿五ケ村組合寄場

下糟谷村名主半助　同源左衛門　伊勢原村名主吉蔵　板戸村名主嘉十郎　田中村名主喜兵衛　上粕谷《(ママ)》村名主九兵衛(筆者註)　子安村名主三右衛門　元右衛門　矢名村小惣代　名主作治郎　同彦三郎　富岡村小惣代名主弥五郎　三ノ宮村大惣代　吉右衛門　上粕谷《(ママ)》村大惣代名主善兵衛

神奈川県御出役　田川耕作様　真島弥太夫様

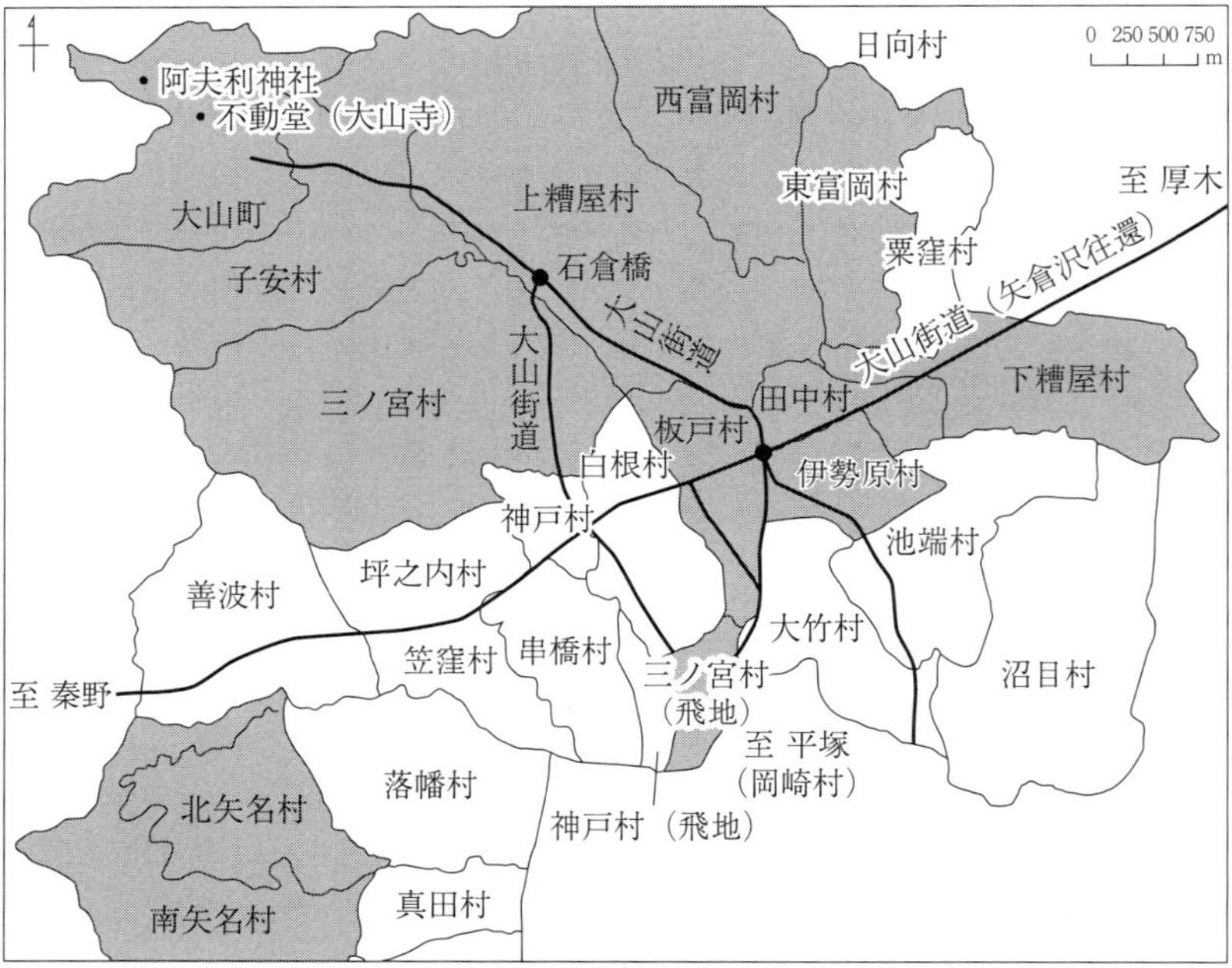

［図10－1］　伊勢原寄場組合二五か村
出典　『神奈川県都市地図』（昭文社、1993年）より作成

石尊権現の祭礼は、六月二七日から七月一六日までの僅か二〇日間の参詣に過ぎず、通常は霊験の厚い不動仏信仰による参詣者に頼っている。山内及び麓の村々はその参詣人による通行の利潤で生計を営む者が多く、不動仏の他所移転は、参詣人の減少や街道の人々の稼ぎにかかわり、坊中守護のためにもこれまで通り本尊を安置してほしいとの嘆願内容である。

［図10－1］は、明治二年（一八六九）当時の伊勢原村寄場組合二五か村の位置と大山街道（太線）を現代の地図上に示した。アミ掛けした地域は、嘆願した名主・惣代の村々である。街道の東側は厚木経由江戸へ、西側は秦野経由小田原・箱根へ通ずる街道で、伊勢原村境と上粕屋村石倉橋の2か所で東西の大山街道が合流する。願主は、九か村の名主・惣代らの連署であるが、これらの村々は農業のかたわら、街道筋で参詣客相手の商いに依存した人びとである。

［表10−1］　伊勢原村寄場組合の石高

	村名	石高	構成比（%）
東組14か村	伊勢原村	47	0
	上糟屋村	1,180	7
	下糟屋村	1,936	11
	池端村	607	4
	東富岡村	558	3
	白根村	522	3
	粟窪村	389	2
	大竹村	600	3
	沼目村	916	5
	田中村	620	4
	板戸村	637	4
	日向村	483	3
	西富岡村	517	3
	大山町	100	1
西組11か村	子安村	465	3
	三ノ宮村	1,224	7
	神戸村	786	5
	串橋村	892	5
	善波村	313	2
	坪之内村	417	2
	笠窪村	400	2
	落幡村	1,200	7
	北矢名村	686	4
	真田村	836	5
	南矢名村	914	5
合計		17,245	100

註　三ノ宮石井誠一蔵　文政11年6月「村々小組合年番惣代名前帳」（『伊勢原市史』通史編近世所収、2010年）より作成。石高は斗以下切捨。

嘆願文中の「石尊」は大山山頂の神社を指し、この社が大河内潜の廃寺通告以後、阿夫利神社を中心とする霊場に転換された。日記中では、この変革に対する麓村民の反応は不明であるが、不動仏の山外への移転に関しては、右のように生業に影響するため街道沿いの村民は即時に反対行動を起こした。それだけ大山信仰とその参詣者への依存が深かったといえる。

［表10−1］は文政一一年（一八二八）当時の貧富差を見るため、伊勢原村寄場組合二五か村の石高を比較した。上粕屋村・下糟屋村・三ノ宮村・落幡村の四か村は千石以上で他村に対し比較的豊かな地域である。しかし、伊勢原村は四七石の少石高にもかかわらず寄場に選ばれた。この理由は大山街道の要所にあり、村内には酒屋・茶屋・旅籠などを商い、至極便利な村のためである。(22) 伊勢原村は、大山参詣に最も深く依存し、不動仏の他所移転でまともに影響を受ける一村である。

（3）不動仏の山内移転通告

この後五月六日、大山門前町の大滝前出会所(23)において御師から転じた禰宜九三人が参集し、増田源之進・山田仁太夫より横浜奉行所の裁可として以下の内容が八か院の僧侶に通告された。

[史料2] 明治二年（一八六九）五月九日条(24)

大瀧前出会所ニ於て、禰宜九十三人出会致し、源之進・仁太夫、横浜表奉行所芦奈建蔵殿申渡之次第、銘々申述候儀

覚

一、大堂不動尊、来六月廿日迄来迎院へ御下ゲニ相成候、幷ニ諸仏之類二重堂、前不動ニ至迄、引払被仰付候

一、先八大坊明王寺幷中之院・橋本坊・喜楽坊・常円坊・広徳院〆八院の者共、来迎院近所立退可申候、尤家作向之儀者、来ル午年二月晦日限り、取払可致候。外山上坊中共御つぶしニ候（地図略）

御山、本宮ゟ子安村・日向村・蓑毛村其外大山地面(25)と是迄申候場所不残、今般阿夫利大神江天皇ゟ御付被置候

（中略）

不動尊御座所地面之儀者、上ミハ字八幡たいら（平）ゟ六十間限り丑寅之方ムギョウ（無用）之橋境、是ゟ下り水谷川二股之場所境、是ゟ水谷川登り来迎院吸（給）水元谷相（ママ）ゟ八幡平上ヱ六十間之境ヱ引廻し境相定候事

右之段、僧共於若不承知之者共有之候ヘバ、破佛破寺急度被申仰付候、町人共於今日を送り兼候砌ニハ何方成共立祓（退）可然候、若六ツケ敷申者有之候ヘバ召捕之筈、

喜楽坊・明王寺近村配札致度旨、願書差出し候処、御聞済無之候て、願書御下ケニ相成候

この増田源之進・山田仁太夫は、幕末から明治初年の転換期、白川家・平田家へ入門した大山御師を主導し、阿夫利神社禰宜となり寺僧に代わる新たな権威者である。[26] 彼らが横浜奉行所の決定として不動尊と八か院を山内西谷の八幡平らへ移転することを通告した。不服ならば立退けという。禰宜に転身した御師は、天明六年（一七八六）当時一三三名[27]が存在していたので、集まった禰宜九三人はその七割に相当する。

神仏分離以前、子院は一一か寺存在した。中之院・橋本坊・喜楽坊・常円坊・広徳院と明王寺の六寺が菩提寺の来迎院近傍へ立退を通告されたことは明確だが、景元が「〆て八か院」とする残る二寺は日記中では不明である。[28] 傍線部の喜楽坊・明王寺の近村の配札の却下は後に問題となる。

大山寺の寺領地取上げや配札禁止の内容を含む通告であったが、明王寺含め八か院は山内の八幡平へ移動することで不動仏の他所移転は免れた。麓村民の反対行動が生かされた結果である。

明治元年（一八六八）一〇月、阿夫利神社の運営は復飾神主大山勇と禰宜とで進めるという決定直後、禰宜間で家格をめぐり紛糾し、明治二年（一八六九）一月以降一年半に及ぶ争論に発展した。[29] この結果、禰宜を神社の関与の度合により、執預、上通、中通とする身分関係を定めた「山法規定書」が明治三年（一八七〇）四月に成立し、神主大山勇と禰宜とによる新体制が成立した。しかし、復飾神主と執預との体制は三年足らずで破綻し、明治六年（一八七三）七月に権田直助が祠官として大山に入山し、以後、阿夫利神社の新造が明治一六年（一八八三）にかけて進められた。

なお、明治五年（一八七二）一月に、実乗は、旧幕府から大山寺に宛行われてきた寺領一五七石のうちの碩学領五七石を明王寺分稟米《りんまい》として保障させた。[30] こうして大山寺は廃絶したが、実乗による明王寺の碩学領の確保は法統を繋ぐ原資となった。

第二節　不動堂の再興前半

大山寺廃寺に伴う不動仏の山外移転は、麓村民の反対行動によって覆えされ、来迎院八幡平上への移転が決定された。ところが明治九年（一八七六）、にわかに麓村民から不動堂普請の発願が生じた。この発願は一〇年後の明治一八年（一八八五）、明王寺不動堂の完成によって実を結び、この明王寺不動堂は大正四年（一九一五）、旧名の大山寺の旧名に復した。(31)　この発願から不動堂完成までの一〇年間が大山寺廃寺の復興期間である。この復興を明治九年（一八七六）から明治一六年（一八八三）二月の八年を前半期、同年三月から明治一八年一一月までの二年を後半期に分けることができる。日記では普請、再建と記されるが、まず再興の前半期を追ってみる。

［史料3］明治九年（一八七六）七月一四日条(32)

今般　大山不動尊大堂本普請、弥、取掛ニ相成候筈、七ケ院始、元村ニ於て、板戸村玉川弥右衛門発願ニて、其外、田中村西村甚兵衛、上粕屋村麻生善兵衛、其外、いせ原村、近村ニ至迄、定約出来、依之、（明治九年）子七月十四日、田中村片町西村甚兵衛、手中宅出張ニ相成、同人被申候儀者、今般、大堂御本普請、兼テ案内之通、玉川弥右衛門事、根付発願仕（以下略）

板戸村玉川弥右衛門が発起人となり、七か院始め西村甚兵衛や麻生善兵衛の他、近村との約定が整ったとするが、日記では景元は約定の内容には触れていない。(33)　この日記に続き、西村甚兵衛が古格の通り景元を棟梁職にすることを約定したとする。手中とは大山寺宮大工の手中明王太郎景元（以下景元）を指すが、ここでは景元を除いたところで麓民および七か院と相談が済んでいたようである。他方で景元は、明治六年五月以降は阿夫利神社造営に棟梁として携わっている[34]（日記中、「大山不動尊大堂」、「宝珠山大堂など」と表現されるが、以後、「不動堂」と表記する）。

この発願を契機に翌年、麓民・寺僧・景元の三者間で再建会合を開いた。

［史料4］明治一〇年（一八七七）七月七日条[35]

当国板戸村片町玉川弥右衛門殿登山、手中宅江立寄、明王太郎、前社普請大工方見廻り罷出、途中ゟ承知致し、仮堂罷出候、（中略）仮堂ニ於て玉川氏面快（会）、故ニ又、喜楽坊主、広徳院主、両僧面快（会）一礼申述、依之、酒飯等被下、弥又、喜院（喜楽院）主始、広院（広徳院）主両僧ゟ被申渡候事、実、今般、不動尊大堂ヲ始、普請取掛ニ付、明王太郎殿ニ於テ、大棟梁働（勤）被下候、依之、至急、板絵図面丹誠願入候、（中略）今般、普請之儀、明王太郎持普請同様、百事丹誠願入候、弥又、大堂建方ニ相成候上者、大棟梁始メ格別成丹誠料御渡可申候也ト喜楽坊始、広徳院、

弥右衛門殿三名、定約申述候也

この当時、景元は阿夫利神社造営の真最中にあったので、文面の「前社」は本殿・幣殿・拝殿のうちの拝殿を、「仮堂」は不動堂を指している。神社普請現場の見回りの途次、発起人の玉川弥右衛門、喜楽院・広徳院、明王太郎こと景元の三者間で不動堂再建の面談により、棟梁を景元に依頼することで三者の合意が形成された。寺僧は景元に至急板絵図の作成を願い入れ、景元は普請代の考慮に触れて受諾した。

寺社の普請には、①請負証文、②建図（建割図）、③指図（平面図）、④寺社境内指図、⑤寺社雛形と木割図、⑥木積帳の六種が必要とされる[36]。寺僧が触れた絵図面は②・③に関係すると思われるが、それ以前に普請関係者の約定が必要となる。この請負証文に当たる「約定書」が明治一一年（一八七八）二月一五日、大工棟梁景元を筆頭に、杣木挽職・建具職・石工職・黒鍬下職・板家根職・鳶職の七職と来迎院・喜楽坊・常円坊・明王寺・橋本坊の五か院との間で締結された[37]。

この定約の二か月後の四月三日、八か院は、近村の勧化のための担当者として、明王寺に景元と藤蔵、喜楽坊に太郎平と定平、橋本坊に重郎と善蔵を、選出した[38]。ところがこの勧化担当を寺僧側が一方的に決定したため、景元以下の者は勧化担当を断る事態が発生した。その理由が次の条である。

［史料5］明治一一年（一八七八）六月一六日条[39]

担当人之儀、右僧（来迎院・廣徳院・常圓坊　筆者註）方へ相断候、此訳ケ、八ケ院之僧、再建手配不都合之次第、担人共押付、坊中ニテ仕配《(支)》致居、殊ニ明王寺、高野山登り、再建筋、夫々計取《(取計ママ)》不申候ニ付、無拠、一先、相断候也。故ニ詰合僧大心配致し、十七日早朝、坊住居場所、飛便罷出候也

日記前後の文面から、「再建手配の不都合」とは、再建資金の勧化を指すが、このことに対して景元以下担当人一〇名が、寺僧側は不動堂再建に関し高野山と相談せず、大工職の勧化担当人を一方的に押し付けたことに反発し、止むなく辞退した。代わりに彼らは、再建のために杉・檜・立木を買い取った金額「百拾壱円」に再建費用金「百拾円」を加算し、都合「二百二拾壱円」を寺僧に奉納した[40]。寺僧側が景元らに勧化担当を求めた背景には、明治二年（一八六九）五月、横浜奉行所の裁可として禰宜の増田・山田の出した通告により、明王寺、喜楽坊の近村配札が却下され、神仏分離以前の明王寺（旧八大坊）の七御師、喜楽坊の一一御師の檀那場への勧化が絶たれた事情があったと思われる[41]。

この時を境に、再建の勧化をめぐり、景元と喜楽院以下寺僧の関係が悪化し、景元と寺僧の間で勧化に関する直接的な接触は五年間持たれない。

明治一一年六月二九日、祠官権田直助らと景元は神社地鎮祭を行い、翌年五月二一～二二日に本宮の遷座式執行により阿夫利神社の造営を事実上完了していた[42]。その他方で、明治一三～一五年の間に、景元は次の四種の日記を

残した。主な内容は以下である。
①「大山宝珠山用材入費判取」明治一三年（一八八〇）一月一五日条、用材運搬人足調達（六四一～六四五頁）
②「字ブナラ宝珠山入材」明治一四年（一八八一）四月七日条、不動堂指図・木割算定（六八二～六九一頁）
③表紙なし　明治一五年（一八八二）五月一六日条「第一普請金弐千円也、十一名ニテ出来[43]、猶金八千円也、八ケ院ニ於て出来候事　合計金壱万円也」（七二七頁）
④「宝珠山諸録控簿」明治一五年五月一二日条
一〇月三〇日、不動堂木割正式に定まる（七九三頁、八二八頁）
一一月一九日　工数見積一万七三〇二人、金七四三九円八六銭

寺僧との関係は悪化したが、この間、景元は不動堂再建の資材調達、指図作成・木割算定を進め、明治一五年五月当時の建築見積を準備していた。③の五月一六日条で、景元・藤蔵らは勧化担当を辞退したにもかかわらず旧担当として普請金を集め、他方の寺僧は普請金八千円を調達していた点が注目される。この日記の前後に関し景元は言及がないが、寺僧・景元の双方に、不動堂再建の活発な動きがあった。

寺僧と景元との長い不正常な関係を解くため、麓六村代表と大山町代表と寺僧喜楽院の三者に、勧化担当を辞退した庄平ら五名が加わり会合が持たれた。

[史料6]　明治一六年（一八八三）二月二二日条[44]

雨、新町武本宅ニ於テ宝珠山再建用ニ付、伊勢原村、上粕屋村、田中村、板戸村、白根村、子安村、右村戸長始、重立者出張、大山町下山、棗坂《なつめさか》戸長速水（佐藤）幷喜楽、旧明王寺担当庄平、善蔵、米吉、定平、博多、右者打寄、種々談事致候得共、計取不申候、此訳行宝珠山僧俗心腹と近村重立者ト八心腹も相違致居候也。尤も本月十七

日、板戸村玉川宅ニテ、右者談事ノ砌、宝珠山僧俗共、不勘弁難キ儀申述、一同立腹、猶、十八日、十九日、僧俗、右人江詫入漸々談事ニ相成。掛合之手続キ僧俗者ゟ口書文、為後日、調印右村方差出候次第

棗坂は大山町の開山町の坂道のことで、「速水」は御師の佐藤速水を指す(45)。今回の会合には、麓村六村代表と寺側の喜楽院と勧化担当を辞退した庄平ら五名に、新たに御師で戸長の佐藤速水と、町方と思われる下山が加わった会合である。日記の一七～一八日は景元の神社の用向が書かれるだけで他は不明である。文面の「僧俗」の俗は、再建奉納金を拠出し勧化担当人を辞退した庄平ら五名ではなく、佐藤速水と下山を指すと筆者は考える。［史料2］にあった明王寺・喜楽院の配札却下の内容を知る者は喜楽院と御師の佐藤速水である。日記の景元は既知であるが、麓六村代表はこのことを知らずにいたため、寺僧と麓村代表との思惑が甚だしく異なり、麓村代表の怒りを買ったものと思われる。この一件は寺僧が麓村代表に詫びたことで落着した。

麓民の怒りを買った内容は、再建資金の捻出方法にあった。

［史料7］明治一六年（一八八三）三月四日条(46)

夕刻、片町（田中村　筆者註）西村甚兵衛宅罷出候、チソウ《馳走》ニ相成、次ニ宝珠山再建之儀ニ付、同宅江上粕屋村紙屋（鶉川　筆者註）九兵衛、海老屋仙二郎并片町玉川弥右衛門、右三名、内談之次第、八ケ院一同、宝珠山住居候事、旧御師中ニ於テ、八ケ院旧格之通、無二之事、当用金三千円也手配之事、次ニ勧化外ニテ、宝珠山ニ於テ毎年金三千円也差出候事、其外、相模国者不及申ニ、国々勧化金之儀者、旧師職ヲ以手配致、半金づつハ其者手間代、遣物代ニ遣ス事、又、旧旦持場ゟ納主方ニ於テ宝珠山江直納、師職ニ於てシラズ《知らず》ニ居候共、其持主江壱割、急度可致候事、殊ニ不動尊之儀者、八ケ院持チニハ無之、是ハ全く大山一同持ニ候也。以来、左様承知可致候筈、八ケ院江相断候処実正也

西村甚兵衛の自宅で、鵜川九兵衛、海老屋仙二郎、発起人の玉川弥右衛門で、再建資金捻出のため相談した内容である。文面の通り、寺僧に対し、再建資金の当用金三千円と旧御師の手配により毎年三千円を差出すことを求めた。ここには、麓民の寺僧に対する強硬な姿勢が見られる。麓民は大山御師の膝元の檀那場で永年、大山信仰を支えてきたことから、寺僧が大山御師に再建資金の勧化を働きかけるのは至極当然との思いがあったとみられる[47]。神社信仰へ転換した大山御師には内緒で、勧化の割戻を示唆している。景元と喜楽坊との資金調達をめぐる軋轢は、寺僧側が再建資金の調達を旧御師持ち檀家への勧化怠慢を問われたことにある。

麓村民代表は、再建資金をめぐり寺僧と景元の対立を仲介したが、これらの関係者では不動堂再建の資金調達は困難と判断した。

第三節　不動堂の再興後半

上粕屋村、伊勢原村、子安村らの重立は、明治一六年（一八八三）三月、再建資金調達のため上粕屋村の名士山口左七郎を総長に、麓村有力者を勧誘し、さらに建築と資金調達を新築・庶務・寄付・出納の四係に分けた組織化を行う会合を持った。

［史料8］明治一六年（一八八三）三月一〇～一一日条[48]

上粕屋村字明神前ニ油や今介宅ニテ、宝珠山大堂新築出会、弥、配役ヲ定事、左ニ控、其名大山大堂協会、総長山口左七郎、尤も、表テ名之儀者隠居作介（助）ニ備候事、袖役いせ原村伊兵衛、上粕屋村麻生仙二郎、鵜川九兵衛、子安村大津元右衛門、右五名、今般、根元之丹誠、主ニ候也、

再建事務取扱役員ハ各村ノ会員ニ於テ撰挙シテ分課スル事、如此
イ印　新築掛（平田庄平・安藤定平・加藤太郎兵衛・鈴木六三郎）
ロ印　庶務掛（枩坂伝吉・吉沢金蔵・原牧三）
ハ印　寄附掛（山口見隍・神崎茂枝・近藤市兵衛）
ニ印　出納掛（下山真澄・枩坂伝吉・池谷弥三郎）

上粕屋村の山口左七郎は、大磯で神奈川自由民権結社「湘南社」を起こし自由民権運動を湘南地区で活発に展開した人物である[49]。山口作助は代々上粕屋村の名主を勤めた名望家で、明治四年（一八七一）、足柄上郡金子村の間宮仁三郎を養子にとり、以後山口七三郎と名乗らせた。「表テ名之儀」とするのは、不動堂再建の強力な後見人を立て、それを伊勢原村・上子安村・上粕屋村が補佐した。イ印の四名は寺僧から旧担当人に指名された者である。ロ印・ハ印・ニ印の者も各村から選挙によって選出されたとする。

この会合の時、この組織を大山大堂協会とされているが、以下「再建協会」とする[50]。この新たな再建組織により、不動堂再建と資金調達が急進展する。この会合の後早くも三月二八日、不動堂釿始祭に漕ぎつけた[51]。

同年年末、総長山口左七郎、麓村七か村代表、景元ら諸職人、喜楽坊・常円坊の四者が一同に会し再建協会が正式に発足した。

［史料9］明治一六年（一八七三）一二月一〇日の条[52]

十日晴、午後ゟ新町武本宅ニ於テ、宝珠山大堂普請ニ付出会、山口左七郎、山田伊兵衛、いせ吉、山七、下粕屋村古谷半助、上粕屋村戸長山口書助、大竹村平左衛門、沼目村作左衛門、白根村戸長、子安村大津元右衛門、上粕屋村紙屋九兵衛幷海老善、大山町明王太郎、庄平、遠善、八百伝、下山、池谷、定平、長吉、喜楽坊、常

圓坊外、右衛門、右之者酒飯致、然ヲ、左七郎ゟ協会新入之者江宝珠山本堂、為建築、協会ト名付、各々御丹誠願、社中ヲ増、普請出来仕度、此金高六、七万円モ入用ニ候

この日記は、［史料1］にはない沼目村・大竹村・白根村の戸長が新たに出席している、再建関係者の総会と思われる会合である。この席で山口左七郎は、総工費六、七万円と見込み、社中へ協力の要請を行った。これに基づき翌年五月三一日には正棟梁景元と厚木半原村矢内左兵衛、大山町職工一八名惣代の三者によって請負定約が署名された(53)。

総長山口左七郎は、当時建築費用を六、七万円と見込んだが、実際の建設費はいかようであったか。この再建諸費が明治二四年（一八九一）七月の日記に控えられていた(54)。それを一覧にしたのが［表10-2］「不動堂再建費明細」である。この明細は、明治一六年（一八八三）三月一〇日の不動堂再建協会設立以降、明治一九年（一八八六）五月までの発生経費である。総額三万二三一一円に対する出費明細は、諸職人手間代（石工黒鍬、大工職・木挽職・鳶職・彫物職）が一万一一三四円で35％、材料代（木材・金物・屋根諸費・縄延）が七八二四円で24％と全体の約六割を占める。他には、利子支払の四〇五二円が13％で、この額は長期借入をしていたため、上棟式諸費の三六七九円（11％）は行事を盛大に執行したためと思われる。

［表10-2］の総額は、一二月一〇日の山口左七郎の予測額よりは少いが、明治一六年三月以前、景元がそれまでに調達した用材費や七職手配の手間代などは算入されていない。日記から拾えた再建資金は、寺僧に担当人とされた者から二二〇円＋二千円、寺僧の八千円＋当用金三千円＋勧化三千円、計一万六二二〇円である(55)。

「手中明王太郎家文書」に近村からの寄付金類の資料が見られるが、他の文書類に混在し劣化も激しく判読不能である。唯一、高座郡芹澤村村民三六名の寄付名簿では総額一九円六〇銭三朱、一人当たり五三銭の金額である(56)。

［表10－２］　不動堂再建費明細

支払年月日			支払品目	金額（円）	構成比(%)
明治 16 年	明治 17 年	明治 18 年			
4 月 14 日～		明治 19 年 3 月 21 日迄		104	0.01
4 月 20 日～		12 月 17 日迄	諸木材買入	6773	0.21
	3 月 3 日～12 月 27 日迄		石工黒鍬手間	966	0.03
		12 月 30 日迄	大工職手間代	3861	0.12
4 月 23 日～		11 月 31 日迄	木挽職手間代	1400	0.04
4 月 14 日～		5 月 5 日迄	鳶人足手間賃	4267	0.13
4 月 30 日～		2 月 20 日迄	鉄物代支払代	661	0.02
7 月 31 日～	11 月 31 日迄		彫物職人支払費	640	0.02
	10 月 30 日～	2 月 24 日迄	上棟式諸入費支払	3679	0.12
4 月 30 日～		12 月 29 日迄	家根諸入費支払	237	0.01
	12 月 19 日～	12 月 29 日迄	開帳事件諸入費支払	400	0.01
	5 月 4 日～	11 月 9 日迄	縄莚費	153	0.01
4 月～		明治 19 年度迄	器具費	102	0.01
5 月 14 日～		12 月 24 日迄	役員給与	682	0.02
5 月 5 日～		12 月 1 日迄	寄附周旋料割返費	1920	0.06
4 月 14 日～		12 月迄	勧財諸費	396	0.01
		1 月～12 月 20 日迄	株券募集諸費支払	228	0.01
		9 月 27 日～12 月 1 日迄	入仏式費用	577	0.02
4 月 13 日～		2 月 15 日迄	利子支払	4052	0.13
4 月 13 日～		2 月 15 日迄	雪（臨時）之貸金	220	0.01
4 月 14 日～		19 年 3 月 31 日迄	雑費	993	0.03
			総計	32311	1.03

出典：「阿夫利神社所々控」『大山宮大工　手中明王太郎日記』巻4、821～825頁より作成。
再建費用は、円以下切り捨で集計。

不動堂再建に要した費用総額は日記からは不明である。少なからず借金が残されたのではないかと推測される。
再建後半を追ったが、この再建に深く関与した人物三人に注目してみる。

●山口左七郎

[史料8]の「隠居作介（助）」は、上粕屋村の代々名主・名望家の山口作助である。明治四年八月、作助は山口左七郎を養子にとり、左七郎もこの地域における生産や資金流通の諸改革を進め財を形成した豪農であった(57)。作助を表看板としたのは再建資金募集の効果を図ったためである。袖役四名の山田伊兵衛は伊勢原村、麻生仙二郎・鵜川九兵衛は上粕屋村、大津元右衛門は子安村の重立で富裕家である。麓村の豪農家・名士の左七郎と富裕家の有力者が参画する再建協会設立によって再建資金調達の支援層が厚くなった。明治一六年（一八八三）一〇月以降年末にかけ左七郎の自宅で不動堂再建に関し頻繁に会合が持たれていた(58)。

山口左七郎は他方で明治元年、小田原藩国学者の吉岡信之から和歌を学び、その吉岡が仲介となり左七郎と権田直助とは師弟の関係にあった。

[史料10] 明治一四年（一八八一）五月一〇日条(59)

晴天、けふも車ニて登廰す、けふハ宿ニ権田直助氏の来らるへき約束ある故いそき帰りぬ、語学を権田ニ受く、逸見・木村ら来る、けふも夜遅くまて更しぬ、茶師ハ八王《ママ》寺より来る、今宵より語学の学ひを権田ニ受く

権田直助は、明治六年（一八七三）七月大山へ入山以来神官として阿夫利神社造営の陣頭指揮をとり明治一四年に本殿・幣殿・拝殿を完成させた。山口左七郎が再建協会総長に就く以前から両者は知己を得ていた。同時に権田は景元と神社造営に携わり、左七郎は景元の不動堂再建を支援し、景元はこの両者の紐帯であった。

●山口書輔

山口書輔は、相模国愛甲郡小野村の原田喜右衛門の九子として生まれたが、明治一二年（一八七九）四月に大住郡上粕屋村に住み山口市之丞の養子となった。(60) 二年後、山口左七郎の湘南社に参加し、伊勢原講学会幹事となり、さらに明治二二年（一八八九）高部屋村村長に選出された。山口書輔は、勤勉な民権活動家で篤農の士である。この山口書輔が、不動堂再建の用材や資金調達の推進者に選出されたことで不動堂再建は本格的に前進した。山口書輔はこの事情を「履歴書」に記している。

[史料11](61)

明治十七年三月大山不動堂再建ニ付同協會ヨリ事務総理ニ依託セラレ始ント一ケ年間大山ニ詰ル同年十二月ニ至り多年延滞セシ大堂略成ル

明治十八年十二月右不動入佛式ヲ終ル事業略落成ノ姿ニ相成ル茂建築費支出ノ方ヲ失シ各會者大小麦品評會ヲ催ス、蓋シ當品評會ノ嚆矢ナルベシト

山口書輔は、明治一七年（一八八四）から不動堂が完成するまでの一年間は山中の作業現場に籠りっきりということになる。書輔は建築費の出費を賄うため大麦小麦の品評会を各会が開催し、これが品評会の嚆矢になったという。事実、明治二四年（一八九一）平塚金目村で開催された。(62) 不動堂再建費の手当策を講じていた。

●手中明王太郎景元

手中明王太郎景元は、安政元年（一八五四）暮山内に出火した火災により焼失した大山寺と諸堂宇を再建した。ところが明治元年（一八六八）の神仏分離により大山寺と諸堂宇を取り壊し、一方で阿夫利神社造営（明治六〜一二年）、他方で不動堂再建（明治一五〜一八年）に大工棟梁として携わった。[表10-3]「棟梁景元の阿夫利神社造営・不動堂再建年表」は、安政元年以降、景元の没年までの年表である。

景元が阿夫利神社造営に関与した動機については日記中では全く触れられていない。神社造営は、明治六年（一八七三）五月一六日、「阿夫利神社中津社地割之図」と神社執預（佐藤速水・沼野一路・内海景弓）、普請方（相原貞

甫・増田稲麿・佐藤正助）による立会から具体的に始まり、[63]以後は明治一二年（一八七九）神社本宮及び諸社普請に携わった。この間、景元は、明治一一年（一八七八）五月の本宮手斧始、六月の地祭、明治一二年五月には遷座式で祝詞奏上、御身箱（御神体）取替を権田直助とともに執行した。[64]

［表10‐3］は景元の生涯の年表を示すが、明治六年以降、十数年間を阿夫利神社造営と不動堂再建を同時並行的に進めた。阿夫利神社造営や不動堂再建には建築に必要な請負証文・建図・指図・絵図・木割・木積の作成の他に、建築資材の調達、大工七職（大工・杣木挽職・建具職・石工職・黒鍬下職・板家根職・鳶職）の手配を専ら景元が兼務した。不動明王堂の消失・再建・廃寺・再興に三〇年関わった稀な棟梁である。

明治二年、麓民による本尊移転阻止と明治九年の不動堂再興の発願を契機に、明治一八年（一八八五）一一月不動明王の遷仏式に至り、二〇年の歳月で大山寺の廃寺以来、不動堂は復興された。

幕末期から明治維新の変革を大工棟梁として生きた心情どうであったか。明治三年（一八七〇）三月一七日の日記には、「日輪天命と諦め候ゟ致方無御座」[65]と述懐している。

他山の廃寺復興事例を大山寺との比較として二例掲げる。

(i) 常陸筑波山大御堂

筑波山山中にあった中禅寺は、中世以来知足院と号し、本尊の千手観音を大御堂に安置した真言宗の寺である。慶長七年（一六〇二）、徳川家康は神領五百石、同一五年（一六一〇）寺領五百石を寄進し、幕府の祈禱所とした。同年、中禅寺別院として江戸湯島に護摩堂を設置し、幕府の外護は強固となり幕末まで続いた。[66]しかし、明治維新の神仏分離により中禅寺大御堂は破却された。[67]ところが、明治一四年（一八八一）地元七か村の信徒による観世音再建の願書が京都泉涌寺前住職福海湛然のもとに預けられた。次の史料がその願書である。

［表10‒３］　棟梁景元の阿夫利神社造営・不動堂再建年表

元号	西暦	月	日	年齢	阿夫利神社造営	不動堂再建	出典
安政元	1854	12	31	36		大山寺諸堂宇焼失	巻１安政元年「萬出火控」
文久元	1861	4		43		大山寺再建普請	巻１文久元年「大堂御社寺坊控」
明治２	1869	5	9			大滝前会所にて不動堂立退決定	巻２、646頁
明治３	1870	4	16	52		授得院・大覚坊・上之院・広徳院・中之院取壊	巻２、773～782頁
明治６	1873	5	16	55	阿夫利神社中津社地（荒）割図		巻２、126頁、138頁
		8	10	56	阿夫利神社、板絵図出来		巻３、194頁
明治９	1876	1	21	58	奥社建替		巻３、38頁
		7	14			大山不動尊大堂再建発願	巻３、336頁
明治10	1877	7	7	59		不動堂板絵図出来／棟梁を手中明王太郎に決定	巻３、369・370・378頁
明治11	1878	2	15	60		不動堂再建「18か条約書」締結	手中家文書＃1039・1040
		4				大山寺地割	手中家文書＃1059
		4	27		本宮、木積		巻３、436頁
		5	29		手斧始		巻３、442頁
		6	16			明王太郎、勧化担当人を辞退	巻３、454頁
		6	29		本宮・拝殿、地祭		巻３、463頁
明治12	1879	1	4	61	仕事始、７職人の本殿造営相談		巻３、490頁
		5	21		本宮遷座式		巻３、588頁
		5	22		本宮遷座式		巻３、590頁
		7	25		男坂、思兼社地割		巻３、26頁
		7	28		旧前不動前鳥居建始		巻３、661頁
明治15	1882	7	4	64		旧御師の普請勧化申入	巻３、783頁
		10	30			宝珠山大堂、木割定まる	巻３、793頁
		11	7		阿夫利神社神門建立		巻３、886頁
		12				不動尊大堂仕様積書	＃1254
明治16	1883	2	22	65		寺僧と重立の対立	巻４、21・22頁
		3	4			旧御師の普請勧化	巻４、29・30頁
		3	10			不動堂大堂再建担当定まる	巻４、47頁
		3	27			不動尊大堂、手斧始	巻３、825頁、巻４、57・58頁
		3	28			不動尊大堂、地割	
		4				不動堂大堂平面図	手中家文書＃1282
		11	10			大堂再建協会役員決定	巻４、149頁
明治17	1884	6	1	66		大山寺本堂地割（不動尊大堂の建造本格化）	手中家文書＃1372
		6	14			山口書輔、陣頭指揮	巻４、249頁
明治18	1885	11	28	67		遷仏式	
明治36	1903	3		86	景元、死去。		

註　阿夫利神社造営・不動堂再建の出典は、表作成上『大山宮大工手中明王太郎日記』巻2・3・4の頁を示す。

［史料12］[68]　筑波山大御堂

筑波山観世音再建ノ件這国筑波山観世音幷建之儀ニ付地元七ケ村信徒申シ合由一同調印ヲ以テ両名右惣代トシテ出京シ嵳納候大願主ニ相立爲□親シク服議之上右連署ヲ収納シ承認仕度依而ハ已後各名方ト百事親睦メ速ニ成功到度存儀其請トシテ詔書如斯ニ候也

明治十四年　御寺泉涌寺

十一月八日　前住職

福海湛然　花押

石井保太　殿

この願書の顚末は不詳だが、昭和五年（一九三〇）護国寺持仏堂として再興され、昭和三六年（一九六一）筑波山大御堂として筑波山に再建された。[69]

(ii)　会津磐梯町恵日寺

会津磐梯町の慧日寺は、同じく千手観音を本尊とし真言宗豊山派の寺院で、近世を通じて広大な寺地を有していた。明治初年の神仏分離により、磐梯明神を祀る境内社が旧薬師堂を社殿として独立し、これに伴い慧日寺は廃寺となった。[70]この慧日寺の寺基を坊中の観音院が継承することになったところ、明治三五年（一九〇二）、廃寺となった慧日寺の寺号復興を住職・惣代・法類・組長四者が福島県に願い出た。[71]この結果、大正二年（一九一三）、磐梯山慧日寺として寺名は改名された。その後、昭和六〇年（一九八五）に発掘調査が行われ、平成二七年（二〇一五）一一月に慧日寺が復元された。[72]

廃寺から復興、復元に筑波山大御堂は八〇年、磐梯山恵日寺は一世紀余の歳月を費やした。これに対し相模大山寺は明治九年（一八七六）に麓民より復興の発端が起こり、一〇年後の明治一八年（一八八五）に不動堂が再興された。この二か寺の再興とこの不動堂復興との差は大きい。

この霊場にどのようなエネルギーや背景があったのか、神仏分離直後から明治二年（一八六九）にかけての経緯を辿ってみた。

おわりに

大工棟梁景元日記の検討を通じて以下のような点を明らかにした。

1　慶応四年（一八六八）三月四日、高野山縁海院から大山寺に就任した実乗は、閏四月二三日、総督府役人大河内潜から大山寺の支配停止を通告されると、すぐに大山寺の本尊不動明王の他所移転を決断した。この実乗の対応に対し、伊勢原村寄場組合九か村の名主・惣代から強く反対された。この反対の結果、明治二年（一八六九）五月九日、不動明王は山内西谷の八幡平らにある来迎院への留め置きが決定された。同時に大山寺と子院五寺（大覚坊・授得院・上之院・実城坊・宝寿院）は廃寺となり、実乗は大山寺の後継として明王寺をたて、山内に残留した子院五寺（喜楽坊・広徳院・常円坊・橋本坊・中之院）とともに来迎院に移転した。

2　明治九年（一八七六）七月、麓村の玉川弥右衛門が不動堂再建を発願し、これを機に麓村民・八か院・大工景元の三者で明治一一年（一八七八）六月まで、再建資金の調達をめぐる相談が行われた。ところが寺僧が景元を勧化担当と一方的に決定したため、両者の関係が悪化した。この原因は、喜楽坊と明王寺は近村への配札禁止を禰宜で御師の増田・山田から通告されていたため、資金調達の手づるがなく、かつ高野山へ相談せず景元ら職人へ勧化担当と決めたことにあった。麓村代表は寺僧のこの対応に憤ったが、増田・山田の通告を麓民は知っていなかったように日記は読める。

3　明治一六年（一八八三）三月以降、麓村代表は、上粕屋村の山口左七郎・山口書輔及び伊勢原村・子安村らの有力者を頼り、建築資金・要員調達・庶務などの再建協会を組織したことで、本尊を安置する不動堂は明治一八年（一八八五）一一月に完成した。

4　大山寺廃寺から阿夫利神社への転換を麓村民がどう受け止めたかは日記からは不明である。しかし、不動明王が山外に持ち出されることには麓村民がまず反対の行動を起こし、結果として山外移転を食い止めた。その上、本尊を安置する不動堂の再建を発願し、寺僧、景元とともに再建の流れを起こした。廃寺から二〇年足らずの間に、何故このようなことが実現可能であったのか、これには二つの要素があると考える。

一つは、不動信仰に対する麓村民の執着である。伊勢原村寄場組合にしばしば登場する麓村民は、古義真言宗で古刹大山寺の不動信仰に帰依していた。それと同時に、参詣の街道村として生計面から深く依存していた。

二つは、大工棟梁景元の執着である。景元は、安政元年（一八五四）の大山寺焼失以来、大山寺再建、明治元年の大山御師を背景とする神社転換と大山寺破却、明治九年（一八七六）以降の再建を一身で担った。明治三年正月当時自身の進退を危ぶんだが、［史料4］の背景に不動堂再建に対する景元の内心の思いがあったと思われる。

5　山岳霊場は、神主権田直助・元御師から転身した先導師のもとで阿夫利神社が発足し、不動堂再建により神仏信仰が併存する再出発をした。廃仏毀釈後一五年での不動堂再興の意義は大きい。

註

（1）辻善之助・村上専精・鷲尾順敬編『新編明治維新神仏分離史料』三　関東編（二）、名著出版、一九八三年。四六九〜五五八頁、五六四〜五九二頁。
（2）「神仏分離の実情」『神奈川県史』通史編四、一九八〇年、二五〇〜二五九頁。
（3）「神仏分離」『伊勢原市史』別編　社寺、一九九九年、五三五〜五三七頁。
（4）圭室文雄編『大山信仰』雄山閣出版、一九九二年。
（5）松岡俊「幕末明治初期における相模大山御師の思想と行動―神仏分離を中心として―」『伊勢原の歴史』五、一九九〇年、五八〜七六頁。
（6）手中正「大山の神仏分離」地方史研究協議会編『都市・近郊の信仰と遊山・観光』、雄山閣出版、一九九九年、二〇九〜二三四頁。
（7）鈴木道郎「明治初期における相模大山御師の経済生活」日本地理学会『地理学評論』三九―一〇、一九六六年。
（8）丹羽邦男「先導師の町―明治前期の大山町―」『伊勢原の歴史』三、一九八八年、一〜三二頁。
（9）内海弁次『相州大山』一九九六年、三〇三〜三〇五頁。この不動堂は、大正四年（一九一五）に大山寺と旧名に復した。
（10）ただし、建築学から小沢朝江・猪狩渉の研究がある。この内容は明治十八年（一八八五）に復興された大山寺本堂と寛永期の造営を比較した研究がある。小沢朝江・猪狩渉「寛永度大山寺本堂の平面・意匠と明治度の再建過程」『東海大学紀要工学部』五五―二、二〇一五年、三七〜四二頁。
（11）手中明王太郎景元『大山宮大工　明王太郎日記』一〜五巻、解読筆写小野鉠朗・安田三郎、発行者手中正、一九九二年。各巻は、
一「萬出火控」安政元年寅極月〜「萬覚帳」嘉永二己辰
二「諸方手控」文久二年戌正月吉日〜「明治四未春日記」

三「本宮味細地割」明治四年十一月〜「皇居造営宝珠山地割付用材味細」
四「日記」明治十六年正月〜「阿夫利神社所々控」明治二十四年
五「阿夫利神社両尊普請控」明治二十五年〜「伊勢道中日記控」
の内容である。これら日記のうち大山寺の大山寺廃絶から再建に関係する第三・四巻を主な対象とする。

手中明王太郎景元（一八一九〜一九〇三）は鎌倉郡平戸村の田中小兵衛の三男である。天保元年（一八三〇）、一二歳の時、大山寺の宮大工棟梁の手中明王太郎忌部敏景に弟子入りした。その後、弘化四年（一八四七）二八歳の時に敏景の長女ツネと結婚して手中家の婿養子となり、以後、手中明王太郎景元を名乗り大山寺宮大工家を世襲した（日記一、手中正「はじめに」による）。慶応元年以降、大山寺廃絶と再興に関する資料は本日記以外になく、景元の記述に注意を払いつつ廃寺復興の姿を捉えるため適宜引用する。この日記原文は非公開扱いにつき小野鋏朗・安田三郎両氏の翻刻に依拠した。本文では、手中明王太郎景元は「景元」と表記する。

（12）神奈川県立公文書館所蔵マイクロフィルム、七七四。

（13）『大山宮大工　明王太郎日記』（以下日記）二、「阿夫利山留記」慶応四年辰閏四月二四日、五一四頁。「大山阿夫利神社之大神之儀者、今般、御一新ニ付、僧共ニて付添致候筈相断可申候、猶、御師職江相渡可申候段、若又、帰《（マヽ）》俗致候へバ、是迄之神職之下座ニ可付候、右急度被仰渡候」

（14）日記二、「阿夫利山留記」五月五日、五一六頁。
「大山寺別当八大坊、五月五日ゟ雨中を諸道具向梅村《（国府村）》ゟ人足供弐十、三十人ニて持送り候、上下の寺之者不残什物ニ至迠、古代ゟ之品、皆々持　参候筈」

（15）日記二、「阿夫利山留記」五月六日条、「町人共ゟ江戸表大阿内潜様方へ願出候事、昨五日、依之、右御役人方ゟ御沙汰を待請可申故ニ何れ相談可致候段」五一九頁。

（16）前掲註（5）松岡論文、七六頁。

（17）前掲註（6）手中書、二三二頁。

(18) 本書第九章。拙稿「幕末における相模大山御師の選択と古川将作との交流」『佛教大学大学院紀要文学研究科篇』四四、二〇一六年、四六～五〇頁。
(19) 日記二、「八月留記」明治元年一〇月一八日、四二三～四二五頁。
(20) 前掲註(5)松岡書、六九～七〇頁。この一〇月に阿夫利神社の大祭収納金を神主15％、禰宜85％とする議定が交わされた。
(21) 明治二年一月一九日「当国廿五ケ村組合中嘆願書」(「手中明王太郎家文書」#七九六 神奈川県立公文書館蔵マイクロフィルム)。
(22) 文政一一年六月「村々小組合年番惣代名前帳」(三之宮石井誠一氏蔵、『伊勢原市史』通史編 近世、二〇一〇年、三四四～三四五頁)。
(23) 大山門前町には、坂本町に本瀧、開山町に良弁瀧、福永町に愛宕瀧があり、大瀧は、別所町左腋谷にある。『新編相模風土記稿』三、一九九八年、雄山閣、一〇五頁。
(24) 日記二、「日用留記」明治二年五月九日、六四八頁。
(25) この地面とは、慶長一三年、大山寺実雄宛碩学領五七石、慶長一五年、大山寺別当八大坊宛百石、徳川家康黒印状による朱印地を指す。『改訂相州古文書』第一巻、『大日本近世史料』諸宗本末帳、二七頁。
(26) 大藤直兄氏蔵「明治三年庚午年 山法規定書」による(『伊勢原市史』資料編 続大山、一九九四年、七〇六頁)。
(27) 手中正氏蔵『天明六年 大山寺社稷丸裸』による(前掲註(26)書、八六～九二頁)。
(28) 神仏分離前、別当八大坊のもとに子院は中之院・大覚坊・授得院・宝寿院・橋本坊・常圓坊・養智院・広徳院・喜楽坊・上之院・実城坊の一一院であった。この中で授得院は大竹村の光明院へ、大覚坊と宝寿院は厚木村知恩寺へ退出したことが慶応四年五月五日条に記される。養智院・上之院・実城坊も廃寺対象と思われる。
(29) 前掲註(26)書、六八一～七〇二頁。

(30) 内海正志氏蔵「差上申上一札之事」(「明治四年二月　御布告幷聚舎用留」所収『伊勢原市史』資料編　続大山、七五三頁)。
(31) 雨降山大山寺『大山史年表』一九八六年、三〇頁。
(32) 日記三、「阿夫利大神　雨降山明王太郎　諸記」明治九年七月一四日、三三七頁。
(33) [史料3]の不動堂再興の兆しは「明治四年未春」十月三日条(八三六〜八三八頁)にある。当日の内容は長文につき要約する。①子安村名主大津元右衛門の内願により不動堂普請のため各所から大材を集めたが、神主や福原定次郎らが勝手に売却しようとした、②これを上粕屋村善兵衛、下糟屋村萬や市兵衛、伊勢原村山田伊兵衛らが差留させた。元右衛門の内願は景元による普請が含まれていた、③景元が不動堂を安置する明王寺の建立を喜楽院に糺すと、新寺の建立は高野山から論外と言われた、④小田原出身の手引により小田原県役人より本尊普請の内願は承知した、その筋へ工夫するので丹精するよう言われた。景元はこの役人が誰かを明かしていない。
景元は、神主と禰宜とが結んだ明治三年「山法規定書」の四月、廃寺となった旧不動堂と授得院・大覚坊・上之院・廣徳院・中之院の解体を行う途中で、諸木材を、夏の祭礼目前でも参道脇に積置きすることを禰宜に弁明している(日記七七三・七七四・七八四頁)。
(34) 日記三、表紙なし。「阿夫利神社中津社地割図」、明治六年五月、一二五〜七頁。同年八月以降は、権田直助の陣頭指揮のもとで造営が本格化する。
(35) 日記三、「前社御本殿・不動尊大堂・腰掛神社輿　手控」明治一〇年七月七日。三六九〜三七〇頁。
(36) 手中正「手中明王太郎と大工文書そして明王太郎敏景」西和夫『伊勢道中日記―旅する大工棟梁―』所収、平凡社、一九九九年、一七〇〜一八七頁。
①は施主と大工との契約書、②は建物の外形・屋根形状・向背などの図面上の設計、③は建物平面図、④は伽藍や社殿の配置図、⑤の雛形は代々受け継がれる模型図、木割は、建物各部の寸法・大きさを比例配分により示す図、⑥は建築に必要な木材を事前に見積もる使用書で、木寄とも呼ばれる。

(37) 明治一一年(一八七八)二月一五日「宝珠山不動尊伽藍再建諸手控　伽藍棟梁手中明王太郎条約(再建ニ付約定十八条)」(「手中明太郎家史料」、一〇三九〜四〇)。
(38) 日記三、「宝珠山不動尊伽藍再建諸手扣」明治十一年寅一月吉辰、四〇〇頁。三月二日条に「伽藍地坪改ル、詰合廣(徳)院壱人、擔人明王太郎、庄平・米吉・善蔵・乙二郎・定平・太郎平〆八名、黒鍬職大山伊左衛門、怒田村春吉、千村長吉、場所相改候也」とあり不動堂の再建場所が確定した。次いで四月三日、勧化担当者が選出された。同日記、四〇二頁。
(39) 日記三、「阿夫利大神本宮祝詞所幷詰所木積細工手控」明治十一年六月十六日、四五四頁。
(40) この一〇名は、担当の太郎平と景元・藤蔵・定平・重郎・善蔵・重吉・治平・定平・六三郎の一〇名が勧化担当である。
(41) 本書第八章。拙稿「近世期における相模大山御師の形成過程」『鷹陵史学』四二所収、二〇一六年、一五八頁。八大坊・喜楽坊の配下の大山寺護摩取次御師が保有した檀家への勧化を指す。
(42) 日記三、「阿夫利神社御本殿用材寸法仕上銘細控」明治一二年三月、五八八〜五九〇頁。
(43) 担当人一同が出会い、二千円の内訳は、数(藤　筆者註)蔵五百円、善蔵五百円、残る千円は九名の出来とし、この千円は重郎所持の地券を「用立た」と記される。この後に「猶、金八千円也　八ケ院ニ於テ出来候事」とある。
(44) 日記四、「自明治拾六年第正月日記」明治一六年二月二二日、二二一〜二二三頁。
(45) 大山御師の檀家帳である明治一〇年(一八七七)当時の『開導記』(大山阿夫利神社所蔵)から集計すると、佐藤速水は相模・武蔵・上総・上野・下野・信濃六国に一万二九三七戸を保有している。大山御師のなかでは広域に多数檀家を持った御師の一人である。
(46) 前掲註(44)書、三一頁。
(47) 伊勢原寄場組合二五か村における大山御師の延数は延二一二人、檀家総数は一八六五戸に及ぶ。一村当り平均八・五御師、七四・五戸の計算となる。二五か村は大山御師の有力な檀那場であった。

（48）前掲註（44）書、四七頁。

（49）大畑哲・佐々木徹・石倉光男・山口匡一『山口左七郎と湘南社』まほろば書房、一九九八年、三～六頁。及び同書巻末年表二六〇～二六六頁。

（50）日記では大山大堂協会とのみあるが、大山御師の後継者内海弁次の著書『相州大山』（神奈川新聞社、一九九六年、三一三頁）によると、「大山町大堂再建協会」が正式名称である。この文書は、先導師宮本宇之三郎家の明治一八年（一八八五）第七五号文書によるもので、不動堂再建寄附のための「相州大山不動再建寄附勧奨」という標題である。

（51）明治十六年三月廿八日条「右場所（字八幡平）ニテ手斧祭事ス、同断、喜（楽）坊始、七ケ院其外、主僧出ル、住寺分、小僧合テ、正棟梁始、役割順当ニ割附候也」日記四巻、五八～六〇頁。

（52）日記四、「明治十六年未年宝珠山本堂入材手控」一五一～一五二頁。

（53）「寶珠山大堂工数請負定約証」「手中明王太郎家文書」＃一三六六。

（54）日記四、「阿夫利神社所々扣」明治廿四年吉辰、七月三十日取調帳よりの抜書。八二一～八二五頁。

（55）担当人の二二〇円は日記三、四五四頁、担当人二千円と寺僧の八千円は日記三、七二七頁、六千円は日記四、三一頁。

（56）「大山不動尊大堂再建寄附連名帳（表紙）高座郡芹澤村（三十六名）」手中家所蔵資料一四一四。

（57）田嶋悟「明治初年相模国の豪農の実態」（『伊勢原の歴史』一〇、一九九五年）一～二三頁。

（58）日記四、「一八八三未宝珠山本堂入材手控年」一〇月一二日、一二五頁。同月一七日、一三一頁。一二月一〇日、一四九頁。同月一五日、一五八頁。同月二〇日、一六〇頁。

（59）「日々の言の葉」『山口左七郎日記』明治十四年五月一日～十五年十月十八日、三～六頁。権田直助と山口左七郎、この二人と報徳仕法継承者の福住正兄らとの関係は小田原藩国学者の吉岡信之が紐帯となっている。前掲註（49）書、一九五～一九六頁。

(60) 前掲註(49)書、二二七～二二八頁。
(61) 大正八年八月起「山口書輔事績原稿」『山口一夫氏所蔵資料』所収、神奈川県立文書館蔵。
(62) (明治二四年六月)「来ル七月八日ヨリ仝十日迄三日間、本郡金目村ニ於テ別紙規則ニ依リ、繭・生糸・大麦・小麦ノ品評会開設候旨、湘南農会長ヨリ届出候」『平塚市史』六 資料編 近代(2)、一九九五年、五四～五五頁。
(63) 日記三、「阿夫利神社中津社地割之図」明治六年五月、一二五～一二七頁。
(64) 日記三、「阿夫利神社御本殿 用材寸法仕上明細 控」明治十有二年第三月念吉日、五八八～五九〇頁。
(65) この日の日記は次である。
「明王太郎申述候儀、天平勝宝年中ゟ不動尊并ニ坊中添、是迠、目出度相続仕候、私、家筋ニ候、若、此末ニ相成御本尊、時の其筋ニ於、取捨打破ニも相成候砌ニ者、全、日輪天命と諦め候ゟ致方無御座」(日記二、「常留記」明治三年午正月吉辰、七七七頁)。景元は、嘉永七年(一八五四)、白川家へ継目入門し神職許状を得ていたが仏門への帰依は不変であり、廃寺は天命と覚悟している。
(66) 「茨城県の地名」『日本歴史地名大系』平凡社、一九八二年、五五八～五五九頁。
(67) 『筑波町史』下、つくば市、一九九〇年、一四九～一五八頁。
(68) 「石井定輔文書」茨城県立歴史館蔵。
(69) 『筑波山―神と仏の御座す山―』茨城県立歴史館平成二四年度特別展図録、二〇一三年、一一〇頁。
(70) 「磐梯町」『角川日本地名大辞典』七 福島県、角川書店、一九八一年、七八六～七八八頁。
(71) 「明治三十五年 恵日寺寺号復興願並副書」『近世の磐梯町』磐梯町史資料編Ⅳ所収、一九九三年、一三六～一三七頁。
(72) 「甦る古代金堂 慧日寺金堂の復元【第一九回】落成式」、磐梯町「磐梯山慧日寺資料館公式サイト」[二〇二五年一月二七日アクセス](https://www.town.bandai.fukushima.jp/site/enichiji/restoration_19.html)。

補論　東御市祢津地区における相模大山石尊の奉納木太刀

はじめに

相模大山の木太刀奉納に関し、奉納起源を第二章で、現存木太刀と書物上の言説について第三章で触れたが、地域的事例として長野県東御市の奉納木太刀を取り上げる。

護符は、魔除け・疫病除けなどの災害除けと、家内安全、商売繁盛、五穀豊穣など現世利益が目的で寺社が発行するが(1)、絵馬は、祈願または報謝のために馬絵、神仏像・眷属神、船絵馬などを板絵にして諸祈願者により奉納される(2)。護符や絵馬とは別に、古来より武将や刀工が社寺に名剣・霊剣を奉納する行為が行われてきた(3)。

相模国の古義真言宗大山寺に享保二年（一七一七）、江戸中橋の家根屋職人によって「講中安全」と記した刃長270cmの木太刀が奉納され、以降、この木太刀奉納が盛んとなり、相模大山信仰の特徴となった(4)。

江戸時代の大山寺は、現在の神奈川県伊勢原市大山（標高1252m）の中腹に不動明王を、山頂に石尊権現（阿夫利神社本宮）を祀り、不動信仰の山岳霊場であった。この霊場は、別当八大坊と清僧一一か寺が支配する江戸幕府の祈禱寺院として関東一円の信仰を集めた。

大山信仰の木太刀奉納に関しては、千葉県東部の旭市（旧海上町）龍福寺が所蔵する刃長３９６㎝の木太刀を調査した吉岡清司[5]と菅根幸裕[6]の研究がある。他には茨城県南西部や千葉県北部の木太刀を「オタチ行事」と捉えた萩谷良太[7]と近江礼子[8]の研究がある。吉岡と菅根の研究は、龍腹寺の木太刀を通じて大山信仰と木太刀奉納の実態を明らかにしたことは画期的であるが、この地域の村民が宝暦一三年（一七六三）に石尊権現に木太刀を奉納した動機にまでは言及されていない。

また、萩谷の研究は、民俗学的アプローチに重きがあり、近江の研究は茨城県内における石尊信仰の諸相にとどまり、参詣地との関係に留意した検討とはいえない。

大山信仰の奉納木太刀に関する筆者の所蔵調査では、奉納対象は「大山大聖不動明王　石尊大権現　大天狗小天狗」と、不動明王を除いた「大山石尊権現　大天狗小天狗」の二種が存在し、前者は七振、後者が一二振で、後者が多数であった。調査は関東地方の一部の数値なので、奉納先が石尊権現より不動明王が少数とは一概に断定できない[9]。

関東地方の奉納木太刀はそれぞれ個別的事例であるが、長野県東御市祢津の長命寺大日堂には天明元年（一七八一）以来の一二〇年間で、一二一振の奉納木太刀が所蔵されている。祢津地区の奉納木太刀は長期連続奉納、奉納本数の多さという点で貴重な事例である。祢津の奉納木太刀の検討は、大山信仰における参詣行動の新たな解明に繋がると考え、『祢津大山石尊社の納め太刀調査報告』[10]、『石尊大権現講中扣』[11]、『雨降山石尊堂　御祈禱□牘帳』[12]などの資料により検討を行う。

第一節　近世、祢津地区の個人奉納による木太刀

長命寺大日堂内の木太刀は、天明元年（一七八一）から平成二三年（二〇一一）のうち、天明元年、文政六年を除き、天明二〜文政一一年（一七八二〜一八二八）の四二年間と昭和一八年〜平成二年（一九四三〜九〇）の一〇六年間の欠落があるが、実質一二五年・総計一二一振が長命寺大日堂に所蔵されている（［図補-1］）。これら木太刀から講組織による木太刀を除き、個人名・午男の表示から明らかに講組織ではない木太刀五振を［表補-1］に抽出した。

No.1の木太刀の奉納先は「大山大聖不動明王　石尊大権現　大天狗小天狗」で奉納者は神田蠟燭町の片桐磯右衛門である。神田蠟燭町は、現在の神田二・三丁目に当たる江戸の職人町である[13]。大山信仰の木太刀は「納め太刀」ともいわれ、参詣後は、別の木太刀を持ち帰り、自宅の神棚に供え、霊場に残された木太刀は、八月一七日の「太刀焼神事」で焼かれたという[14]。No.1の木太刀は、大山参詣をした祢津の何者かが神田蠟燭町の木太刀を持ち帰り保管したと思われる。同時代に『大山不動霊験記』が出版され、この中では木太刀のご利益を収録している[15]。

［図補-1］　長命寺大日堂収蔵の木太刀

［表補-1］　長命寺大日堂所蔵奉納木太刀

No.	西暦	月	日	刃長×刃幅（cm）	銘文（表）	銘文（裏）
No.1	1781			182 × 9	大山大聖不動明王石尊大権現大天狗小天狗	天明元年辛丑　神田蠟燭町　片桐磯右衛門
No.2	1823	7	吉日	170 × 14	奉納　石尊大権現　大天狗小天狗　諸願成就	于時文政六年未七月吉日　願主敬白
No.3	1836	4	吉日	400 × 18・5	維告天保七載龍有丙申初夏良辰　金井郷源義重	奉納　御廣前大山大聖不動明王　石尊大権現大天狗小天狗　諸願成就
No.4	1838	正	吉日	176 × 8	石尊大権現大天狗小天狗　所願成就　午男	天保九戊戌正吉日
No.5	1838	正	吉日	173 × 8.3	像頭山金毘羅大権現　諸願成就　午男	于時天保九戊戌正吉日

No.2の木太刀は「所願成就」「願主敬白」以外奉納者名は不明である。No.4とNo.5は、ともに天保九年（一八三八）正月吉日、午男の二振で、成人儀礼に伴う奉納と思われる。No.4は大山石尊権現へ、No.5は讃岐国金毘羅権現へ奉納された木太刀だが、同一人物による奉納か、別人の者かは不明である。

No.3の木太刀は、No.1と同様の奉納先で、奉納者は祢津領内の金井村の源義重である。この木太刀は、背後の大日堂屋根に届くほどの刃長400cm×刃幅18・

5㎝で、長命寺大日堂所蔵の木太刀では最大の木太刀である。(16) 義重の特定はできないが源氏姓から金井郷の有力者と推定される。不動明王・石尊権現・大小天狗のように、祈願先が仏神となっている。

以上、大山石尊権現への個人奉納による木太刀であるが、次に参詣講による奉納木太刀の内容を検討する。

第二節　近世、祢津地区の石尊大権現講による木太刀奉納

祢津に「石尊大権現講」が結成された由来を示す史料が次である。

[史料1]

『安政三辰年十一月吉日　石尊大権現構中扣』抑石尊大権現者天地開闢」より、以来尊事日々輝三光」欄然宇宙自若春夏秋冬」等萬木花千草ニ至迄擁護葉」給ふなり、爰ニ当国滋野里」飛雨凌、童子等俄ニ集り尊事」を仰、講中ヲ結、代参ヲ企、東海道」相模国雨降山へ許シ、別当處」大山寺へ願、御札守幷御供料ヲ捧」銘々御札守頂戴仕、愈以石凝姥《コリトメノ》」命、御神力尊事を恐、是より」年参数年之間、去ル天保六乙未年」行堂ヲ催□、大日尊於山内ニ、明申」九月廿八日捧上仕、酉年より行堂ニ而」例年之通り正月四日より十七日之間」別火・切火ヲ供、先達幷信心之御奉」不動滝ニおゐて日夜三度之十垢」理捧、永年祭日六月廿八日知光山」長命寺別当卜頼、構中一同御初穂ヲ」捧、御新酒ヲ開、尤年参・永代」両人敬、無恐慢感應成意」満足、数年信心之徳、依之構中」繫多仕、右ニ付此度相改構中人別（略）」

[史料1]は、①石尊大権現は、春夏秋冬、萬木花千草を擁護するため、風雨の激しい滋野村の人々が石尊権現を崇め、別当の大山寺へ供養料を捧げ御札守を受ける、②天保六年（一八三五）行堂を催し、天保七年（一八三六）

九月二八日大日堂を設け、天保八年（一八三八）より行堂で正月四日より一七日間別火・切火を備え、不動滝で垢離をとり、③長命寺を別当と頼み、永年祭日を六月二八日と定め講中で初穂を捧げる、とする内容である。表紙上部に「第弐号」の附箋が貼られているので、石尊権現講の結成は天保八年頃と思われる。本文末尾に人別帳六四名の署名・押印が記される。文化七年（一八一〇）の祢津地区は、戸数八四戸、男一八八人、女一七六人合計三六四人で、安政三年（一八五六）当時、石尊権現講に男全体に対し34％の者が参加した計算である。(17)

(1) 文政一二年（一八二九）～嘉永三年（一八五〇）の奉納木太刀

［表補-2］は、石尊大権現講による奉納木太刀を文政一二年以降嘉永三年までの二一年間、一五振を示した。［図補-2］は『雨降山石尊堂 御祈禱□牘帳』（一丁裏・二丁）の表紙で、［表補-2］下部が「石尊大権現講」の代参人による代参月日・祈禱料・御牘数・奉納先（大山寺）の受領印・代参人名などの記録である。［表補-2］からは以下のことが指摘できる。

①一五振中、天保元～五年（一八三〇～一八三四）、同八年（一八三七）、天保一五年（一八四四）・同四年の六振が欠落しているが、それ以外は継続奉納されている。

②木太刀の刃長は、１７０cm台一二振、１８０cm台五振り、１９０cm台・１６０cm台・刃長不明が各一振と、１７０cm～１８０cm台が大多数である。

③木太刀の祈願先の「石尊権現大小天狗(18)」が一三振、祈願主の「諸願成就（大願成就含）」が一〇振、「五穀豊穣」三振、祈願主は、「講（構）中敬曰」が一三振と大半である。

④発願日は、安政元年七月と文久三年の一一月を除き、六月二八日が一三振、「大祭日」が二振と、六月二八日が

〔表補－2〕　長命寺大日堂所蔵奉納木太刀（文政一二年（一八二九）～嘉永三年（一八五〇））

西暦	月	日	刃長×刃幅	銘文（表）	銘文（裏）
1829	7		不明	奉納　石尊大権現　大天狗小天狗　大願成就	□日文政十二次　巳丑初秋新造焉　講中敬白
1835	6	28	177×9	奉納　石尊大権現　大天狗小天狗　諸願成就　如意満足祈所	天保六乙未六月二十八日　講中敬白
1836	6	28	170×10	時茲　天保第七丙申歳六月二十七日　講中敬白	奉納石尊大権現　大天狗小天狗　諸願成就
1838	6	28	170 × 9	奉納　大山石尊大権現　大天狗小天狗　講中安全所願成就　如意祈処	天保九戊戌歳六月二十八日　講（□）中敬白
1839	6	28	190 × 9	奉納　石尊大権現　安全□□　注　下線部左右に「七□郎（?.）」「七福（カ?.）□」	天保己亥十六月二十八日　講中　敬白
1840	6	28	180×9	奉納　大山石尊大権現　大天狗小天狗　諸願成就	維持　天保十一子歳　六月二十八日　講中安全祈攸
1841	6	28	185×9	奉納　□□□磨滅□□□　講中諸願成就	天保十二辛丑六月二十八日　講中敬白

『雨降山石尊堂　御祈禱□牘帳』

西暦	月	日	祈禱料	御牘	小守	受領印	代参人
1839	7	13	50疋	53	53	A	仙右衛門　勝三郎
1840	7	16	2朱	55	55	A	儀兵衛　伴左衛門
1841	7	14	2朱	55	55	A	小右衛門

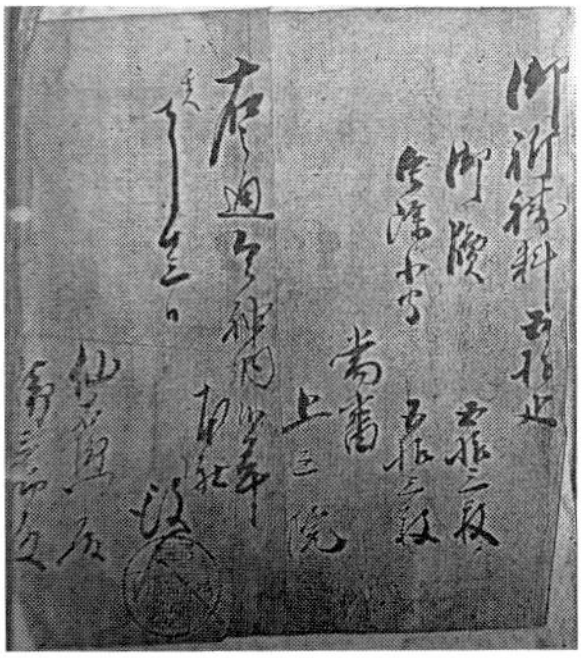

〔図補－2〕『雨降山石尊堂　御祈禱□牘帳』表紙

西暦	1842	1842	1843	1843	1843	1843	1844	1845	1845	1846	1846	1847	1848	1848
月	6		6		6		欠	6		6		欠	6	
日	28		28		28			28		28			28	
刃長×刃幅	160 × 9.6		185 × 9		186 × 9			177×8.5		174×9			180 × 18	
	表	裏	表	裏	表	裏		表	裏	表	裏		表	裏
銘文	奉納　石尊大権現　大天狗小天狗　講中安全諸願成就　如意 祈所	天保十三壬寅年六月二十八日　構中敬白	奉納　大山石尊大権現　大天狗小天狗　講中諸願成就	天保十四年癸卯六月二十八日　講中敬白	奉納　大山石尊大権現　大天狗小天狗　講中諸願成就	天保十四年癸卯六月二十八日　講中敬白		奉納　石尊大権現大天狗小天狗　構中安全吉祥祈所	弘化乙巳辰年　諸願成就	奉納石尊大権現大天狗小天狗　諸願成就祈所　如意吉祥円満	弘化三午年六月二十八日　構中安全		奉納石尊大権現大天狗小天狗　天下泰平五穀豊登講中　安 穏如意吉祥円満祈所	嘉永元戊申歳六月大祭礼　構（講カ）敬白

西暦	1842	1843	1843	1844	1845	1846	1847	1848
月	7	7	欠	7	7	7	不明	7
日	13	16		12	12	17	不明	14
祈禱料	50 疋	100 疋		100 疋	100 疋	100 疋	100 疋	100 疋
御牘	55	55		55	55	55	55	55
小守	55	55		55	55	55	55	55
受領印	A	A		A	B	C	A	A
代参人	才吉	天慶院　盤之助		長蔵　亀吉	右源次　□太郎	寶尾院	露?作　金□	松蔵　権太郎

西暦	1849		1850	
月	6		6	
日	大祭日		大祭日	
刃長×刃幅	170 × 8		176 × 8.5	
	表	裏	表	裏
銘文	奉納大山石尊大権現　大天狗小天狗　聖朝安穏天下泰平風雨順時五穀豊穣万難消除　構中安全祈所	嘉永二酉歳六月大祭礼　構（講カ）敬白	奉納大山石尊大権現大天狗小天狗　講中安全五穀成就祈所	干時嘉永三庚戌六月二十八日　講中敬白

西暦	1849	1850
月	7	7
日	14	13
祈禱料	100 疋	100 疋
御牘	60	60
小守	60	60
受領印	D	E
代参人	松左衛門・四郎左衛門	要八・段右衛門・長十・久作

大半で、『石尊大権現構中扣』の例祭に合わせた定例日となっている。

［表補-2］下部は、天保一〇年から嘉永三年までの一二年間分の祈禱料で、これを［表補-2］上部の木太刀奉納年に付合した。本表からは以下のことがいえる。

①文政一三年から天保五年の五か年の木太刀は不記載である。この期間、木太刀奉納が単に不履行なのか、木太刀が紛失されたのかは不明である。

②奉納木太刀の祈禱料は、天保一〇～一三年が五〇疋（または二朱）の処、天保一四年以降嘉永三年には一〇〇疋に倍増した。御牘・小守数は、天保一一年～嘉永元年は五五枚だが、嘉永二・三年には六〇枚に増加している。

③祈禱料の受領日は、七月一三・一四日が各三か年、同月一二・一六日が各二か年、同月一七日が一か年、その他の月日は不明である。

④祢津の参詣者が辿った街道は不詳であるが、上段表の木太刀奉納日と下段表のご祈禱牘帳の日数の差から、祢津

〔図補-3〕『雨降山石尊堂 御祈禱□牘帳』受領印章

I　本社役人	E　自	A　本社當番
	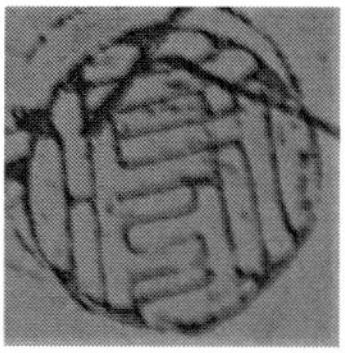	
J　大山寺寶壽院	F　大覚坊	B　祐　泉
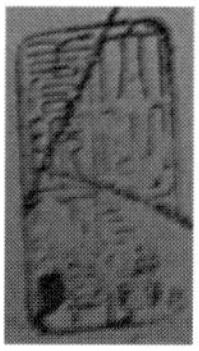		
K　大山納所□□	G　大山寺授得院	C　西坂本圓鏡院

L　大山寺大學坊雜掌	H　大山常圓坊	D　本社賄
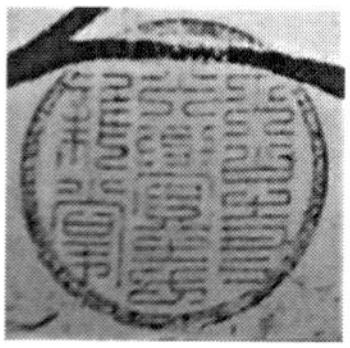		

を出立してから大山寺までの参詣日数は、約三〇数日と推定される。

⑤『雨降山石尊堂 御祈禱□牘帳』には〔図補-3〕のような大山寺受納者の押印があり、これらの印章は〔表補-2〕のA～Lに対応する。

図中のA・D・Iは、山頂の石尊大権現社を指す「本社」印、F大覚坊・G授得院・H常圓坊・J寶壽院は大山寺の供僧寺印である。B祐泉とC圓鏡院も大山寺別当配下の子院である。E自・K大山納所□□・L大学坊雑掌の三所は特定不明である。

(2) 嘉永四年(一八五一)~慶応四年(一八六八)の奉納木太刀

[表補-3]に嘉永四年~慶応四年の一八年間、一八振を表示した。

本表の特徴からは次のことが指摘できる。

①[表補-3]上部の奉納木太刀は、文久元年(一八六一)の不記載と文久三年(一八六三)の二振の奉納に対し、[表補-3]下部の御祈禱牘帳の記載は、文久三年と慶応二年とが欠落しているが、嘉永四年~慶応四年まで木太刀奉納が継続された。

②木太刀の祈願先は全て「大山石尊大権現」で、祈願主は、「講中安全五穀豊穣祈所」が一一振、「講中安全(穏)如意祈所」(安政二・三年、万延元年・慶応元年)四振の二種と前者が大半である。

③奉納木太刀の祈禱料は、嘉永四年~文久三年までは一〇〇疋の定額に対し、元治元年(一八六四)と慶応元年は一歩一朱に増額、慶応三年は二〇〇疋と倍増している。

④御牘・小守数は、嘉永四年が六〇から毎年微増して安政三年(一八五六)以降慶応までは六八の定数となっている。

⑤[表補-3]下部と[図補-3]から、大山寺受納者印は、記号A・D・Iの本社(大山石尊大権現)担当者が三印、B・C・F・G・H・J・Lの寺僧印七印、その他(E・K)と、寺僧側が本社側担当印の倍である。参詣者に対する大山寺受納担当は、木太刀奉納と祈禱料に関して本社と寺僧の双方が受け持ち、祢津の場合は寺僧担当が

〔表補-3〕長命寺大日堂所蔵奉納木太刀（嘉永四年（一八五一）～慶応四年（一八六八））『雨降山石尊堂　御祈禱□牘帳』

西暦	月	日	刃長×刃幅	銘文　表	銘文　裏
1851	6	28	170 × 10	奉納大山石尊大権現大天狗小天狗　五穀成就搆（講カ）中安 全祈□（所カ）	嘉永四亥六月二十八日　願主搆（講カ）中
1852	6	28	170 × 9	奉納大山石尊大権現大天狗小天狗　搆（講カ）中安全五穀豊 登　如意祈攸	維時嘉永五壬子六月二十八日　願主搆（講カ）中敬白
1853	6	28	170 × 9	奉棒大山石尊大権現大天狗小天狗　搆（講カ）中安全五穀豊 登　如意祈攸	山一日　嘉永六癸丑季夏二十八日願主搆（講カ）中
1854	7	17	170 × 11	奉呈　大山石尊大権現大天狗小天狗　搆中安全五穀豊登　如 意祈處	嘉永甲寅七月十七日　講中造之
1855	6	良辰	157×8	奉献　大山石尊大権現大天狗小天狗　構中安穏　如意祈處	維時　安政二□蒙単閼六月良辰　願主講中
1856	6	28	155×11	奉納石尊大権現大天狗小天狗　大山襲言	維時　安政参非（此カ）執除載　林鐘二十有八日
1857	6	28	170×12	奉納　大山石尊大権現大天狗小天狗　講中安全五穀成就祈攸	安政四丁巳年六月二十八日大山講襲言

西暦	月	日	祈禱料	御牘	小守	受領印	代参人
1851	7	15	100疋	60	60	A	和右衛門
1852	7		100疋	62	62	A	世話人中
1853	7	15	100疋	62	62	E	新右衛門　久吉
1854	7		100疋	64	64	A	順作
1855	7	13	100疋	67	67	A	作右衛門
1856	7	13	100疋	68	68	G	善三郎
1857	7	13	100疋	68	68	H	儀助

1865		1864		1863		1863		1862		1861	1860		1859		1858	
				11		11		6			6		6			
								28			28		28			
172×13		172×12		117×8		170×11.5		178×12			172×10		170×12		170×10	
裏	表	裏	表	裏	表	裏	表	裏	表	欠	裏	表	裏	表	裏	表
慶應元年乙丑　大山大山搆龔言	奉献大山石尊大権現大天狗小天狗　構中安全祈所	元治元年甲子歳　大山搆龔言	奉納大山石尊大権現大天狗小天狗　講中安全五穀成就祈攸	文久三癸亥歳霜月日　諸願成就　未年男	奉納大山石尊大権現大天狗小天狗　講中安全五穀成就祈攸	文久三癸亥歳霜月日　諸願成就　未年男	奉納大山石尊大権現大天狗小天狗　講中安全五穀成就祈攸	文久二壬戌歳六月二十八日　大山講龔言	奉納大山石尊大権現大天狗小天狗　講中安全五穀成就祈攸		万延元庚申載六月二十八日　講中謹造之	奉呈　大山石尊大権現大天狗小天狗　搆中安全　如意祈處	安政六己未歳六月二十八日　大山講中龔言	奉納大山石尊大権現大天狗小天狗　講中安全五穀成就祈所	安政五戊午歳　大山構大山講龔言	奉納大山石尊大権現大天狗小天狗　講中安全五穀成就祈所

1865		1864		1863	1863		1862		1861		1860		1859		1858	
7		7		欠	7		7		7		7		7		7	
14		15			14		13		14		14		14		15	
1歩1朱		1歩1朱			100疋		100疋		100疋		100疋		100疋		100疋	
68		68			68		68		68		68		68		68	
68		68			68		68		68		68		68		68	
L		K			G		D		D		D		J		I	
徳右衛門	才助		金蔵		久像	新八	丑之助	天王院	長右衛門	長左衛門	伊兵衛	源太郎	長作	源四郎	才助	長左衛門

年	月	日	寸法	表	裏
1866			179×13	慶應二年丙寅　大山講奠言敬白	奉納石尊大権現大天狗小天狗　講中安全五穀成就祈所
1867	6	28	180×11.5	奉納大山石尊大権現大天狗小天狗　講中安全如意円満祈所	慶應三丁卯星六月二十八日　講中謹造之
1868	6	28	174×13	奉納大山石尊大権現大天狗小天狗　講中安全如意円満祈所	慶應四戊辰六月廿八日造立之講中

1866	欠						
1867	7	10	200疋	68	68	H	才助・兵治　宝光院
1868	7	12		68	68	G	才次郎・刀太郎・宝光院

多数であった。

なお、慶応四年の神仏分離により大山寺は廃絶され、多くの資料が廃棄されたために、［図補-3］後出［図補-5］のように受領印章が残されているのは、大山信仰関係における特筆されるべき貴重な資料である。

以上、大日堂所蔵の奉納木太刀について、個人奉納によるものを第一節で、石尊大権現講によるものを第二節でみてきたが、第三節では、どのようにして祢津で木太刀奉納がされるようになったかを検討する。

第三節　東御市の立地と水系

［図補-4］と［表補-4］は東御市全図上に、低標高から高標高順に御牧原を除く田中・和・滋野・祢津の四地域を示したものである。標高はほぼ５００ｍ未満の千曲川以北が順次標高が上がる。北国街道以北の田中・和・滋野・祢津は宅地・田地で占められる。標高６００～７００ｍには宅地・田地に畑地・果樹園、標高７００～８００

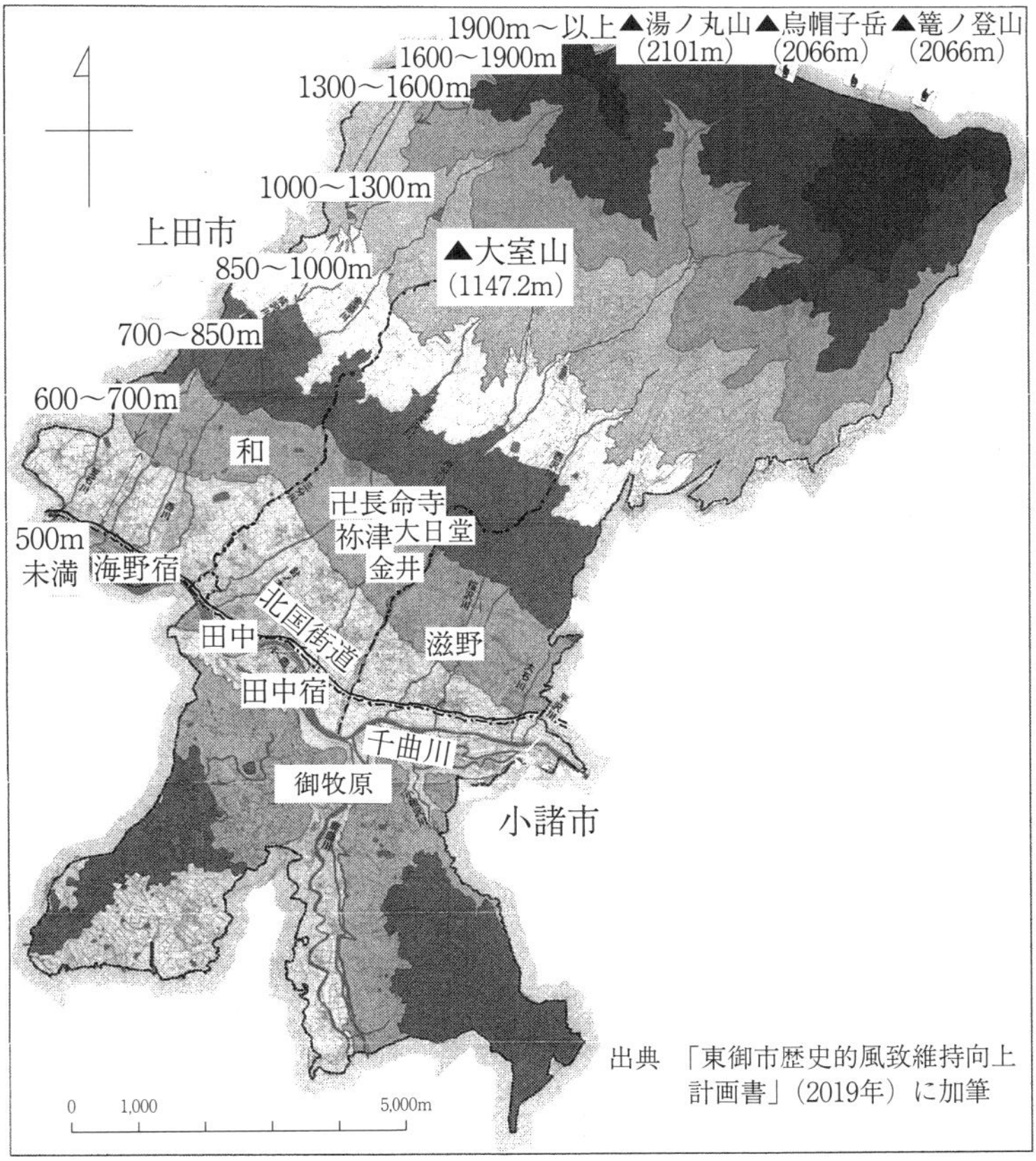

出典 「東御市歴史的風致維持向上計画書」（2019年）に加筆

［図補-４］ 御牧原を除く東御市４地区の標高

［表補-４］ 東御市４地区の標高

標高（m）	田中	和	滋野	祢津
850～1000		西入・東入		滝の沢
700～850		田沢・西田沢・大川		姫子沢・西宮・祢津・東町・出場・新張
600～700		栗林・和・大川・寺坂・釜村田・東上田	片羽・大石・中屋敷・原口・乙女平・王子平・別府	金井・鞍掛・祢津南・湯の丸
500～600	加沢・上川原・田中・県・本海野・西海野・城ノ前	海善寺・曽根・東深井・海善寺北・西鳥台	赤岩本郷・桜井・羽毛田・牧家	新屋・伊勢原
500 未満	千曲川河川域			

ｍには果樹園・針葉樹林・山地、標高８００ｍ以上は山岳地帯となる。祢津全一三地域の内、姫子沢・根津・西宮・東町・出場・新張は標高７００ｍ上に位置し、宅地の上限域で田地・畑地・果樹園で囲まれる狭隘な土地である。更に標高１１４７・２ｍの大室山から北東に向かい２０００ｍ級の湯ノ丸山・烏帽子岳・篭ノ登山が連なり、祢津は田中に比し標高差は３００ｍの高地である。

また、山岳地帯から成沢川・近原川・求女沢川・所沢川など諸河川が下向する。これら河川は水量が少なく急流であり、土質は火山灰・火山礫などの土流堆積物で形成され、水持ちが悪かった[19]。

水利と水害に関する祢津の歴史的経過を確認してみる。

所沢川の標高９００ｍの横堰（奈良原用水）は、分水桝により四分水一一か村と六分水七か村[20]とすることを元禄七年（一六九四）閏五月八日、祢津領・上田領常田両名主の連署により和解が行われ[21]、以後、この水利権は幕末まで継承された。所沢川に隣接する高標高の祢津は、飲料水・用水の確保は生存の必須要件であった。

水利権和解の半世紀後、寛保二年（一七四二）七月二七日、台風の豪雨により、祢津藩金井村に死者一一三人、流家五三戸、倒れ家九戸、立家三戸に及ぶ甚大な被害が発生し[22]、生存者一〇五人は八月一日、祢津の長命寺に避難した。金井村薬師堂裏には水害当日を命日とした犠牲者の墓石が多く残された。その半世紀後の寛政九年（一七九七）、所沢川に接する金井上平雑木林に「石尊大権現」（供養塔）の石碑と、周り場奥の自然石に「流死一切合霊塔」が建立された[23]。

こうした背景と［表補-1］を重ねると、天明元年（一七八一）、神田蠟燭町片桐磯右衛門奉納の木太刀を大山参詣した祢津の何者かが地元に持ち帰った、ここから大山石尊権現へ木太刀を奉納すると雨水のご利益があることを知った祢津の別の者が文政六年（一八二三）に大山石尊権現へ木太刀を奉納し帰郷した、寛保二年の豪雨被害の記憶が深い金井村の義重が天保七年（一八三六）刃長４００㎝を奉納した、との説明が可能と考えられる。［史料1］『安政三辰年十一月吉日　石尊大権現構中扣』の「爰ニ当国滋野里飛雨淩、童子等俄ニ集り尊事」から、九〇年以前の豪雨被害の記憶が反映され、水に対するご利益を知った祢津の人々が石尊大権現講を結成し、木太刀奉納を奉納するようになったと考える。

相模大山寺は、山中中腹の不動明王を本尊とする不動信仰の聖地であるが、祢津の人々の祈願が、山上の石尊権現（阿夫利神社）に一貫して向けられているのはこの背景がある。

第四節　明治初年以降一〇年間の奉納木太刀

慶応四年（一八六八）三月の神仏分離令により、慶長一四年（一六〇九）以来二五〇年間続いた大山寺は廃絶となり、(24)寺僧が退き、旧来の大山御師は以後の五年間、阿夫利神社を設立し神社運営に携わった。しかし、神職に転身した御師の運営体制は長続きせず、権田直助が明治六年（一八七三）五月に阿夫利神社神官に就任したことで山内改革が進められ神社崇敬の山岳霊場へ転換した。(25)

このように神仏習合から神社信仰への霊場と転換したが、根津地域の石尊大権現講による木太刀は、［表補-5］のように奉納された。［表補-5］は明治初元年から一〇年であるが、以降は割愛する。

本表からは次の点を読み取ることができる。

①祈願先は、「大山石尊大権現大天狗小天狗」で、祈願主は、「講中安全如意祈所」（または「講中敬白」）が八振に対し、明治六年は「官省符県講中安全祈所」と特例である。

〔表補-5〕　長命寺大日堂所蔵奉納木太刀（明治以降一〇年）

西暦	月	日	刃長×刃幅	銘文（表）	銘文（裏）
1868	慶應四年六月二八日に奉納				
1869	6	28	164×9	明治二己巳六月廿八日　願主造立	奉納大山石尊大権現大天狗小天狗　講中安全如意祈所
1870	6	24	177×12	明治三年庚午六月廿四日　講中	奉納大山石尊大権現大天狗小天狗　講中安全如意祈所
1871	6	28	176×12	明治四年未六月廿八日　講中造立	奉納大山石尊大権現大天狗小天狗　講中安全祈所
1872	7	良辰	182×12	明治五壬申　龍集攵月良辰　講中敬白	奉納石尊大権現講中　安全子孫長久祈
1873	7	28	170×9	奉納大山石尊大神大天狗小天狗　官省符県講中安全祈所	神武天皇紀元二千五百三十三年七月廿八日　講中造立
1874	8	10	171×13	明治七甲戌年八月十日　講中敬白	奉納石尊大権現　講中安全五穀成就祈
1875	7	28	171×15	明治八乙亥年七月二十八日　講中敬白	奉納石尊大権現　郷中安全如意祈所
1876	8	17	173×13	明治九丙子八月十七日没（?）施主敬白	奉納石尊大権現　講中安全如意所
1877	8	7	174×15	明治十丁丑年八月七日　施主敬白	奉納石尊大権現　講中安全所

『雨降山石尊堂　御祈禱□牘帳』

西暦	月	日	初穂料	御牘	小守	受領印	代参人
1868	慶應四年七月一二日に奉納・受領						
1869	7	17	銭8貫500文、両紡8〆2文	68	68 祓 劒	M	柳沢儀助
1870	欠						
1871	欠						
1872	7	14	金札1両、鏡餅	68	68	M	清水富作、伊藤清治
1873	8	29	金1円、鏡餅	68	68	N	大日向清作、木屋藤吉
1874	欠						
1875	欠						
1876	欠						
1877		?	金1円、直会	68	68	O	唐沢光泉、佐藤半蔵

②木太刀発願日は、［表補-2］［表補-3］の全てと明治二・三年が六月二四・二八日に対し、明治六年以降は、七月二八日、八月一〇日・一七日・七日のように後ろにずれている。

③明治二年以降は、大山の崇敬対象は大山阿夫利神社に転換したので、御祈禱牘帳の祈禱料は「初穂料」に変わり、明治二年は銭八貫五〇〇文、明治五、六、一〇年は金一円へと大幅に増額している。初穂料の受領印月日は、②の発願日に伴い、ひと月ほど後ろにずれている。

④明治三・四年、明治七~九年の内容は原因不明だが不記載である。

［図補-5］祈禱印章は次のようである。

①慶応四年七月一二日は神仏分離の決定直後であるが、［表補-3］下段末尾欄のG大山寺授得院賄所の表記から、七月の夏季祭礼は、大山寺八大坊配下供僧の授得院が領収印を押していることから、この段階では、大山寺の影響力が残されていたようである。

②明治元年以後、大山阿夫利神社の霊場に転換したため、『御祈禱□牘帳』M・N・Oのように全て神職（前大山御師）の受領印である。

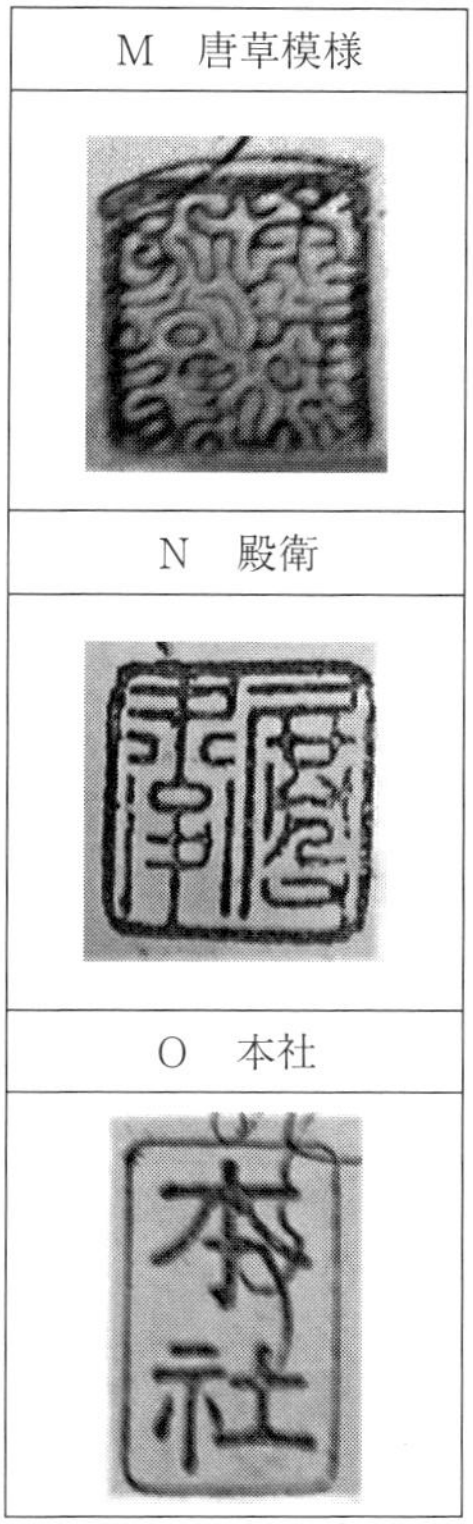

［図補-5］『雨降山石尊堂　御祈禱□牘帳』受領印章

［表補-5］以降の三五振の発願日は七月二七日であるが、初穂料受領日は、八月一四日が四か年、八月一三・一六日が各二年、八月一五日・七月二七日が各二年、これらの日にちの前後でまちまちである。御牘・小守の枚数は、六八枚と不

変である。

祢津の石尊権現講は、以後明治一一～四五年（一八七八～一九一二）、大正年間（一九一二～一九二六）中、昭和元年～一七年（一九二六～四二）まで木太刀奉納が連綿と行われ、昭和五九年（一九八四）九月に講は解散した。以後は、木太刀の管理は根津東町に移管され、同町の人々による大山阿夫利神社への木太刀奉納が平成三年（一九九一）以降隔年で再開された。

おわりに

本稿は、東御市祢津の長命寺大日堂に所蔵される大山石尊権現講の奉納木太刀を検討したが、その結果、次の点を明らかにした。

1　相模国大山参詣における奉納木太刀は、参詣地の大山阿夫利神社・大山寺をはじめ関東周辺地域に個別の所蔵が確認されてきた。それに比し、祢津地区では天明元年（一七八一）以降現代まで継続奉納され、奉納者、奉納月日が明らかな木太刀一二一振が確認される。奉納木太刀の数量や大山参詣講の継続性から他所に比し、例が見られない事例であった。

2　天明元年、神田蠟燭町の木太刀や天保七年（一八三六）、金井村の義重が奉納した長大な木太刀は個人の奉納だが、これにより祢津の人々は大山石尊大権現講を結講し、代参により木太刀奉納が始められた。

3　『御祈禱□牘帳』によると、木太刀奉納の出立は毎年六月二七日、大山でのお札受領は七月一四日前後であることから、参詣に要する往路日数は、一三〇日程と考えられ、代参人は二名で、お札の受納数は、江戸期は五五名から六八名へ漸増し、明治初期は平均六六名だった。

4　大山寺の祈禱料受付担当は、江戸期は石尊権現社の社役、大山寺八大坊供僧の大覚坊・授得院・常圓坊などの役僧が輪番で担当し、明治以降は阿夫利神社社務が専ら担当した。

5　祢津は、標高700m以上の高地にあり、水利の確保・管理が切実な土地柄であった。この地区では元禄七年(一六九四)以来四分水・六分水の水利権が定められていた。祢津地区の金井村は、寛保二年(一七四二)七月の大洪水のため多くの死者と家屋倒壊被害に遭い、被災者は長命寺に避難し、その後、供養塔「石尊大権現」が金井に建てられた。祢津の石尊権現講が発生した背景にはこのような要因があったと考える。

註

(1)　類語に呪符・お札などあるが、宗教学、民俗学、歴史学からの定義が千々和到編『日本の護符文化』(二六〜三七頁、弘文堂、二〇一〇年)においてなされている。

(2)　岩井宏實・神山登『日本の絵馬』河原書店、一九七〇年。近接語に「納札」が挙げられる。前田卓『巡礼の社会学』ミネルヴァ書房、一九七二年。

(3)　後藤安孝「刀剣と日本人」温古学会編『温故叢誌』第六七、三八〜四一頁、二〇一三年。

(4)　本書第三章。拙稿「近世、相模大山の奉納木太刀と書物の描写」『千葉史学』八一、五四〜六三頁、二〇二二年。

(5)　吉岡清司「大山信仰と納太刀」『海上町史研究』一六、一九八一年。吉岡は、宝暦一三年(一七六三)銘の龍福寺に所蔵される木太刀は、刃長396cm、刃幅32・5cmで、表面「奉納石尊大権現　会所　溝原邑」、裏面「月参大願成就　宝暦十三年未六月初山□三年也」と記され、願主六六名、月参講中参詣人六月初山九三名の連記により、宝暦一三年当時、四七か村一五〇人を超える村民が大山石尊権現に祈願して大型の木太刀を奉納したことを明らかにした。

（6）菅根幸裕「近世・近代の東総における相模大山信仰」『国立歴史民俗博物館研究報告』第一一五集、二九九～三一九頁、二〇〇四年。

（7）「常総地方のオタチ行事―その歴史的民俗的考察―」『神奈川大学院歴史民俗資料学研究』一二、二七七～三〇七頁、二〇〇七年。萩谷は、利根川や霞ケ浦周辺で夏の時期、男子が木太刀を担いで集落を歩き、五穀豊穣や厄除けを祈願する行事があり、この行事を「大刀揉み」「大刀洗い」などと言われるが、これらの行事を「オタチ行事」と総称した。

（8）近江礼子「茨城県における大山石尊信仰の諸相（一）」『西郊民俗』二一六、二～八頁、二〇一一年。同（二）二一八、一三～二四頁、二〇一二年。

（9）前掲註（4）。

（10）この報告書は、二〇一二年七月二二、二七日、八月一七日の三回にかけて調査委員の倉嶋忠行・土屋熊之・社岡保・河嶋恵一・金井勝・石川好一らにより長野県立歴史館において報告された内容である。

（11）石川好一氏所蔵。縦２６０㎝、横１６０㎝、本文一六丁の簿冊。

（12）祢津東町松沢房視所蔵。形状は縦28㎝×横１６５㎝、本文五四丁。

（13）嘉永四年「諸問屋名前帳」によると、内神田四人、外神田と麴町に一五人の蠟燭問屋商人がいた（『千代田区史』五一二～五二一頁）。

（14）沼野嘉彦「大山信仰と講社」宮田登編『日光山と関東の修験道』八巻、四七〇頁、名著出版、一九七九年。

（15）本書第四章。拙稿「『大山不動霊験記』における霊験主の考察」『佛教大学総合研究所紀要』二七、二〇二〇年。

（16）関東地方では、川越市松江町一丁目自治会が寛政六年「大山大聖不動明王石尊権現大天狗・小天狗」（全長４４㎝）の奉納木太刀を所蔵する。

（17）『東部町誌』歴史編下、五六三頁、八三六頁。『東部町歴史年表』三一二頁、一九八六年、東部町誌刊行会。

（18）大天狗・小天狗は大山山頂に祀られた修験道の摂社である。

(19)『東部町歴史年表』三三二頁、一九八六年。

(20)四分水の内訳は、祢津領の祢津西町・同東町・金井・新屋・三分・夏目田・長坂の七か村、上田領の常田・五丁・田中・加沢の四か村の合計一一か村、六分水七か村の内訳は小諸領の桜井・片羽・中屋敷・大石、祢津領の別府・原口・新張の合計七か村である（『東部町歴史年表』二五五頁、一九八六年）。

(21)『東部町誌』歴史編下、三七六～三八六頁。

(22)金井村名主清右衛門「戌出水万覚留帳」瀬田郡平氏所蔵、『東部町誌』歴史編下、五七一頁所収。

(23)『東部町歴史年表』三一二頁、『東部町史』歴史編下では、この雑木林は流失した岩石で荒地のまま2㎞に及ぶとされる。同書五六九～五七〇頁。供養塔と「金井の火祭り」発祥については『金井区誌』一〇二～一〇五頁、一六四～一六五頁に記録されている。

(24)松岡敏「幕末明治初期における相模大山御師の思想と行動」、圭室文雄編『大山信仰』所収、一五一～一七三頁、一九九二年。

(25)明治二年（一八六九）九月、「祢宜家格につき内済書覚」『伊勢原市史』資料編　大山、七〇一～七〇二頁、一九九四年。

近世相模大山主題別略年表

元号	西暦	世代	別当	在任年	大山寺法度と山法	幕府下賜金と大山寺縁起	大山に関する書物
慶長一〇	一六〇五	一	中興実雄	13			
慶長一四	一六〇九				徳川家康「大山寺掟」、頼慶「大山寺諸法度」		
元和四	一六一八	二	実栄	7			
別当不在八年間							
寛永一〇	一六三三	三	賢隆就任	21			
寛永一四	一六三七		賢隆			真名本「大山寺縁起」作成	
寛永一六	一六三九					金一万両（伽藍二三か所造営金）下賜	
寛永一八	一六四一					大山寺諸堂宇造営	
寛永一九	一六四二					仮名本「大山寺縁起」作成	
承応二	一六五三					金二百両（大堂葺替）下賜	
承応三	一六五四	四	隆慶	34			
寛文六	一六六六				大山洪水		
延宝二	一六七四				山法①		
貞享四	一六八七	五	空弁	13			
元禄六	一六九三					金四二六五両下賜	
元禄一三	一七〇〇	六	開蔵	31	一二月野火により山頂石尊社消失		
元禄一五	一七〇二				山法②		
宝永元	一七〇四					金二〇〇〇両下賜（元禄地震による修）	
宝永二	一七〇五				関東大地震		
宝永四	一七〇七				富士山大噴火		
正徳三	一七一三				山法③　本宮三社開帳		
享保四	一七一九				山頂石尊社全焼	金二百両下賜	

享保六	一七二一				山法④		
享保一四	一七二九						
享保一六	一七三一	七	寺操	16	野火による山頂本宮焼失		
享保一七	一七三二						地誌『江戸砂子』
延享三	一七四六	八	法如	12			
寛延四	一七五一					相模・武蔵・安房・上総・下総国へ5か年御免勧化	地誌『再版増補江戸惣鹿子名所大全』
宝暦三	一七五三				山法⑤		談義本『教訓読下手談義』
宝暦七	一七五七	九	性如	5			
宝暦一一	一七六一	一〇	妙住	3			
宝暦一三	一七六三	一一	吽雅	4			川柳評『万句合』
明和二	一七六五						滑稽本『水濃行方』
明和三	一七六六	一二	賀雅	25			洒落本『当世坐持咄』
明和五	一七六八						滑稽本『万句合』
明和八	一七七一				四月、石尊本宮他五社、野火で焼失	銀子一〇〇枚下賜（本宮石尊消失のため）	
安永三	一七七四				新町より出火し大山町の大半が焼失		
安永七	一七七八						浄瑠璃『納太刀誉鑑』
天明三	一七八三				異常低温・長雨冷害、地震で困窮		黄表紙『長生見度記』
寛政三	一七九一	一三	寂信	11	大山町大洪水で全町水浸・家屋水没		
寛政四	一七九二					『大山不動霊験記』心蔵	
享和元	一八〇一	一四	寂道	21			随筆『笈埃随筆』
文政四	一八二一						狂歌『栗毛後駿馬』
文政五	一八二二	一五	照道	42			
天保四	一八三三						絵草子『金草鞋』

元号	西暦	世代	別当	在任年	大山寺法度と山法	幕府下賜金と大山寺縁起	大山に関する書物
天保五	一八三四	一五	照道	42			地誌『江戸名所図会』
天保九	一八三八						風俗誌『東都歳時記』
嘉永三	一八五〇						『武江年表』
安政元	一八五四				年末、大山寺全焼		
安政二	一八五五					銀子五〇枚下賜	
安政四	一八五七				山法⑥		絵草子『大山道中膝栗毛』
元治一	一八六四	一六	覚昶	1			
慶応元	一八六五	一七	応住	2			
慶応三	一八六七	一八	実乗	3か月			
出典	『武相叢書』第3編				大山寺『大山史年表』	「大藤直兄氏文書」、『竹橋余筆別集』、『宝暦集成』	地誌、談義本、滑稽本、浄瑠璃・絵草子他

初出一覧

第一章＊　「相模国大山寺真名本縁起と仮名本縁起の相関」『放送大学日本史学論叢』一一、二〇二三年

第二章＊　「相模大山木太刀奉納の起源—初代市川団十郎の元禄六年自記を介して—」演劇学会論集『日本演劇学会紀要』七六、二〇二三年

第三章＊　「近世期、相模大山の奉納木太刀と書物の描写」千葉歴史学会『千葉史学』八一、二〇二二年

第四章　「『大山不動霊験記』における霊験主の考察」『佛教大学総合研究所紀要』第二七、二〇二〇年

第五章　「江戸町火消と相模大山参詣」『放送大学日本史学論叢』2、二〇一五年

第六章　「冨田光美が相模大山に伝えた倭舞・巫女舞—歌譜とその背景—」『佛教大学大学院紀要　文学研究科篇』四一、二〇一三年

第七章　「能狂言・剣術と大山御師」（新稿）

第八章　「近世期における相模大山御師の形成過程—出自と取次—」『鷹陵史学』四二、二〇一六年（改稿）

第九章　「幕末における相模大山御師の選択と古川将作との交流」『佛教大学大学院紀要　文学研究科篇』四四、二〇一六年

第一〇章　「明治期における廃寺復興—相模大山寺—」『佛教大学総合研究所紀要』二六、二〇一九年

補　論＊　「東御市禰津地区における相模大山石尊の奉納木太刀」『佛教大学総合研究所紀要』三一、二〇二四年

＊印は、JSPS 科研費19K13350の助成を受けた研究成果である。

参考文献

第一章
「大山寺縁起（初闕）」塙保己一編纂『続群書類従』第二七輯下釈家部（翻刻：国書刊行会、一九三二年）。

『武相叢書』第三集、名著出版、一九七七年。

『本朝高僧伝』巻六一（『大日本仏教全書』第一〇三所収）。

『本朝武芸小伝』巻五、国書刊行会、一九一五年。

『徳川実紀』三編『国史大系』、吉川弘文館、一九三〇年。

『新編相模風土記稿』第三巻、雄山閣、二〇〇二年。

伊勢原市教育委員会『伊勢原市史』資料編　続大山、一九九四年。

第二章
諏訪春雄「初代市川團十郎歌舞伎年譜」『元禄歌舞伎の研究』所収、笠間書院、一九六七年。

塚原渋柿編『侠客全伝』、博文館、一九一三年。

『牟芸古雅志』『日本随筆大成』第二期第四巻所収、吉川弘文館、一九七四年。

武井協三「榊原文書の芸能記録データベース化の研究」文部省平成四年科学研究費補助金成果報告書、一九九二年。

『日本民俗大辞典』吉川弘文館、二〇〇〇年。

貫達人『改訂新編相州古文書』第一輯、神奈川県教育委員会、一九七八年。

石井良助校訂『徳川禁令考』前集五、創文社、一九九〇年。

石野瑛編著『相模大山縁起及文書』一九七三年。

黒板勝美編『国史大系巻』四〇巻『徳川実紀』三編、吉川弘文館、一九三〇年。

「大山大工棟梁手中家資料目録」神奈川県立公文書館所蔵。

大日本近世史料『諸宗末寺帳』東京大学出版会、一九九八年。

伊原敏朗『歌舞伎年表』第一巻、岩波書店、一九五六年。

『寒川町史調査報告書』二、一九九三年。

『神奈川県史』通史編三（近世二）、一九八三年。

復刻『京橋区史』第一巻、一九八三年。

「開導記」『伊勢原市史』別編社寺、一九九四年。

第三章

石川好一「祢津石尊社の納め刀調査報告」東御市文化財課、二〇一二年。

菊岡沾凉纂『続江戸砂子温故名跡誌』巻之一（小池章太郎編『江戸砂子』東京堂出版所収、一九七六年）。

奥村玉華子『再訂増補江都惣鹿子名所大全』第七巻、国会図書館蔵、一七九二年。

『日本随筆大成』第二期第一二巻、吉川弘文館、一九七四年。

第四章

『日本国語大辞典』小学館、一九七六年。

心蔵『大山不動霊験記』全一五巻、国立公文書館所蔵、一七九二年。

『新編相模風土記稿』第三巻、雄山閣出版、二〇〇三年。

祐天寺研究室『祐天寺史資料集』第二巻、祐天寺、二〇〇四年。

成田山新勝寺『成田山新勝寺史料集』第一巻、二〇〇六年。

高橋真三・石井良助編『御觸書宝暦集成』一九　寺社之部、岩波書店、一九三五年。

第五章

宮本袈裟雄「近世期関東の山岳信仰」山岳宗教史研究叢書8『日光山と関東の修験道』所収、名著出版、一九七九年。

桜井徳太郎『講集団の研究』吉川弘文館、一九八八年。

桜井徳太郎『歴史民俗学の構想』吉川弘文館、一九八九年。

新城常三『新稿社寺参詣の社会経済史的研究』塙書房、二〇〇七年。

西山松之助『江戸町人の研究』第二巻、吉川弘文館、一九七三年。

村上博了『祐天上人伝』祐天寺、一九六八年。

秦野市管理部文書課市史編さん『江戸の参詣講―桃灯と講中札にみる霊場信仰―』一九九五年。

横浜市教育委員会『横濱の文化財』第四、一九九五年。

東京都公文書館『重宝録』第三巻・第一五巻、二〇〇二年。

近世史料研究会編『江戸町触集成』塙書房、一九九四年。

髙柳真三・石井良助編『御触書寛保集成』岩波書店、一九五八年。

「撰要永久録」『東京市史稿』市街篇第一九、一九八七年。

南和男『幕末都市社会の研究』、塙書房、一九九九年。

『江戸の商人・商家データ総覧』全七巻、柊風社、二〇一〇年
千代田区『新修千代田区史』一九九八年。

玉井哲雄『江戸町人地に関する研究』近世風俗研究会、一九七七年。

第六章

本田安次「春日の八乙女舞歌」芸能学会編『芸能』三〇所収、一九八八年。

財団法人春日顕彰会『春日社伝神楽調査報告』、一九七五年。

財団法人春日顕彰会『和舞・社伝神楽の伝承並びに比較調査報告書』、一九八八年。

冨田光美「和舞伝習之式」、金刀比羅宮蔵、一九七一年。

金刀比羅宮社務所蔵『金毘羅庶民信仰資料集年表編』、一九八八年。

塚原康子『明治国家と雅楽』、有志舎、二〇〇九年。

『太政類典』第一編巻四六、国会図書館蔵、一九七四年。

『日本近代思想大系』一八「芸能」、岩波書店、一九八八年。

第七章

『神奈川県民俗芸能誌　下』錦正社、一九六八年。

石橋生庵『紀州藩石橋家家乗』清文堂出版、一九八四年。

『能楽史料』第一編・第二編、わんや書店、一九六七年・一九七二年。

伊勢原市教育委員会『伊勢原の金石文』第一輯、一九七二年。

高柳眞三・石井良助編『御触書天保集成』岩波書店、一九四一年。

今村嘉雄編『日本武道全集』、人物往来社、一九六六年。

酒井塩太『甲源一刀流』非売品、一九七七年。

真田範之介著・江川主殿輔編『武術英名録』、一八六〇年。

大山阿夫利神社『相模大山街道』、一九八七年。

第八章

久留島浩他、シリーズ近世の身分的周縁　六『身分を問い直す』吉川弘文館、二〇〇〇年。

高埜利彦「移動する身分」朝尾直弘編『日本の近世』七巻所収、中央公論社、一九九二年。

高埜利彦監修、甲州史料調査会編『富士山御師の歴史的研究』山川出版、二〇〇九年。

伊藤真昭・上田純一・原田正俊・秋宗康子共編『西笑和尚文案』三七五、思文閣出版、二〇〇七年。

辻善之助『日本仏教史』第八巻近世篇二、岩波書店、一九五三年。

『本光国師日記』元和二年一〇月一九日条、鈴木学術財団、一九七二年。

『史料纂集』七所収『舜旧記』第五、続群書類従刊行会、一九八三年。

『箱根神社大系』上、箱根神社社務所、一九三〇年。

『徳川実紀』三編、寛永一六年四月七日条、『国史大系』吉川弘文館、一九三〇年。

『元禄郷帳』内閣文庫所蔵史籍叢刊、五六巻、汲古書院、一九八四年。

「清水物語」上（⑭・⑮）『仮名草子集成』第二二巻所収、東京堂出版、一九九八年。

戸川安章『出羽三山の修験道』岩田書院、二〇〇五年。

「相州川西壇廻帳（乙）」寒川町史編集委員会『寒川町史調査報告書2』所収、一九九三年。

第九章

手中明王太郎『大山宮大工　明王太郎日記』一・二、手中正蔵、一九九三年。

安丸良夫『宗教と国家』、岩波書店、一九八八年。

柴田道賢『廃仏毀釈』、公論社、一九七八年。

遠藤潤『平田国学と近世社会』ぺりかん社、二〇〇八年。

「気吹舎日記」『国立歴史民俗博物館研究報告』一二八所収、二〇〇六年。

近藤喜博『白川家門人帳』清文堂出版、一九七二年。

『新修平田篤胤全集』別巻、名著出版、一九八一年。

国書刊行会『伴信友全集』巻一、ぺりかん社、一九七七年。

宮地正人「平田国学の再検討（3）」「平田家史料」、『国立歴史民俗博物館研究報告』一四六所収、二〇〇九年。

『明治維新と平田国学』国立歴史民俗歴史博物館、二〇〇四年。

東儀文均『楽所日記』第八冊・第一一冊、国会図書館蔵。

第一〇章

辻善之助・村上専精・鷲尾順敬編『新編明治維新神仏分離史料』三、名著出版、一九八三年。

松岡俊「幕末明治初期における相模大山御師の思想と行動―神仏分離を中心として―」『伊勢原の歴史』五所収、一九九〇年。

手中正「大山の神仏分離」地方史研究協議会編『都市・近郊の信仰と遊山・観光』所収、雄山閣出版、一九九九年。

手中明王太郎景元『大山宮大工　明王太郎日記』一〜五巻、手中正、一九九二年。

大畑哲・佐々木徹・石倉光男・山口匡一『山口左七郎と湘南社』まほろば書房、一九九八年。

つくば市『筑波町史』下、一九九〇年。

茨城県立歴史館平成二四年度特別展図録『筑波山―神と仏の御座す山―』、二〇一三年。

『近世の磐梯町』磐梯町史資料編Ⅳ所収、一九九三年。

補論

千々和到編『日本の護符文化』弘文堂、二〇一〇年。

後藤安孝『刀剣と日本人』温故叢誌第六七、二〇一三年。

萩谷良太「常総地方のオタチ行事―その歴史的民俗的考察―」『神奈川大学院歴史民俗資料学研究』一二、二〇〇七年。

東部町誌刊行会『東部町誌』歴史編下。同会『東部町歴史年表』いずれも一九八六年。

あとがき

家康は、慶長一〇年（一六〇五）、大山寺別当に実雄を任命し、同一四年（一六〇九）八月の「大山寺掟」で大山寺は清僧支配の結界地と定め、さらに高野山遍照光院頼慶は、「大山寺諸法度」で、本尊に対する諸祈願祈禱の御手長供の取次からも妻帯以下俗人を排除し、大山寺域を清僧の支配と定めた。この二法によって大山寺が統制寺院とされた。この後、頼慶は慶長一六年（一六一一）に、一世実雄は元和四年（一六一八）に相次いで死去し、二世を実栄が継いだ。しかし、その実栄も寛永二年（一六二五）に死去し、以後八年間、別当不在の期間が続いていた。

その後、寛永一〇年（一六三三）、箱根山金剛王院から賢隆が大山寺別当三世に就いた。賢隆は、寛永一四年（一六三七）に、僧良弁の大山寺開山とご利益を説く真名本大山寺縁起を作成し、幕府から寛永一六年（一六三九）大山寺に造営資金一万両が下賜され、同一八年に大山寺諸堂宇が完成した。この賢隆の大山寺別当就任と大山寺の完成によって大山寺は幕府の祈禱寺院へと転換した。

本論第一編により、大山信仰の特徴と御師の諸行動を次のように明らかにした。

1　大山寺縁起の作成と流布

真名本大山寺縁起は、多数の補訂・張継がある寛永一四年（一六三七）の内閣文庫縁起と、振仮名・返り点の施された正保二年（一六四五）の内海景弓縁起、及び延宝五年（一六七七）の平塚市博物館所蔵縁起の二系統があり、この縁起は、寛永一八年（一六四一）大山寺造営を契機に作成された。後者二種の縁起は、八菅山修験秀円坊の古縁起の写本であることを本論で明らかにした。寛永一八年以降元禄期に、平塚市博物館・金沢文庫・藤沢市・勝楽寺に所蔵される仮名本大山寺縁起が相次いで作成された。これら諸縁起を書写・施入した大山御師は、参詣者獲得のため、縁起を流布して檀家獲得活動を展開した。

2　木太刀奉納の起源と奉納習俗の発展

これまで木太刀奉納の起源は、『吾妻鏡』を典拠に、天下安穏と武運長久を祈願した神事とされてきた。木太刀奉納の文献上の初見は、初代市川団十郎の元禄六年（一六九三）の自記であり、遺物上の初見は、享保二年（一七一七）、江戸中橋桶町屋根屋職人の太刀であることを明らかにした。元禄一五年（一七〇二）二月に発生した、参詣者の宿泊と牛王札販売を巡る大山御師と子安村麓民との争論が決着した三か月後、参詣者が諸祈願・祈禱を大山寺に奉納する際、御師が取り次ぐ回路を「正路取次」とする山法を六世開蔵が定めた。この山法により、参詣者の木太刀は大山御師を経由して大山寺に奉納された。

木太刀の奉納者・奉納年・祈願先等が特定できた木太刀・金物太刀二二振を第三章で取り上げた。享保二年以降、刃長2～3ｍが主流であるが、中には4～5ｍに達する木太刀もある。祈願先は、不動明王・石尊権現・大小天狗であるが、二二振中、三者宛が六振、不動明王を除く二者宛が九振、石尊権現単体宛が四振で、山頂の石尊権現宛が圧倒的に多く、山頂崇拝の傾向が強い。

木太刀を奉納する人々を描いた享保一七年（一七三二）『江戸砂子』や、寛延四年（一七五一）『再版増補江戸惣鹿子名所大全』の作者は、木太刀を担ぐ人々を「中人以下」と表現した。木太刀奉納が享保~寛延期に見聞されていたことを示し、その後の談義本・滑稽本では、鳶・博徒・職人と、さらに具体的に記述されている。これら書物と対照的に安永七年（一七七八）浄瑠璃『納太刀誉鑑』以降の『大山不動霊験記』や『笈埃随筆』などは、木太刀奉納の効験や霊験記述を強調する言説に変化している。御師が取り次いだ木太刀奉納の習俗は、書物出版によって喧伝され、さらに浮世絵師が木太刀を担ぐ人々を描いたことで、庶民の大山参詣が相乗効果的に拡大した。

3　大山寺縁起と『大山不動霊験記』

三世賢隆は、大山寺造営に合わせて寛永一四年（一六三七）に真名本「大山寺縁起」を、寛永一九年（一六四二）に仮名本「大山寺縁起」を作成し、以後、年代が明らかな真名本縁起二種、仮名本縁起四種の類本が正保二年（一六四五）から元禄一二年（一六九九）にかけて作成された。これらの大山寺縁起は、良弁による大山寺開山と不動明王のご利益を、真名本は紀伝的に、仮名本は物語的に説く点が特徴である。

他方、寛政四年（一七九二）、元養智院心蔵は、『大山不動霊験記』全一五巻一五五話を作成した。この霊験記は、不動明王による病気平癒・火難除け・来世往生などのご利益が過半、山頂の石尊権現のご利益が三割弱の点が特徴である。この霊験記は、大山寺真名本・仮名本縁起諸本の一世紀半後の時期に当たる。『大山不動霊験記』の作成の背景には、大山寺修復のため、寛延四年（一七五一）以降五か年、相模・武蔵・上総・下総・安房国への御免勧化の実施や、明和八年~天明三年（一七七一~八四）にかけての参詣地火災、冷害凶作・洪水被害の発生などがあった。

大山御師は、ご利益の宣伝と檀家拡大のために大山寺縁起や『大山不動霊験記』を頒布する役割を果たし、大山寺縁起は、寛永二〇年（一六四三）以降、一五〇年に及ぶ大山信仰の形成・発展に、『大山不動霊験記』は寛政四年以降八〇年間の大山信仰の隆盛につながった。

4　町火消鳶の参詣と大山諸講

大山寺・石尊権現への諸祈願・祈禱は、手長講、護摩講を主体とし、この他、御太刀講、お花講、各種職業や地域を冠した講が数多く組織された。これら多彩な大山講の中で享和元～文久二年（一八〇一～六二）、当時の神奈川宿の講中札・まねき看板を素材に町火消・鳶による大山講や、安政五年（一八五八）、御師高尾左仲の檀廻帳を素材に商人・職人の大山講に、町火消鳶が参加していたことを明らかにした。神奈川宿講中札・まねき看板には、町火消鳶だけでなく祈願別、職種別、地域別の大山講があるが、これら大山寺への諸祈願・祈禱は、全て大山御師の取次によって行われた。

5　大山御師の芸能と剣術

紀州藩観世流貴志喜太夫の後継、貴志又七郎によって大山御師に伝習された能・狂言は、正徳三年（一七一三）以降、又七郎の年忌や、本宮普請の御祝儀能、大山寺洪鐘造営の勧進能の催事として継承された。

明治一五年（一八八二）一〇月、春日社の倭舞・巫女舞の冨田光美が大山阿夫利神社へこの神楽舞を伝習し、この神楽を演じたのは幕末までの御師、明治維新後に改身した先導師である。この神楽は、明治維新後、大山寺から大山阿夫利神社へ転換した霊場の神事舞として、旧御師の半数に及ぶ九八名の先導師によって上演された。能・狂言、神楽舞の伝習に果たした御師の役割は少なくない。

甲源一刀流と禅心無形流の門人は、現埼玉県秩父・比企・大里・那賀・榛沢・入間・高麗・児玉八郡の出身である。大山御師がこの二流に入門していたが、その要因は、この地域に教線拡大のため大山御師多数が流入し、活発に檀家獲得活動をしたことにある。他方、甲源一刀流や天然理心流へ入門した大山御師は、檀家獲得の他に、世情不安の中で護身用・心身鍛錬が動機と考えられる。

寛永一六年（一六三九）、幕府の造営資金一万両が下賜され、同一八年の大山寺完成により、大山寺は、幕府の祈禱寺院となった。以後、真名本・仮名本大山寺縁起や『大山不動霊験記』が作成され、関東地方有数の山岳霊場を形成した。この霊場の形成・発展には、大山御師による大山寺縁起の宣伝・流布、木太刀奉納や江戸町火消の大山参詣諸講に象徴される大山寺への取次、さらには、大山御師による能狂言・神楽伝習などの行動が不可欠であった。本編は、これらのことを大山御師の「行動文化」と捉えた。大山御師の活動は、上毛三山（赤城山・榛名山・妙義山）・三峰山・御嶽山などの山岳霊場の御師と共通する事例である。各山岳霊山の縁起、参詣講、尊崇対象や御師の行動は異なるが、霊験やご利益を関東一円の人びとに広く浸透させた点で御師の役割や行動は相通ずる。本編は、大山御師の活動を「行動文化」として取り上げた由縁である。

本論第二編より、大山御師の身分に関する特徴を次のように明らかにした。

1　延宝・元禄・享保期の大山三法

三世賢隆の大山寺縁起作成と大山寺諸堂の造営により、大山寺は幕府の祈禱寺院となった。以後、参詣者の誘引を巡り大山御師の檀家獲得活動が次第に激しさを増した。このため、四世隆慶は、延宝二年（一六七四）、他人檀家奪取の禁止、参詣者宿泊時の持分御師有無の確認などを義務づけた山法を定め、この山法が御師の行動を規定する最初の山法となった。

元禄一五年二月の大山御師と麓村百姓の争論の結果、祈禱札販売や参詣者宿泊を御師の専権として、百姓によるこれらの活動は禁止された。この五か月後、六世開蔵は、御師による諸祈願祈禱の取次を「正路」とする山法を制定した。さらに開蔵は、享保六年（一七二一）九月、御師は「神仏の祝禱・檀那保有・参詣者止宿・牛玉札守配布・初穂受納することを」職分とし、御師は「農にあらす工にあらす商ニ而もなく誠に遊民之類」とし、御師を「遊民」と規定した。文政七年（一八二四）、大山寺の「諸師職護摩取次寺印鑑写」により、御師全員は大山寺別当のもとに一元的に祈禱を取り次ぎ、御師を上通・中通・次通の三階層に編制することにより、大山寺別当八大坊による御師の統制が強化された。

2　白川家・平田家入門による国学者交流

大山門前町から神道許状を求めて白川家へ最初に入門したのは、安永二年（一七七三）の大山宮大工手中明王太郎と、文化一五年（一八一八）の増田源之進の二人である。安政元年（一八五四）年末、大山寺に火災が発生し、年明け以降、大山寺堂舎の再建過程にあった。ところが安政二年（一八五五）を境に、御師宮本平大夫の入門を契機に安政六年（一八五九）まで五年間に、四九名の入門者が続出した。これらの人々は大山御師一三三名（御師書上帳「大山寺社稷丸裸」）の37％に当たる。他方、白川家へ入門した大山御師の中の須藤内膳以下七名は、弘化四年（一八四七）以降、安政六年にかけて国学平田家へも入門した。大山御師の白川家・平田家への入門者続出は、大山寺山法や祈禱護摩取次によって統制されていた御師の不満から生まれたと考える。

白川家・平田家への二重入門は、大山御師宮本平太夫、白川家関東執役の古川将作（躬行）、平田家角田忠行の交流の結果であるが、さらに古川将作は横笛奏者・三方楽所楽人の東儀文均や春日社の倭舞伝習者冨田光美との交流も持ち、明治維新後、冨田光美によって神楽舞が大山先導師への伝習へ発展した。

明治維新後、大山は大山阿夫利神社を祀る霊場に転換した。旧来の御師は、全員阿夫利神社に仕える神職・禰宜へ転身し、神社社務の関与の度合いにより、上通・中通・次通の階層を新たに設け、明治三年（一八七〇）以降三年間はこの体制で運営したが、この体制は間もなく破綻した。明治六年（一八七三）、権田直助の祠官就任により、禰宜（旧御師）を先導師と改変され阿夫利神社の宗教活動に就いた。これらの先導師が、近世期に参詣地と檀那を取り次ぐ旧御師機能を果たした。

明治一二年（一八七九）、阿夫利神社本殿の完成により遷座式が行われ、先導師は、神官権田直助の下で新たな宗教活動を展開した。他方、明治維新の神仏分離令により廃絶した大山寺は、明治一八年（一八八五）、上粕屋村はじめ麓民によって不動堂が再興され、神仏併存の霊場に復した。

謝辞

放送大学大学院在学時及び卒業以後、五味文彦先生には筆舌に尽くせないご助言・ご指導を賜りました。また杉森哲也先生には口頭試問で励ましの一言を頂き、爾後の研究の支えとなりました。両先生に深く感謝申し上げます。佛教大学大学院博士後期課程では、原田敬一先生にはひとかたならずご面倒をお掛け致しました。お陰様で博士論文を完成させることができ、深く感謝申し上げます。佛教大学卒業後、麓慎一先生はじめ佛教大学総合研究所・佛教大学学術支援課の皆様に大変お世話になりました。

本書の出版に当たり、令和六年度佛教大学研究叢書の出版助成を賜り、佛教大学関係の皆様に篤く感謝申し上げます。また、本書の編集では、法藏館編集部田中夕子さんに、原稿推敲・校正においては光成三生さんにご面倒をお掛け致しました。重ねて感謝申し上げます。

◎著者略歴◎

飯田　隆夫（いいだ　たかお）

1944年生 本籍 千葉市
2009年、放送大学大学院文化科学研究科修士課程修了
2017年、佛教大学大学院文学研究科博士後期課程修了
専門分野　近世史　山岳信仰
主要論文、「江戸町火消と相模大山参詣」（『放送大学日本史学論叢』２、2015年）
「近世期における相模大山御師の形成過程—出自と取次」（『鷹峯史学』42、2016年）

佛教大学研究叢書50

相模大山御師《さがみおおやまおし》の「行動文化《こうどうぶんか》」と身分《みぶん》

2025（令和７）年３月24日発行

定価：本体9,300円（税別）

著　者　飯田隆夫
発行者　佛教大学長　伊藤真宏
発行所　佛教大学
〒603-8301　京都市北区紫野北花ノ坊町96
電話 075-491-2141（代表）
制作 発売　株式会社　法　藏　館
〒600-8153　京都市下京区正面通烏丸東入
電話 075-343-0030（編集）
075-343-5656（営業）

印刷 製本　亜細亜印刷株式会社

 ISBN978-4-8318-6296-9　C3039

『佛教大学研究叢書』の刊行にあたって

二十一世紀をむかえ、高等教育をめぐる課題は様々な様相を呈してきています。科学技術の急速な発展は、社会のグローバル化、情報化を著しく促進し、日本全体が知的基盤の確立に大きく動き出しています。そのような中、高等教育機関である大学に対し、「大学の使命」を明確に社会に発信していくことが求められています。

本学では、こうした状況や課題に対処すべく、本学の建学の理念を高揚し、学術研究の振興に資するため、顕著な業績をあげた本学有縁の研究者に対する助成事業として、平成十五年四月に「佛教大学学術振興資金」の制度を設けました。本『佛教大学研究叢書』の刊行は、「学術賞の贈呈」と並び、学術振興資金制度による事業の大きな柱となっています。

多年にわたる研究の成果は、研究者個人の功績であることは勿論ですが、同時に本学の貴重な知的財産としてこれを蓄積し活用していく必要があります。また、叢書として刊行することにより、研究成果を社会に発信し、二十一世紀の知的基盤社会を豊かに発展させることに貢献するとともに、大学の知を創出していく取り組みとなるよう、継続してまいりました。

しかしながら、この度、諸般の事情に鑑み、令和七年三月をもって刊行を終了することとなりました。創刊から十九年間にわたり、ご支援を賜りましたことを感謝申し上げます。

佛教大学